CICÉRON

PRIX 1. 50

LES

TUSCULANES

ÉDITION CLASSIQUE

PUBLIÉE SUR LE TEXTE DE J. V. LE CLERC

AVEC DES ARGUMENTS ET DES NOTES EN FRANÇAIS

PAR C. JOURDAIN

Agrégé de philosophie

---*---

PARIS

LIBRAIRIE HACHETTE ET Cie

79, BOULEVARD SAINT-GERMAIN, 79

—

CICÉRON

LES

TUSCULANES

A LA MÊME LIBRAIRIE

Cicéron : *Les Tusculanes*, traduction française de l'abbé d'Olivet et du président Bouhier, revue par J. V. Le Clerc, sans le texte latin. 1 vol. petit in-16, broché. . . . . . 2 fr.

41019. — Imprimerie Laburé, 9, rue de Fleurus, Paris.

CICÉRON

LES

TUSCULANES

ÉDITION CLASSIQUE
PUBLIÉE SUR LE TEXTE DE J. V. LE CLERC
AVEC DES ARGUMENTS ET DES NOTES EN FRANÇAIS

PAR C. JOURDAIN
Agrégé de philosophie

PARIS

LIBRAIRIE HACHETTE ET Cⁱᵉ
79, BOULEVARD SAINT-GERMAIN, 79

1900

INTRODUCTION

Après un demi-siècle de guerres civiles, la cause
du sénat venait de succomber à Pharsale, et l'ancienne
constitution de la république romaine, si profondément altérée depuis Marius, semblait abolie sans retour par l'usurpation heureuse de César. Une perte
domestique, la mort de sa fille Tullie, enlevée à la fleur
de l'âge, avait redoublé l'affliction profonde que cau-
saient à Cicéron la défaite et les malheurs de son parti.
Éloigné des affaires publiques, attristé par le présent
et effrayé de l'avenir, ce fut alors qu'il demanda aux
études tranquilles de la philosophie des consolations,
des espérances, et un nouveau moyen de servir et d'ho-
norer sa patrie, même dans la retraite. Les fruits immortels de ses paisibles travaux furent, de l'an 46 à
l'an 45 avant J.-C. (708 à l'an 709 de la fondation de
Rome), les Académiques, l'Hortensius, la Consolation
sur la mort de sa fille, le Traité des Vrais biens et des
Vrais maux, enfin les cinq livres des Tusculanes, ainsi
appelées parce qu'il les écrivit dans une campagne à
peu de distance de Tusculum, aujourd'hui Frascati.

Le but des Tusculanes est d'aguerrir l'homme contre
les coups du malheur, en lui persuadant que le seul
bien réside dans la pratique de la vertu, et qu'en
dehors de la vertu il n'y a que des plaisirs trompeurs,
de fausses joies et des peines faciles à supporter. Cette
grande idée reparaît à chaque page sous les admira-
bles développements qu'elle emprunte à la plus riche
éloquence; elle constitue l'unité même de l'ouvrage,

que la critique a eu tort de ne pas toujours reconnaître.

Le premier livre a pour objet le mépris de la mort
que le vulgaire ignorant appréhende comme un mal,
et qui, aux yeux du sage, est un événement heureux,
ou tout au moins sans gravité. Si, en effet, tout ne finit
pas avec le corps; si, comme la croyance universelle
l'admet, comme la philosophie l'a pensé, comme des
sentiments innés dans le cœur de l'homme le démon-
trent, la vie actuelle n'est que le prélude d'une autre
existence, pourquoi redouter l'instant où, dégagée de
son enveloppe corporelle et des soins de ce monde,
l'âme se plongera plus librement dans la contemplation
de la vérité, premier objet de ses désirs? Que si, au
contraire, le seul partage des hommes au delà de cette
vie est le néant, puisque le néant ne souffre pas et ne
sent pas, comment la perspective qu'il nous offre de-
viendrait-elle pour nous un sujet d'épouvante? Que l'âme
survive ou non à la dissolution des organes, la mort
n'est donc pas à craindre. Que sont, d'ailleurs, les
biens qu'elle nous ravit? Peu de chose; et combien de
fois n'aurait-elle pas prévenu des revers de fortune,
d'autant plus poignants qu'ils venaient après une suite
de prospérités! Aussi l'histoire est-elle remplie d'exemples de personnes de tout âge et de toute condition,
qu'elle n'a point émues, et dont le courage à la braver
doit nous servir de modèle.

Dans les livres qui suivent, Cicéron parle avec
étendue de la douleur, de l'affliction et des passions,
c'est-à-dire des misères de la vie présente. Il ne nie
pas que la douleur soit un mal; il se défend d'exiger
que l'homme se trouve également à l'aise dans le taureau de Phalaris ou sur un lit de roses; mais il veut que
par la patience et la réflexion, par un sentiment pro-

fond de nous-mêmes et de nos destinées, par le souvenir constant de pénibles épreuves noblement supportées, nous nous efforcions d'échapper dans la souffrance à un abattement qui dégrade. Cicéron dévoile ensuite la source cachée de l'affliction, et, en général, de toutes les passions; il montre qu'elles naissent de la fausse idée qu'on se forme des biens et des maux, sous le prisme trompeur d'un préjugé toujours facile à vaincre, parce qu'il est notre ouvrage; enfin, il rappelle les motifs nombreux de consolation que la philosophie présente à ceux qui veulent réellement être consolés.

Le cinquième livre est destiné à établir que la vertu suffit pour nous rendre heureux. Cicéron prend cette proposition à la lettre : il soutient que le bonheur procuré par la vertu est un bonheur parfait, au delà duquel rien de meilleur ne peut se concevoir; il critique même fort sévèrement, comme inconséquente et pusillanime, l'opinion de Théophraste, d'Antiochus d'Ascalon et de Brutus, qui pensaient que quelques avantages extérieurs, joints à la félicité du sage, peuvent l'augmenter. Par quel heureux emploi des ressources de l'histoire et de l'éloquence unies aux subtilités de la dialectique, Cicéron cherche-t-il à faire accepter par la nature humaine les principes d'une si noble, mais sj austère philosophie? La lecture seule de ce livre peut le faire comprendre.

Dans les Tusculanes, comme dans la plupart de ses autres traités philosophiques, Cicéron a presque tout emprunté aux philosophes grecs, d'abord aux stoïciens qui lui fournissent le fond des idées, puis à Platon qu'il cite en plusieurs endroits, et même à Épicure dont il se porte en général l'adversaire. On doit lui rendre cette justice que, malgré la tournure un peu oratoire de son esprit, il a tempéré l'exagération de ses modèles, principalement des stoïciens, par ce sens pratique que les Romains possédaient, et qu'un long usage des affaires avait achevé de lui donner. Il s'en faut beaucoup cependant que les Tusculanes soient un traité parfait de tout point. L'esprit le moins exercé y découvre des erreurs capitales, comme l'apologie du suicide, et des lacunes auxquelles toute l'habileté de l'écrivain ne peut suppléer, comme l'absence des consolations religieuses. L'antiquité, il faut le dire, lutta contre le sentiment du malheur avec moins de succès que de persévérance. Ses philosophes écrivirent d'innombrables traités pour apprendre aux hommes à braver la douleur, la pauvreté, l'exil, la honte, les maladies : mais obligés, par les absurdités du culte public, de rentrer en eux-mêmes et d'y chercher tous leurs motifs de courage et d'espoir, souvent ils se laissèrent prendre aux fausses maximes d'une sagesse imaginaire, qui crut être forte, comme dit Bossuet, parce qu'elle était dure, et généreuse, parce qu'elle était enflée. Ce ne fut que longtemps après, qu'une doctrine venue de plus haut, présentant le malheur comme un châtiment et une épreuve, excitant la patience et le courage par la promesse d'un meilleur avenir, offrit à l'humanité les justes consolations qui pouvaient soulager le poids de ses maux.

C. J.

M. T. CICERONIS

TUSCULANARUM QUÆSTIONUM

AD M. BRUTUM

LIBER PRIMUS.

DE CONTEMNENDA MORTE.

Le principal motif qui a porté Cicéron à écrire sur la philosophie est le désir d'en propager l'étude parmi les Romains (1-3). — Conférences tenues à Tusculum, et dont la première eut pour objet le mépris de la mort (4). — La mort n'est un mal ni pour ceux qui ne sont plus, ni pour ceux qui ont à mourir, et elle est plutôt un bien (5-8). — Sentiments divers des philosophes sur la nature et la destinée de l'âme immortelle, suivant les uns, périssable, suivant les autres (9-10). — Preuves de l'immortalité de l'âme tirées 1° du consentement général, attesté par le culte religieux des morts; 2° du soin que tous les hommes prennent de l'avenir; 3° de la passion de la gloire (12-15). — Ignorance où nous sommes du séjour et de la condition de l'âme après la mort; croyances populaires et conjectures à ce sujet (16-21) — Autres preuves de l'immortalité de l'âme tirées de sa perpétuelle activité et de la nature de ses facultés. Examen de quelques objections (22-33). — Si l'âme est immortelle, la mort n'est pas à craindre; la mort est aussi peu redoutable, si l'âme périt avec le corps, parce que 1° elle nous délivre de beaucoup de maux et nous prive de peu de biens; 2° elle éteint tout sentiment (34-37). — Fausses idées que le vulgaire se fait de la mort (38-39). — Exemples de grands hommes qui l'ont méprisée (40-46). — Épilogue (47-49).

I. Quum defensionum laboribus, senatoriisque muneribus aut omnino, aut magna ex parte essem aliquando liberatus, retuli me, Bruto, te hortante maxime, ad ea studia, quæ retenta animo, remissa temporibus, longo intervallo intermissa revocavi; et, quum omnium artium, quæ ad rectam vivendi viam pertinerent, ratio et disciplina, studio sapientiæ, quæ philosophia dicitur, contineretur; hoc mihi latinis litteris illustrandum putavi: non, quia philosophia græcis et litteris, et doctoribus percipi non posset; sed meum semper judicium fuit, omnia nostros aut invenisse per se sapientius, quam Græcos, aut

accepta ab illis, fecisse meliora, quæ quidem digna statuis-
sent, in quibus elaborarent. Nam mores, et instituta vitæ,
resque domesticas ac familiares nos profecto et melius tue-
mur, et lautius; rem vero publicam nostri majores certe
melioribus temperaverunt et institutis et legibus. Quid loquar de re militari? in qua quum virtute nostri multum
valuerunt, tum plus etiam disciplinâ. Jam illa, quæ natura, non litteris assecuti sunt, neque cum Græcia, neque
ulla cum gente sunt conferenda. Quæ enim tanta gravitas,
quæ tanta constantia, magnitudo animi, probitas, fides,
quæ tam excellens in omni genere virtus in ullis fuit, ut
sit cum majoribus nostris comparanda?

Doctrina Græcia nos, et omni litterarum genere, supera-
bat. In quo erat facile vincere non repugnantes : nam
quum apud Græcos antiquissimum sit e doctis genus poetarum, si quidem Homerus fuit, et Hesiodus [1] ante Romam
conditam, Archilochus [2] regnante Romulo; serius poeticam nos accepimus : annis enim fere DX post Romam conditam Livius fabulam dedit [3], C. Claudio, Cæci filio,
M. Tuditano, consulibus, anno ante natum Ennium [4];
qui fuit major natu, quam Plautus et Nævius [5].

II. Sero igitur a nostris poetæ vel cogniti, vel recepti.
Quamquam est in Originibus [6], solitos esse in epulis canere
convivas ad tibicinem de clarorum hominum virtutibus :
honorem tamen huic generi non fuisse, declarat oratio
Catonis, in qua objecit, ut probrum, M. Nobiliori [7], quod
is in provinciam poetas duxisset. Duxerat autem consul
ille in Ætoliam, ut scimus, Ennium. Quo minus igitur honoris erat poetis, eo minora studia fuerunt. Nec tamen, si
qui magni ingeniis in eo genere exstiterunt, non satis
Græcorum gloriæ responderunt. An censemus, si Fabio [8],
nobilissimo homini, laudi datum esset, quod pingeret,
non multos etiam apud nos futuros Polycletos et Parrha-
sios [9] fuisse? Honos alit artes, omnesque incenduntur ad
studia gloria; jacentque ea semper, quæ apud quosque im-
probantur. Summam eruditionem Græci censebant in ner-
vorum vocumque cantibus. Igitur et Epaminondas, princeps, meo judicio, Græciæ, fidibus præclare cecinisse
dicitur; Themistoclesque aliquot ante annos, quum in epulis recusasset lyram, habitus est indoctior. Ergo in Græcia
musici floruerunt, discebantque id omnes, nec, qui nescie-

bat, satis excultus doctrina putabatur. In summo apud illos
honore geometria fuit. Itaque nihil mathematicis illustrius.
At nos, metiendi, ratiocinandique utilitate, hujus artis
terminavimus modum.

III. At contra oratorem celeriter complexi sumus : nec
cum primo eruditum, aptum tamen ad dicendum; post
autem eruditum '. Nam Galbam, Africanum, Lælium,
doctos fuisse traditum est; studiosum autem eum, qui iis
ætate anteibat, Catonem; post vero Lepidum, Carbonem,
Gracchos; deinde ita magnos nostram ad ætatem, ut non
multum, aut nihil omnino Græcis cederetur². Philosophia
jacuit usque ad hanc ætatem, nec ullum habuit lumen
litterarum latinarum³ : quæ illustranda, et excitanda nobis
est, ut, si occupati profuimus aliquid civibus nostris, pro-
simus etiam, si possumus, otiosi. In quo eo magis nobis
est elaborandum, quod multi jam esse latini libri dicuntur
scripti inconsiderate⁴, ab optimis illis quidem viris, sed
non satis eruditis. Fieri autem potest, ut recte quis sentiat, et id, quod sentit, polite eloqui non possit. Sed man-
dare quemquam litteris cogitationes suas, qui eas nec
disponere, nec illustrare possit, nec delectatione aliqua
allicere lectorem, hominis est intemperanter abutentis et
otio, et litteris. Itaque suos libros ipsi legunt cum suis, nec
quisquam attingit, præter eos, qui eamdem licentiam
scribendi sibi permitti volunt. Quare si aliquid orato-
riæ laudis nostra attulimus industria, multo studiosius
philosophiæ fontes aperiemus, e quibus etiam illa mana-
bant.

IV. Sed, ut Aristoteles, vir summo ingenio, scientiæ
copia, quum motus esset Isocratis rhetoris⁵ gloria, docere
etiam cœpit adolescentes dicere, et prudentiam cum eloquentia jungere : sic nobis placet nec pristinum dicendi
studium deponere, et in hac majore et uberiore arte versari. Hanc enim perfectam philosophiam semper judicavi,
quæ de maximis quæstionibus copiose posset ornateque dicere; in quam exercitationem ita nos studiose [operam]
dedimus, ut jam etiam scholas⁶ Græcorum more habere
auderemus : ut nuper tuum post discessum⁷, in Tusculano,
quum essent plures mecum familiares, tentavi, quid in eo
genere possem. At enim antea declamitabam causas, quod
nemo me diutius fecit; sic hæc nunc mihi senilis est decla-

matio. Ponere jubebam, de quo quis audire vellet; ad id
aut sedens, aut ambulans disputabam. Itaque dierum
quinque scholas, ut Græci appellant, in totidem libros con-
tuli. Fiebat autem ita, ut, quum is, qui audire vellet,
dixisset quid sibi videretur, tum ego contra dicerem. Hæc
est enim, ut scis, vetus, et Socratica ratio contra alterius
opinionem disserendi[1] : nam ita facillime, quid verisimillimum esset, inveniri posse Socrates arbitrabatur. Sed quo
commodius disputationes nostræ explicentur, sic eas expo-
nam, quasi agatur res, non quasi narretur. Ergo ita nasce-
tur exordium.

V. AUDITOR[2]. Malum mihi videtur esse mors. — CICERO.
Iisne, qui mortui sunt, an iis, quibus moriendum est? —
AUD. Utrisque. — CIC. Est miserum igitur, quoniam malum. — AUD. Certe. — CIC. Ergo et ii, quibus evenit jam,
ut morerentur, et ii, quibus eventurum est, miseri. —
AUD. Mihi ita videtur. — CIC. Nemo ergo non miser —
AUD. Prorsus nemo. — CIC. Et quidem, si tibi constare vis,
omnes, quicumque nati sunt eruntve, non solum miseri,
sed etiam semper miseri. Nam si solos eos diceres miseros,
quibus moriendum esset; neminem tu quidem eorum, qui
viverent, exciperes : moriendum est enim omnibus; esset
tamen miseriæ finis in morte. Quoniam autem etiam mortui, miseri sunt, in miseriam nascimur sempiternam. Necesse est enim, miseros esse eos, qui centum millibus annorum ante occiderunt, vel potius omnes, quicumque
nati sunt. — AUD. Ita prorsus existimo. — CIC. Dic, quæso,
num te illa terrent, triceps apud inferos Cerberus, Co-
cyti fremitus, transvectio Acherontis, « mento summam aquam attingens siti enectus Tantalus? » num illud,
quod

               Sisyphu' versat
Saxum sudans nitendo, neque proficit hilum?

fortasse etiam inexorabiles judices, Minos et Rhadaman-
thus; apud quos nec te L. Crassus defendet, nec M. Anto-
nius[3], nec, quoniam apud Græcos judices res agetur,
poteris adhibere Demosthenem : tibi ipsi pro te erit maxima
corona causa dicenda. Hæc fortasse metuis, et idcirco mortem censes esse sempiternum malum.

VI. AUD. Adeone me delirare censes[4] ut ista esse cre-

dam? — Cic. An tu hæc non credis? — Aud. Minime vero.
— Cic. Male hercule narras. — Aud. Cur? quæso. — Cic.
Quia disertus esse possem, si contra ista dicerem. — Aud.
Quis enim non in ejusmodi causa? aut quid negotii est,
hæc poetarum et pictorum portenta convincere? — Cic.
Atqui pleni sunt libri contra ista ipsa philosophorum disserentium. — Aud. Inepte sane. Quis est enim tam excors,
quem ista moveant? — Cic. Si ergo apud inferos miseri
non sunt, ne sunt quidem apud inferos ulli. — Aud. Ita
prorsus existimo. — Cic. Ubi ergo sunt ii, quos miseros
dicis? aut quem locum incolunt? si enim sunt, nusquam
esse non possunt. — Aud. Ego vero nusquam esse illos
puto. — Cic. Igitur ne esse quidem. — Aud. Prorsus isto
modo; et tamen miseros ob id ipsum quidem, quia nulli
sunt. — Cic. Jam mallem Cerberum metueres, quam ista
tam inconsiderate diceres. — Aud. Quid tandem? — Cic.
Quem esse negas, eumdem esse dicis. Ubi est acumen
tuum? quum enim miserum esse dicis, tum eum, qui non
sit, dicis esse. — Aud. Non sum ita hebes, ut istuc dicam.
— Cic. Quid dicis igitur? — Aud. Miserum esse, verbi
causa, M. Crassum [1], qui illas fortunas morte dimiserit;
miserum Cn. Pompeium, qui tanta gloria sit orbatus; omnes denique miseros, qui hac luce careant. — Cic. Revol-
veris eodem. Sint enim oportet, si miseri sunt. Tu autem
modo negabas eos esse, qui mortui essent. Si igitur non
sunt, nihil possunt esse; ita ne miseri quidem sunt. —
Aud. Non dico fortasse etiam, quod sentio. Nam istuc ipsum, non esse, quum fueris, miserrimum puto. — Cic.
Quid? miserius, quam omnino numquam fuisse? Ita, qui
nondum nati sunt, miseri jam sunt, quia non sunt; et nos
ipsi, si post mortem miseri futuri sumus, miseri fuimus,
antequam nati. Ego autem non commemini, antequam
sum natus, me miserum. Tu si meliore memoria es, velim scire, ecquid de te recordere.

VII. Aud. Ita jocaris, quasi ego dicam, eos miseros,
qui nati non sunt, et non eos, qui mortui sunt. — Cic.
Esse ergo eos dicis. — Aud. Imo, quia non sunt, quum
fuerint, eo miseros esse. — Cic. Pugnantia te loqui non
vides? quid enim tam pugnat, quam non modo miserum,
sed omnino quidquam esse, qui non sit? an tu egressus
porta Capena [2], quum Calatini, Scipionum, Serviliorum,

Metellorum sepulcra vides, miseros putas illos? — Aud.
Quoniam me verbo premis, posthac non ita dicam, miseros esse, sed tantum, miseros, ob id ipsum, quia non
sunt. — Cic. Non dicis igitur, Miser est M. Crassus, sed
tantum, Miser M. Crassus. — Aud. Ita plane. — Cic. Quasi
non necesse sit, quidquid isto modo pronunties, id aut esse,
aut non esse. An tu dialecticis ne imbutus quidem es? in
primis enim hoc traditur : omne pronuntiatum (sic enim
mihi in præsentia occurrit, ut appellarem ἀξίωμα : utar
post alio, si invenero melius), id ergo est pronuntiatum,
quod est verum, aut falsum. Quum dicis igitur, Miser
M. Crassus : aut hoc dicis, Miser est M. Crassus, ut possit
judicari, verum id, falsumne sit; aut nihil dicis omnino.
— Aud. Age, jam concedo, non esse miseros, qui mortui
sunt, quoniam extorsisti, ut faterer, qui omnino non essent, eos ne miseros quidem esse posse. Quid? qui vivimus, quum moriendum sit, nonne miseri sumus? quæ
enim potest in vita esse jucunditas, quum dies et noctes
cogitandum sit, jamjamque esse moriendum?

VIII. Cic. Ecqui ergo intelligis, quantum mali de humana conditione dejeceris? — Aud. Quonam modo? —
Cic. Quia, si mori etiam mortuis miserum esset, infinitum
quoddam, et sempiternum malum haberemus in vita.
Nunc video calcem : ad quam quum sit decursum, nihil
sit præterea extimescendum. Sed tu mihi videris Epicharmi', acuti, nec insulsi, hominis, ut Siculi, sententiam sequi. — Aud. Quam? non enim novi. — Cic. Dicam,
si potero, latine : scis enim me græce loqui in latino sermone non plus solere, quam in græco latine. — Aud. Et
recte quidem. Sed quæ tandem est Epicharmi ista sententia? —

Cic. Emori nolo : sed me esse mortuum nihil æstimo.

— Aud. Jam agnosco græcum. Et quoniam coegisti, ut
concederem, qui mortui essent, eos miseros non esse, per-
fice, si potes, ut ne moriendum quidem esse, miserum putem. — Cic. Jam istuc quidem nihil negotii est : sed etiam
majora molior. — Aud. Quo modo hoc nihil negotii est?
aut quæ sunt tandem ista majora? — Cic. Quoniam si
post mortem nihil est mali, ne mors quidem est malum,
cui proximum tempus est post mortem, in quo mali nihil

esse concedis : ita ne moriendum quidem esse, malum
est. Id est enim, perveniendum esse ad id, quod non esse
malum confitemur. — Aud. Uberius ista quæso. Hæc enim
spinosiora, prius, ut confitear, me cogunt, quam ut
assentiar. Sed quæ sunt ea, quæ dicis te majora moliri?
—Cic. Ut doceam, si possim, non modo malum non esse,
sed bonum etiam esse mortem. — Aud. Non postulo id
quidem; aveo tamen audire. Ut enim non efficias quod
vis, tamen, mors ut malum non sit, efficies. Sed nihil te
interpellabo. Continentem orationem audire malo. — Cic.
Quid? si te rogavero aliquid, nonne respondebis?—Aud.
Superbum id quidem est. Sed, nisi quid necesse erit, malo
ne roges.

IX. Cic. Geram tibi morem, et ea, quæ vis, ut potero,
explicabo, nec tamen quasi Pythius Apollo, certa ut sint,
et fixa, quæ dixero ; sed ut homunculus unus e multis,
probabilia conjectura sequens. Ultra enim quo progrediar,
quam ut veri videam similia, non habeo. Certa dicent ii,
qui et percipi ea posse dicunt, et se sapientes esse profitentur. — Aud. Tu, ut videtur : nos ad audiendum parati
sumus. — Cic. Mors igitur ipsa, quæ videtur notissima
res esse, quid sit, primum est videndum. Sunt enim, qui
discessum animi a corpore putent esse mortem. Sunt, qui
nullum censeant fieri discessum, sed una animum et corpus occidere, animumque cum corpore exstingui. Qui discedere animum censent, alii statim dissipari, alii diu permanere, alii semper. Quid sit porro ipse animus, aut ubi,
aut unde, magna dissensio est. Aliis cor ipsum, animus
videtur : ex quo excordes, vecordes, concordesque dicuntur; et Nasica ille prudens [1], bis consul, Corculum, et

Egregie cordatus homo Catus Æliu' Sextus.

Empedocles animum esse censet, cordi suffusum sanguinem [2]. Aliis pars quædam cerebri visa est animi principatum tenere. Aliis nec cor ipsum placet ; nec cerebri quan-
dam partem, esse animum ; sed alii in corde, alii in cere-
bro dixerunt animi esse sedem, et locum. Animum autem
alii animam, ut fere nostri declarant nomen. Nam et
agere animam, et efflare dicimus [et animosos, et bene
animatos, et ex animi sententia] : ipse autem animus ab
anima dictus est. Zenoni stoico [3] animus, ignis videtur. Sed

hæc quidem, quæ dixi, cor, sanguinem, cerebrum, animam, ignem, vulgo : reliqua fere singuli, ut multi ante veteres [1].

X. Proxime autem Aristoxenus, musicus, idemque philosophus [2], ipsius corporis intentionem quamdam, vel, ut in cantu, et fidibus, quæ harmonia dicitur, sic ex corporis totius natura, et figura, varios motus cieri tamquam in cantu sonos. Hic ab artificio suo non recessit, et tamen dixit aliquid; quod ipsum quale esset, erat multo ante et dictum, et explanatum a Platone. Xenocrates [3] animi figuram, et quasi corpus, negavit esse; verum numerum dixit esse, cujus vis, ut jam antea Pythagoræ visum erat, in natura maxima esset. Ejus doctor Plato triplicem finxit animam [4]: cujus principatum, id est, rationem, in capite, sicut in arce, posuit; et duas partes parere voluit, iram et cupiditatem : quas locis disclusit; iram in pectore, cupiditatem subter præcordia locavit. Dicæarchus [5] autem in eo sermone, quem Corinthi habitum tribus libris exponit, doctorum hominum disputantium, primo libro multos loquentes facit : duobus Pherecratem quemdam Phthiotam senem, quem ait a Deucalione ortum, disserentem inducit, nihil esse omnino animum, et hoc esse, nomen totum inane, frustraque animalia, et animantes appellari; neque in homine inesse animum, vel animam, nec in bestia; vimque omnem eam, qua vel agamus quid, vel sentiamus, in omnibus corporibus vivis æquabiliter esse fusam, nec separabilem a corpore esse, quippe quæ nulla sit, nec sit quidquam, nisi corpus unum, et simplex, ita figuratum, ut temperatione naturæ vigeat, et sentiat. Aristoteles longe omnibus (Platonem semper excipio) præstans et ingenio, et diligentia, quum quatuor illa genera principiorum esset complexus, e quibus omnia orirentur, quintam quamdam naturam censet esse, e qua sit mens. Cogitare enim, et, providere, et discere, et docere, et invenire aliquid, et tam multa alia, meminisse, amare, odisse, cupere, timere, angi, lætari : hæc, et similia eorum, in horum quatuor generum nullo inesse putat. Quintum genus adhibet, vacans nomine, et sic ipsum animum, ἐντελέχειαν [6] appellat novo nomine, quasi quamdam continuatam motionem, et perennem.

XI. Nisi quæ me forte fugiunt, hæ sunt fere omnium

de animo sententiæ. Democritum' enim magnum quidem illum virum, sed lævibus et rotundis corpusculis efficientem animum concursu quodam fortuito, omittamus : nihil est enim apud istos, quod non atomorum turba conficiat. Harum sententiarum quæ vera sit, deus aliquis viderit : quæ verisimillima, magna quæstio est. Utrum igitur inter has sententias dijudicare malumus, an ad propositum redire? —Aud. Cuperem equidem utrumque, si posset : sed est difficile confundere. Quare si, ut ista non disserantur, liberari mortis metu possumus, id agamus. Sin id non potest, nisi hac quæstione animorum explicata, nunc, si videtur, hoc : illud alias. — Cic. Quod malle te intelligo, id puto esse commodius. Efficiet enim ratio, ut, quæcumque vera sit earum sententiarum, quas exposui, mors aut malum non sit, aut sit bonum potius. Nam si cor, aut sanguis, aut cerebrum est animus, certe, quoniam est corpus, interibit cum reliquo corpore. Si anima est, fortasse dissipabitur; si ignis, exstinguetur; si est Aristoxeni harmonia, dissolvetur. Quid de Dicæarcho dicam, qui nihil omnino animum dicat esse? His sententiis omnibus nihil post mortem pertinere ad quemquam potest. Pariter enim cum vita sensus amittitur. Non sentientis autem, nihil est, ullam in partem quod intersit. Reliquorum sententiæ spem afferunt, si te forte hoc delectat, posse animos, quum e corporibus excesserint, in cœlum, quasi in domicilium suum, pervenire. — Aud. Me vero delectat² : idque primum ita esse velim; deinde, etiam si non sit, mihi tamen persuaderi velim. — Cic. Quid tibi ergo opera nostra opus est? num eloquentia Platonem superare possumus? Evolve diligenter ejus eum librum, qui est de animo : amplius quod desideres, nihil erit³. — Aud. Feci mehercule, et quidem sæpius ; sed nescio quo modo, dum lego, assentior : quum posui librum, et mecum ipse de immortalitate animorum cœpi cogitare, assensio omnis illa elabitur. — Cic. Quid hoc? dasne aut manere animos post mortem, aut morte ipsa interire? — Aud. Do vero. — Cic. Quid, si maneant? — Aud. Beatos esse concedo. — Cic. Si intereant? — Aud. Non esse miseros, quoniam ne sint quidem. Jam istuc, coacti a te, paullo ante concessimus. — Cic. Quo modo igitur, aut cur mortem malum tibi videri dicis, quæ aut beatos nos efficiet, animis manentibus, aut non miseros, sensu carentes?

XII. Aud. Expone igitur, nisi molestum est, primum animos, si potes, remanere post mortem; tum, si minus id obtinebis (est enim arduum), docebis, carere omni malo mortem. Ego enim istuc ipsum vereor, ne malum sit, non dico carere sensu, sed carendum esse. — Cic. Auctoribus quidem ad istam sententiam, quam vis obtineri, uti optimis possumus; quod in omnibus causis et debet, et solet valere plurimum : et primum quidem omni antiquitate; quæ quo propius aberat ab ortu et divina progenie, hoc melius ea fortasse, quæ erant vera, cernebat. Itaque unum illud erat insitum priscis illis, quos « cascos » appellat Ennius, esse in morte sensum, neque excessu vitæ sic deleri homi- nem, ut funditus interiret : idque quum multis aliis rebus, tum e pontificio jure, et cærimoniis sepulcrorum intelligi licet[1]; quas maximis ingeniis præditi nec tanta cura coluis- sent, nec violatas tam inexpiabili religione sanxissent, nisi hæsisset in eorum mentibus, mortem non interitum esse omnia tollentem atque delentem, sed quamdam quasi mi- grationem, commutationemque vitæ, quæ in claris viris et feminis dux in cœlum soleret esse; in ceteris humi reti- neretur, et permaneret tamen. Ex hoc, et nostrorum opi- nione,

Romulus in cœlo cum dis agit ævum,

ut famæ assentiens dixit Ennius; et apud Græcos, inde- que perlapsus ad nos, et usque ad Oceanum Hercules, tan- tus et tam præsens habetur deus. Hinc Liber deus, Semele natus, eademque famæ celebritate Tyndaridæ fratres[2] : qui non modo adjutores in prœliis victoriæ populi romani, sed etiam nuntii fuisse perhibentur. Quid? Ino[3], Cadmi filia, nonne Leucothea nominata a Græcis, Matuta habetur a nostris? Quid? totum prope cœlum, ne plures persequar, nonne humano génere completum est[4]?

XIII. Si vero scrutari vetera, et ex his ea, quæ scripto- res græci prodiderunt, eruere coner : ipsi illi, majorum gentium dii qui habentur, hinc a nobis profecti in cœlum reperientur[5]. Quære, quorum demonstrantur sepulcra in Græcia; reminiscere, quoniam es initiatus, quæ traduntur mysteriis : tum denique, quam hoc late pateat, intelliges. Sed qui nondum ea, quæ multis post annis tractari cœpissent, physica didicissent, tantum sibi persuaserant, quantum natura admonente cognoverant; rationes, et causas rerum non tenebant; visis quibusdam sæpe movebantur, hisque maxime nocturnis, ut viderentur ii, qui vita excesserant, vivere. Ut porro firmissimum hoc afferri videtur, cur deos esse credamus, quod nulla gens tam fera, nemo omnium tam sit immanis, cujus mentem non imbuerit deorum opinio. Multi de diis prava sentiunt; id enim vitioso more effici solet : omnes tamen esse vim et naturam divinam arbitrantur. Nec vero id collocutio hominum, aut consensus effecit; non institutis opinio est confirmata, non legibus. Omni autem in re consensio omnium gentium, lex naturæ putanda est. Quis est igitur, qui suorum mortem primum non eo lugeat, quod eos orbatos vitæ commodis arbitretur? Tolle hanc opinionem : luctum sustuleris. Nemo enim mœret suo incommodo. Dolent fortasse, et anguntur; sed illa lugubris lamentatio, fletusque mœrens, ex eo est, quod eum, quem dileximus, vitæ commodis privatum arbitramur, idque sentire : atque hæc ita sentimus natura duce, nulla ratione, nullaque doctrina [1].

XIV. Maximum vero argumentum est, naturam ipsam de immortalitate animorum tacitam judicare, quod omnibus curæ sunt, et maximæ quidem, quæ post mortem futura sint. « Serit arbores, quæ alteri sæculo prosint, » ut ait Statius in Synephebis [2] : quid spectans, nisi etiam postera sæcula ad se pertinere? Ergo arbores seret diligens agricola, quarum adspiciet baccam ipse numquam: vir magnus leges, instituta, rempublicam non seret? Quid procreatio liberorum, quid propagatio nominis, quid adoptiones filiorum, quid testamentorum diligentia, quid ipsa sepulcrorum monumenta, quid elogia significant, nisi nos futura etiam cogitare? Quid illud? num dubitas, quin specimen naturæ capi debeat ex optima quaque natura? quæ est igitur melior in hominum genere natura, quam eorum, qui se natos ad homines juvandos, tutandos, conservandos arbitrantur? Abiit ad deos Hercules; numquam abiisset, nisi, quum inter homines esset, eam sibi viam munivisset. Vetera jam ista, et religione omnium consecrata.

. XV. Quid in hac republica tot, tantosque viros ob rempublicam interfectos, cogitasse arbitramur? iisdemne ut finibus nomen suum, quibus vita, terminaretur '? Nemo umquam sine magna spe immortalitatis se pro patria offerret ad mortem. Licuit esse otioso Themistocli, licuit Epaminondæ; licuit, ne et vetera et externa quæram, mihi. Sed nescio quomodo inhæret in mentibus quasi sæculorum quoddam augurium futurorum; idque in maximis ingeniis, altissimisque animis et exsistit maxime, et apparet facillime. Quo quidem dempto, quis tam esset amens, qui semper in laboribus et periculis viveret? Loquor de principibus. Quid poetæ? nonne post mortem nobilitari volunt? unde ergo illud,

> Adspicite, o cives, senis Ennii imagini' formam.
> Hic vestrum pinxit maxima facta patrum ².

Mercedem gloriæ flagitat ab iis, quorum patres affecerat gloria; idemque,

> Nemo me lacrymis decoret, neu funera fletu
> Faxit. Cur? volito vivu' per ora virum.

Sed quid poetas? opifices post mortem nobilitari volunt. Quid enim Phidias ³ sui similem speciem inclusit in clypeo Mineryæ, quum inscribere non liceret? Quid nostri philosophi? nonne in his ipsis libris, quos scribunt de contemnenda gloria, sua nomina inscribunt? Quod si omnium consensus, naturæ vox est; omnesque, qui ubique sunt, consentiunt esse aliquid, quod ad eos pertineat, qui vita cesserint; nobis quoque idem existimandum est. Et si, quorum aut ingenio, aut virtute animus excellit, eos arbitramur, quia natura optima sunt, cernere naturæ vim maxime; verisimile est, quum optimus quisque maxime posteritati serviat, esse aliquid, cujus is post mortem sensum sit habiturus.

XVI. Sed ut deos esse natura opinamur, qualesque sint ratione cognoscimus; sic permanere animos arbitramur consensu nationum omnium; qua in sede maneant, qualesque sint, ratione discendum est. Cujus ignoratio finxit inferos, easque formidines, quas tu contemnere non sine causa videbare. In terram enim cadentibus corporibus, hisque humo tectis, e quo dictum est humari, sub terra censebant reliquam vitam agi mortuorum. Quam eorum opinionem magni errores consecuti sunt : quos auxerunt poetæ. Frequens enim consessus theatri, in quo sunt mulierculæ et pueri, movetur audiens tam grande carmen :

Adsum, atque advenio Acheronte, vix, via alta, atque ardua,
Per speluncas saxis structas asperis, pendentibus,
Maximis; ubi rigida constat crassa caligo inferum [1].

Tantumque valuit error, qui mihi quidem jam sublatus videtur, ut, corpora cremata quum scirent, tamen ea fieri apud inferos fingerent, quæ sine corporibus nec fieri possent, nec intelligi. Animos enim per se ipsos viventes non poterant mente complecti : formam aliquam figuramque quærebant. Inde Homeri tota νεκυία : inde ea, quæ meus amicus Appius νεκρομαντεία faciebat · inde in vicinia nostra Averni lacus [2],

Unde animæ excitantur obscura umbra, aperto ostio
Alti Acherontis, falso sanguine, mortuorum imagines.

Has tamen imagines loqui volunt : quod fieri nec sine lingua, nec sine palato, nec sine faucium laterumve et pulmonum vi, et figura potest. Nihil enim animo videre poterant : ad oculos omnia referebant. Magni autem est ingenii, sevocare mentem a sensibus, et cogitationem a consuetudine abducere. Itaque credo equidem etiam alios tot sæculis ; sed, quod litteris exstet proditum, Pherecydes Syrius [3] primum dixit, animos hominum esse sempiternos ; antiquus sane ; fuit enim meo regnante gentili [4]. Hanc opinionem discipulus ejus Pythagoras maxime confirmavit : qui quum Superbo regnante in Italiam venisset, tenuit magnam illam Græciam quum honore disciplinæ, tum etiam auctoritate : multaque sæcula postea sic viguit Pythagoreorum nomen, ut nulli alii docti viderentur.

XVII. Sed redeo ad antiquos. Rationem illi sententiæ suæ non fere reddebant, nisi quid erat numeris aut descriptionibus explicandum. Platonem ferunt, ut Pythagoreos cognosceret, in Italiam venisse, et didicisse Pythagorea omnia, primumque de animorum æternitate non solum sensisse idem, quod Pythagoram, sed rationem etiam

attulisse. Quam, nisi quid dicis, prætermittamus, et hanc
totam spem immortalitatis relinquamus. — Aud. An tu,
quum me in summam exspectationem adduxeris, deseris?
Errare mehercule malo cum Platone, quem tu quanti facias, scio, et quem ex tuo ore admiror, quam cum istis
vera sentire. — Cic. Macte virtute. Ego enim ipse cum
eodem ipso non invitus erraverim. Num igitur dubitamus,
an, sicut pleraque, sic et hoc (quamquam hoc quidem
minime : persuadent enim mathematici)? terram in medio
mundo sitam ad universi cœli complexum quasi puncti
instar obtinere, quod κέντρον illi vocant; eam porro naturam esse quatuor omnia gignentium corporum', ut quasi
partita habeant inter se, et divisa momenta; terrena et hu-
mida suopte nutu, et suo pondere ad pares angulos in
terram, et in mare ferantur; reliquæ duæ partes, una
ignea, altera animalis, ut illæ superiores in medium locum mundi gravitate ferantur et pondere, sic hæc rursum
rectis lineis in cœlestem locum subvolent, sive ipsa natura
superiora appetente, sive quod a gravioribus leviora natura repellantur. Quæ quum constent, perspicuum debet
esse, animos, quum e corpore excesserint, sive illi sint
animales, id est, spirabiles, sive ignei, in sublime ferri.
Si vero aut numerus quidam sit animus, quod subtiliter
magis, quam dilucide dicitur, aut quinta illa non nominata magis, quam non intellecta² natura : multo etiam
integriora, ac puriora sunt, ut a terra longissime se effe-
rant. Horum igitur aliquid animus est, nec tam vegeta
mens aut in corde, cerebrove, aut in Empedocleo sanguine
demersa jaceat.

XVIII. Dicæarchum vera cum Aristoxeno æquali et con-
discipulo suo, doctos sane homines, omittamus : quorum
alter ne condoluisse quidem umquam videtur, qui animum
se habere non sentiat; alter ita delectatur suis cantibus,
ut eos etiam ad hæc transferre conetur. Harmoniam autem
ex intervallis sonorum nosse possumus, quorum varia
compositio etiam harmonias efficit plures : membrorum
vero situs, et figura corporis, vacans animo, quam possit
harmoniam efficere, non video : sed hic quidem, quamvis
eruditus sit, sicut est, hæc magistro concedat Aristoteli;
canere ipse doceat. Bene enim illo proverbio Græcorum
præcipitur,

Quam quisque norit artem, in hac se exerceat.

Illam vero funditus ejiciamus individuorum corporum lævium et rotundorum concursionem fortuitam : quam tamen Democritus concalefactam et spirabilem, id est, animalem esse voluit.

Is autem animus, qui, si est horum quatuor generum, ex quibus omnia constare dicuntur, ex inflammata anima constat, ut potissimum videri video Panætio [1], superiora capessat necesse est. Nihil enim habent hæc duo genera proni, et supera semper petunt. Ita, sive dissipantur, procul a terris id evenit; sive permanent, et conservant habitum suum, hoc etiam magis necesse est ferantur ad cœlum, et ab his perrumpatur et dividatur crassus hic et concretus aer, qui est terræ proximus. Calidior est enim, vel potius ardentior animus, quam est hic aer, quem modo dixi crassum atque concretum. Quod ex eo sciri potest, quia corpora nostra, terreno principiorum genere confecta, ardore animi concalescunt.

XIX. Accedit, ut eo facilius animus evadat ex hoc aere, quem sæpe jam appello, eumque perrumpat, quod nihil est animo velocius; nulla est celeritas, quæ possit cum animi celeritate contendere. Qui si permanet incorruptus, suique similis : necesse est ita feratur, ut penetret et dividat omne cœlum hoc, in quo nubes, imbres, ventique coguntur; quod et humidum, et caliginosum est, propter exhalationes terræ. Quam regionem quum superavit animus, naturamque sui similem contigit, et agnovit, junctis ex anima tenui, et ex ardore solis temperato, ignibus insistit, et finem altius se efferendi facit. Quum enim sui similem et levitatem, et calorem adeptus est, tamquam paribus examinatus ponderibus, nullam in partem movetur; eaque ei demum naturalis est sedes, quum ad sui similem penetravit, in quo nulla re egens aletur, et sustentabitur iisdem rebus, quibus astra sustentantur et aluntur.

Quumque corporis facibus inflammari soleamus ad omnes fere cupiditates, eoque magis incendi, quod iis æmulemur, qui ea habeant, quæ nos habere cupiamus : profecto beati erimus, quum, corporibus relictis, et cupiditatum, et æmulationum erimus expertes; quodque

nunc facimus, quum laxati curis sumus, ut spectare aliquid velimus, et visere, id multo tum faciemus liberius,
totosque nos in contemplandis rebus perspiciendisque po-
nemus, propterea quod et natura inest mentibus nostris
insatiabilis quædam cupiditas veri videndi, et oræ ipsæ
locorum illorum, quo pervenerimus, quo faciliorem nobis cognitionem rerum cœlestium, eo majorem cognoscendi
cupiditatem dabunt. Hæc enim pulchritudo etiam in terris
patriam illam et avitam (ut ait Theophrastus) philosophiam, cognitionis cupiditate incensam, excitavit. Præ-
cipue vero fruentur ea, qui tum etiam, quum, has terras
incolentes, circumfusi erant caligine, tamen acie mentis
dispicere cupiebant.

XX. Etenim si nunc aliquid assequi se putant, qui ostium Ponti viderunt, et eas angustias, per quas penetravit ea, quæ est nominata Argo, quia

> .... Argivi in ea, delecti viri,
> Vecti, petebant pellem inauratam arietis [1];

aut ii, qui Oceani freta illa viderunt,

> Europam, Libyamque rapax ubi dividit unda;

quod tandem spectaculum fore putamus, quum totam
terram contueri licebit, ejusque quum situm, formam,
circumscriptionem, tum et habitabiles regiones, et rursum omni cultu, propter vim frigoris aut caloris, vacan-
tes? Nos enim ne nunc quidem oculis cernimus ea, quæ
videmus; neque enim est ullus sensus in corpore: sed, ut
non solum physici docent, verum etiam medici, qui ista
aperta et patefacta viderunt, viæ quasi quædam sunt ad
oculos, ad aures, ad nares a sede animi perforatæ. Itaque
sæpe aut cogitatione, aut aliqua vi morbi impediti, aper-
tis atque integris et oculis, et auribus, nec videmus, nec
audimus: ut facile intelligi possit, animum et videre et
audire, non eas partes, quæ quasi fenestræ sunt animi;
quibus tamen sentire nihil queat mens, nisi id agat, et adsit. Quid, quod eadem mente res dissimillimas compre-
hendimus, ut colorem, saporem, calorem, odorem,
sonum? quæ numquam quinque nuntiis animus cognosceret, nisi ad eum omnia referrentur, et is omnium judex
solus esset. Atque ea profecto tum multo puriora et dilu-

eldiora cernentur; quum, quo natura fert, liber animus
pervenerit. Nam nunc quidem, quamquam foramina illa,
quæ patent ad animum a corpore, callidissimo artificio
natura fabricata est, tamen terrenis concretisque corporibus sunt intersepta quodam modo. Quum autem nihil erit
præter animum : nulla res objecta impediet, quo minus
percipiat, qualo quidque sit.

XXI. Quamvis copiose hæc diceremus, si res postularet,
quam multa, quam varia, quanta spectacula animus in
locis cœlestibus esset habiturus. Quæ quidem cogitans, soleo sæpe mirari nonnullorum insolentiam philosophorum,
qui naturæ cognitionem admirantur, ejusque inventori et
principi gratias exsultantes agunt, eumque venerantur, ut
deum : liberatos enim se per eum dicunt gravissimis domi-
nis, terrore sempiterno, et diurno, ac nocturno metu[1].
Quo terrore? quo metu? quæ est anus tam delira, quæ timeat ista, quæ vos videlicet, si physica non didicissetis,
timeretis,

Acherusia templa, alta Orci, pallida
Leti, obnubila, obsita tenebris loca?

Non pudet philosophum in eo gloriari, quod hæc non
timeat, et quod falsa esse cognoverit? ex quo intelligi potest, quam acuti natura sint, qui hæc sine doctrina credi-
turi fuerint. Præclarum autem nescio quid adepti sunt,
quod didicerunt, se, quum tempus mortis venisset, totos
esse perituros. Quod ut ita sit (nihil enim pugno), quid
habet ista res aut lætabile, aut gloriosum?

Nec tamen mihi sane quidquam occurrit, cur non
Pythagoræ sit et Platonis vera sententia. Ut enim rationem Plato nullam afferret (vide, quid homini tri-
buam), ipsa auctoritate me frangeret. Tot autem rationes attulit, ut velle ceteris, sibi certe persuasisse
videatur.

XXII. Sed plurimi contra nituntur, animosque, quasi
capite damnatos, morte multant : neque aliud est quidquam, cur incredibilis his animorum videatur æternitas,
nisi quod nequeunt, qualis animus sit vacans corpore, intelligere, et cogitatione comprehendere[2]. Quasi vero intelligant, qualis sit in ipso corpore, quæ conformatio, quæ
magnitudo, qui locus : ut, si jam possent in homine vivo

cerni omnia, quæ nunc tecta sunt, casurusne in conspe-
ctum videatur animus; an tanta sit ejus tenuitas, ut fugiat
aciem. Hæc reputent isti, qui negant, auimum sine corpore se intelligere posse. Videbunt, quem in ipso corpore
intelligant. Mihi quidem naturam animi intuenti, multo
difficilior occurrit cogitatio, multoque obscurior, qualis
animus in corpore sit, tamquam alienæ domi, quam qualis, quum exierit, et in liberum cœlum, quasi domum
suam venerit. Nisi enim, quod numquam vidimus, id
quale sit, intelligere non possumus, certe et deum ipsum,
et divinum animum, corpore liberatum, cogitatione complecti non possumus. Dicæarchus quidem et Aristoxenus,
quia difficilis erat animi, quid, aut qualis esset, intelli-
gentia, nullum omnino animum esse dixerunt. Est illud
quidem vel maximum, animo ipso animum videre : et nimirum hanc habet vim præceptum Apollinis, quo monet,
ut se quisque noscat. Non enim, credo, id præcipit, ut
membra nostra, aut staturam, figuramve noscamus. Neque nos corpora sumus : neque ego, tibi dicens hoc, corpori tuo dico. Quum igitur, « Nosce te, » dicit, hoc dicit,
« Nosce animum tuum. » Nam corpus quidem, quasi vas
est, aut aliquod animi receptaculum. Ab animo tuo quidquid agitur, id agitur a te. Hunc igitur nosse, nisi divinum esset, non esset hoc acrioris cujusdam auimi præcé-
ptum, sic, ut tributum deo sit.

Sed si, qualis sit animus, ipse animus nesciat, dic,
quæso, ne esse quidem se sciet? ne moveri quidem se? ex
quo illa ratio nata est Platonis, quæ a Socrate est in Phæ-
dro explicata, a me autem posita est in sexto libro de Republica [1].

XXIII. « Quod semper movetur, æternum est. Quod autem motum affert alicui, quodque ipsum agitatur aliunde,
quando finem habet motus, vivendi finem habeat necesse
est. Solum igitur quod se ipsum movet, quia numquam
deseritur a se, numquam ne moveri quidem desinit; quin
etiam ceteris, quæ moventur, hic fons, hoc principium est
movendi. Principii autem nulla est origo. Nam e principio
oriuntur omnia; ipsum autem nulla ex re alia nasci potest. Nec enim esset principium, quod gigneretur aliunde [2].
Quod si numquam oritur, ne occidit quidem umquam.
Nam principium exstinctum nec ipsum ab alio renascetur,

nec a se aliud creabit, siquidem necesse est a principio oriri omnia. Ita fit, ut motus principium ex eo sit, quod ipsum a se movetur. Id autem nec nasci potest, nec mori: vel concidat omne cœlum, omnisque natura consistat necesse est, nec vim ullam nanciscatur, qua primo impulsa moveatur. Quum pateat igitur, æternum id esse, quod se ipsum moveat, quis est, qui hanc naturam animis esse tributam neget? Inanimum est enim omne, quod pulsu agitatur externo ; quod autem est animal, id motu cietur interiore, et suo. Nam hæc est propria natura animi atque vis. Quæ si est una ex omnibus, quæ se ipsa semper moveat : neque nata certe est, et æterna est. »

Licet concurrant plebeii omnes philosophi (sic enim ii, qui a Platone, et Socrate, et ab ea familia dissident, appellandi videntur), non modo nihil umquam tam eleganter explicabunt, sed ne hoc quidem ipsum, quam subtiliter conclusum sit, intelligent. Sentit igitur animus se moveri[1] : quod quum sentit, illud una sentit, se vi sua, non aliena moveri; nec accidere posse, ut ipse umquam a se deseratur. Ex quo efficitur æternitas : nisi quid habes ad hæc. — AUD. Ego vero facile sum passus, ne in mentem quidem mihi aliquid contra venire : ita isti faveo sententiæ.

XXIV. CIC. Quid illa tandem ? num leviora censes? quæ declarant, inesse in animis hominum divina quædam: quæ si cernerem, quemadmodum nasci possent, etiam, quemadmodum interirent, viderem. Nam sanguinem, bilem, pituitam, ossa, nervos, venas, omnem denique membrorum et totius corporis figuram videor posse dicere, unde concreta, et quo modo facta sint. Per animum ipsum, si nihil esset in eo, nisi id, ut per eum viveremus, tam natura putarem hominis vitam sustentari, quam vitis, quam arboris : hæc enim etiam dicimus vivere. Item si nihil haberet animus hominis, nisi ut appeteret, aut refugeret, id quoque esset ei commune cum bestiis. Habet primum memoriam, et eam infinitam, rerum innumerabilium. Quam quidem Plato recordationem esse vult superioris vitæ. Nam in illo libro, qui inscribitur Menon, pusionem quemdam Socrates interrogat quædam geometrica de dimensione quadrati. Ad ea sic ille respondet, ut puer : et tamen ita faciles interrogationes sunt, ut gradatim respon-

dens eodem perveniat, quo si geometrica didicisset. Ex
quo effici vult Socrates, ut discere, nihil aliud sit, nisi recordari ¹.

Quem locum multo etiam accuratius explicat in eo sermone ², quem habuit eo ipso die, quo excessit e vita. Docet enim, quemvis, qui omnium rerum rudis esse videatur,
bene interroganti respondentem, declarare, se non tum illa
discere, sed reminiscendo recognoscere : nec vero fieri ullo
modo posse, ut a pueris tot rerum atque tantarum insitas
et quasi consignatas in animis notiones, quas ἐννοίας vocant, haberemus, nisi animus, antequam in corpus intra-
visset, in rerum cognitione viguisset. Quumque nihil esset,
ut omnibus locis a Platone disseritur (nihil enim ille putat
esse, quod oriatur et intereat, idque solum esse, quod
semper tale sit, qualem ideam ³ appellat ille, nos speciem),
non potuit animus hæc in corpore inclusus agnoscere : cognita attulit. Ex quo tam multarum rerum cognitionis admiratio tollitur. Neque ea plane videt animus, quum tam
repente in insolitum tamque perturbatum domicilium im-
migravit ; sed quum se collegit atque recreavit, tum agno-
scit illa reminiscendo. Ita nihil aliud est discere, nisi recordari.

Ego autem majore etiam quodam modo memoriam admiror. Quid est enim illud, quo meminimus? aut quam
habet vim? aut unde natam? non quæro, quanta memoria
Simonides fuisse dicatur, quanta Theodectes, quanta is,
qui a Pyrrho legatus ad senatum est missus, Cineas, quanta
nuper Charmadas, quanta, qui modo fuit, Scepsius Metrodorus, quanta noster Hortensius ⁴ : de communi hominum
memoria loquor, et eorum maxime, qui in aliquo majore
studio, et arte versantur : quorum quanta mens sit, difficile
est existimare; ita multa meminerunt.

XXV. Quorsum igitur hæc spectat oratio? quæ sit illa
vis, et unde, intelligendum puto. Non est certe nec cordis,
nec sanguinis, nec cerebri, nec atomorum. Anima sit animus; ignisve, nescio : nec me pudet, ut istos, fateri ne-
scire, quod nesciam. Illud, si ulla alia de re obscura affir-
mare possem, sive anima, sive ignis sit animus, eum jura-
rem esse divinum. Quid enim? obsecro te, terrane tibi, aut
hoc nebuloso et caliginoso cœlo aut sata, aut concreta videtur tanta vis memoriæ? Si, quid sit hoc, non vides; at,

quale sit, vides. Si ne id quidem; at, quantum sit, profecto vides. Quid igitur? utrum capacitatem aliquam in animo putamus esse, quo, tamquam in aliquod vas, ea quæ meminimus, infundantur? Absurdum id quidem. Qui enim fundus, aut quæ talis animi figura intelligi potest? aut quæ tanta omnino capacitas? An imprimi quasi ceram, animum putamus, et memoriam esse signatarum rerum in mente vestigia? quæ possunt verborum, quæ rerum ipsarum esse vestigia? quæ porro tam immensa magnitudo, quæ illa tam multa possit effingere?

Quid? illa vis, quæ tandem est, quæ investigat occulta, quæ inventio atque excogitatio dicitur? ex hacne tibi terrena, mortalique natura et caduca, concreta ea videtur? aut qui primus, quod summæ sapientiæ Pythagoræ visum est, omnibus rebus imposuit nomina? aut qui dissipatos homines congregavit, et ad societatem vitæ convocavit? aut qui sonos vocis, qui infiniti videbantur, paucis litterarum notis terminavit? aut qui errantium stellarum cursus, regressiones, institiones notavit? Omnes magni ; etiam superiores, qui fruges, qui vestitum, qui tecta, qui cultum vitæ, qui præsidia contra feras invenerunt; a quibus mansuefacti et exculti, a necessariis artificiis ad elegantiora defluximus. Nam et auribus oblectatio magna parta est, inventa et temperata varietate, et natura sonorum ; et astra suspeximus, tum ea, quæ sunt infixa certis locis, tum illa non re, sed vocabulo errantia. Quorum conversiones, omnesque motus qui animus vidit, is docuit, similem animum suum ejus esse, qui ea fabricatus esset in cœlo. Nam quum Archimedes [2] lunæ, solis, quinque errantium motus in sphæram illigavit, effecit idem quod ille, qui in Timæo mundum ædificavit, Platonis deus, ut tarditate et celeritate dissimillimos motus una regeret conversio. Quod si in hoc mundo fieri sine deo non potest. ne in sphæra quidem eosdem motus Archimedes sine divino ingenio potuisset imitari.

XXVI. Mihi vero ne hæc quidem notiora, et illustriora carere vi divina videntur, ut ego aut poetam grave plenumque carmen sine cœlesti aliquo mentis instinctu putem fundere, aut eloquentiam sine quadam vi majore fluere, abundantem sonantibus verbis, uberibusque sententiis. Phi-

losophia vero, omnium mater artium, quid est aliud, nisi,
ut Plato ait [1], donum, ut ego, inventum deorum? Hæc nos
primum ad illorum cultum, deinde ad jus hominum, quod
situm est in generis humani societate, tum ad modestiam,
magnitudinemque animi erudivit; eademque ab animo,
tamquam ab oculis, caliginem dispulit, ut omnia supera,
infera, prima, ultima, media videremus.

Prorsus hæc divina mihi videtur vis, quæ tot res efficiat.
et tantas. Quid est enim memoria rerum, et verborum?
quid porro inventio? profecto id, quo nec in deo quidquam
majus intelligi potest. Non enim ambrosia deos, aut ne-
ctare, aut Juventate pocula ministrante, lætari arbitror;
nec Homerum audio, qui Ganymedem a diis raptum ait
propter formam, ut Jovi bibere ministraret. Non justa
causa, cur Laomedonti tanta fieret injuria. Fingebat hæc
Homerus, et humana ad deos transferebat. Divina mallem
ad nos. Quæ autem divina? vigere, sapere, invenire, meminisse. Ergo animus, qui, ut ego dico, divinus est, ut Euripides audet dicere [2], deus : et quidem si deus aut anima,
aut ignis est, idem est animus hominis. Nam ut illa natura
cœlestis et terra vacat, et humore : sic utriusque harum
rerum humanus animus est expers. Sin autem est quinta
quædam natura ab Aristotele inducta primum; hæc et deorum est, et animorum.

XXVII. Hanc nos sententiam secuti, his ipsis verbis in
Consolatione [3] hæc expressimus : « Animorum nulla in
terris origo inveniri potest; nihil enim est in animis mixtum
atque concretum, aut quod ex terra natum atque fictum
esse videatur; nihil ne aut humidum quidem, aut flabile,
aut igneum. His enim in naturis nihil inest, quod vim
memoriæ, mentis, cogitationis habeat, quod et præterita
teneat, et futura provideat, et complecti possit præsentia:
quæ sola divina sunt. Nec invenietur umquam, unde ad
hominem venire possint, nisi a Deo. Singularis est igitur
quædam natura, atque vis animi, sejuncta ab his usitatis
notisque naturis. Ita quidquid est illud, quod sentit, quod
sapit, quod vivit, quod viget, cœleste et divinum est; ob
eamque rem æternum sit, necesse est. Nec vero Deus ipse,
qui intelligitur a nobis, alio modo intelligi potest, nisi
mens soluta quædam et libera, segregata ab omni concre-
tione mortali, omniaque sentiens, et movens, ipsaque præ-

dita motu sempiterno. » Hoc e genere, atque eadem e natura est humana mens,

XXVIII. Ubi igitur, aut qualis est ista mens? Ubi tua, aut qualis? potesne dicere? an, si omnia ad intelligendum non habeo, quæ habere vellem, ne iis quidem, quæ habeo, mihi per te uti licebit'? Non valet tantum animus, ut se ipse videat. At, ut oculus, sic animus se non videns, alia cernit. Non videt autem, quod minimum est, formam suam. Fortasse : quamquam id quodque; sed relinquamus : vim certe, sagacitatem, memoriam, motum, celeritatem videt. Hæc magna, hæc divina, hæc sempiterna sunt. Qua facie quidem sit, aut ubi habitet, ne quærendum quidem est.

Ut, quum videmus speciem primum, candoremque cœli; deinde conversionis celeritatem tantam, quantam cogitare non possumus; tum vicissitudines dierum, atque noctium, commutationesque temporum quadripartitas, ad maturitatem frugum, et ad temperationem corporum aptas, eorumque omnium moderatorem et ducem solem, lunamque accretione, et deminutione luminis, quasi fastorum notis signantem dies; tum in eodem orbe in xii partes distributo, quinque stellas ferri, eosdem cursus constantissime servantes, disparibus inter se motibus, nocturnamque cœli formam undique sideribus ornatam ; tum globum terræ eminentem e mari, fixum in medio mundi universi loco, duabus oris distantibus habitabilem, et cultum; quarum altera, quam nos incolimus,

> Sub axe posita ad stellas septem, unde horrifer
> Aquiloni' stridor gelidas molitur nives;

altera Australis, ignota nobis, quam vocant Græci ἀντίχθονα; ceteras partes incultas, quod aut frigore rigeant, aut urantur calore : hic autem, ubi habitamus, non intermittit suo tempore

> Cœlum nitescere, arbores frondescere,
> Vites lætificæ pampinis pubescere,
> Rami baccarum ubertate incurviscere,
> Segetes largiri fruges, florere omnia,
> Fontes scatere, herbis prata convestirier;

tum multitudinem pecudum, partim ad vescendum, partim ad cultus agrorum, partim ad vehendum, partim ad corpora vestienda; hominemque ipsum quasi contemplato-

rem cœli ac deorum, ipsorumque cultorem; atque hominis
utilitati agros omnes et maria parentia : hæc igitur, et
alia innumerabilia quum cernimus, possumusne dubitare,
quin his præsit aliquis vel effector, si hæc nata sunt, ut
Platoni videtur; vel , si semper fuerint, ut Aristoteli placet [1], moderator tanti operis et muneris? sic mentem hominis, quamvis eam non videas, ut deum non vides : tamen ut deum agnoscis ex operibus ejus, sic ex memoria
rerum, et inventione, et celeritate motus, omnique pulchritudine virtutis vim divinam mentis agnoscito.

XXIX. In quo igitur loco est? credo equidem in capite :
et, cur credam, afferre possum, sed alias : nunc ubi sit
animus, certe quidem in te est. Quæ est ei natura? Propria
puto, et sua. Sed fac igneam, fac spirabilem : nihil ad id,
de quo agimus. Illud modo videto, ut deum noris, etsi
ignores et locum, et faciem, sic animum tibi tuum notum
esse oportere, etiam si ejus ignores et locum, et formam.
In animi autem cognitione dubitare non possumus, nisi
plane in physicis plumbei sumus, quin nihil sit animis
admixtum, nihil concretum, nihil copulatum, nihil coag-
mentatum, nihil duplex. Quod quum ita sit, certe nec
secerni, nec dividi, nec discerpi, nec distrahi potest : nec
interire igitur. Est enim interitus quasi discessus, et secre-
tio ac diremptus earum partium, quæ ante interitum jun-
ctione aliqua tenebantur.

His, et talibus rationibus adductus Socrates [2], nec patronum quæsivit ad judicium capitis, nec judicibus supplex fuit; adhibuitque liberam contumaciam, a magnitudine animi ductam, non a superbia : et supremo vitæ die
de hoc ipso multa disseruit, et paucis ante diebus, quum
facile posset educi e custodia, noluit ; et quum pæne in
manu jam mortiferum illud teneret poculum, locutus ita
est, ut non ad mortem trudi, verum in cœlum videretur
adscendere.

XXX. Ita enim censebat, itaque disseruit : « Duas esse
vias, duplicesque cursus animorum a corpore excedentium.
Nam qui se humanis vitiis contaminavissent, et se totos
libidinibus dedidissent, quibus cæcati, vel domesticis vitiis
atque flagitiis se inquinavissent, vel republica violanda
fraudes inexpiabiles concepissent, iis devium quoddam iter
esse, seclusum a concilio deorum. Qui autem se integros

castosque servavissent, quibusque fuisset minima cum corporibus contagio, seseque ab his semper sevocassent, essentque in corporibus humanis vitam imitati deorum : his ad illos, a quibus essent profecti, reditum facilem patere. Itaque commemorat, ut cycni, qui non sine causa Apollini dicati sint, sed quod ab eo divinationem habere videantur, qua providentes quid in morte boni sit, cum cantu et voluptate moriantur : sic omnibus et bonis, et doctis esse faciendum. Nec vero de hoc quisquam dubitare posset, nisi idem nobis accideret, diligenter de animo cogitantibus quod iis sæpe usu venit, qui quum acriter oculis deficientem solem intuerentur, ut adspectum omnino amitterent : sic mentis acies se ipsa intuens, nonnumquam hebescit ; ob eamque causam contemplandi diligentiam amittimus. Itaque dubitans, circumspectans, hæsitans, multa adversa reverens, tamquam in rate, in mari immenso, nostra vehitur oratio. » Sed hæc et vetera, et a Græcis. Cato autem sic abiit e vita, ut causam moriendi nactum se esse gauderet. Vetat enim dominans ille in nobis deus, injussu hinc nos suo demigrare. Quum vero causam justam deus ipse dederit, ut tunc Socrati, nunc Catoni, sæpe multis [1] : næ ille, medius fidius, vir sapiens, lætus ex his tenebris in lucem illam excesserit. Nec tamen illa vincla carceris ruperit : leges enim vetant ; sed tamquam a magistratu, aut ab aliqua potestate legitima, sic a deo evocatus, atque emissus exierit.

XXXI. Tota enim philosophorum vita, ut ait idem, commentatio mortis est [2]. Nam quid aliud agimus, quum a voluptate, id est, a corpore, quum a re familiari, quæ est ministra et famula corporis, quum a republica, quum a negotio omni sevocamus animum? quid, inquam, tum agimus, nisi animum ad se ipsum advocamus, secum esse cogimus, maximeque a corpore abducimus? Secernere autem a corpore animum, nec quidquam aliud est, quam emori discere? Quare hoc commentemur, mihi crede, disjungamusque nos a corporibus, id est, consuescamus mori. Hoc et, dum erimus in terris, erit illi cœlesti vitæ simile ; et, quum illuc ex his vinculis emissi feremur, minus tardabitur cursus animorum. Nam qui in compedibus corporis semper fuerunt, etiam quum soluti sunt, tardius ingrediuntur, ut ii, qui ferro vincti multos annos fuerunt. Quo

quum venerimus, tum denique vivemus. Nam hæc quidem
vita mors est; quam lamentari possem, si liberet.

Aud. Satis quidem tu in Consolatione es lamentatus :
quam quum lego, nihil malo, quam has res relinquere; his
vero modo auditis, multo magis. — Cic. Veniet tempus, et
quidem celeriter, et sive retractabis, sive properabis : vo-
lat enim ætas. Tantum autem abest [ab eo], ut malum
mors sit, quod tibi dudum videbatur, ut verear, ne homini nihil sit, non malum aliud certe, sed nihil bonum
aliud, potius ; si quidem vel dii ipsi, vel cum diis futuri
sumus. — Aud. Quid refert? adsunt enim, qui hæc non
probent. — Cic. Ego autem numquam ita te in hoc sermone dimittam, ulla uti ratione mors tibi videri malum
possit. — Aud. Qui potest, quum ista cognoverim? —
Cic. Qui possit, rogas? catervæ veniunt contra dicentium,
non solum epicureorum, quos equidem non despicio, sed
nescio quo modo doctissimus quisque contemnit[1]; acerrime
autem deliciæ meæ, Dicæarchus contra hanc immortalitatem disseruit. Is enim tres libros scripsit, qui Lesbiaci vo-
cantur, quod Mitylenis sermo habetur; in quibus vult efficere animos esse mortales. Stoici autem usuram nobis lar-
giuntur, tamquam cornicibus : diu mansuros aiunt animos; semper, negant[2].

XXXII. Num vis igitur audire, cur, etiam si ita sit,
mors tamen non sit in malis? — Aud. Ut videtur ; sed me
nemo de immortalitate depellet. — Cic. Laudo id quidem :
etsi nihil nimis oportet confidere. Movemur enim sæpe
aliquo acute concluso : labamus, mutamusque sententiam
clarioribus etiam in rebus. In his est enim aliqua obscuri-
tas. Id igitur si acciderit, simus armati. — Aud. Sane quidem ; sed, ne accidat, providebo.

Cic. Num quid igitur est causæ, quin amicos nostros
stoicos dimittamus? eos dico, qui aiunt animos manere, e
corpore quum excesserint, sed non semper. — Aud. Istos
vero : qui, quod tota in hac causa difficillimum est, sus-
cipiant, posse animum manere corpore vacantem ; illud
autem, quod non modo facile ad credendum est, sed eo
concesso, quod volunt, consequens, id certe non dant, ut,
quum diu permanserit, ne intereat. — Cic. Bene reprehen-
dis ; et se isto modo res habet. Credamus igitur Panætio,
a Platone suo dissentienti? quem enim omnibus locis divi-

num, quem sapientissimum, quem sanctissimum, quem Homerum philosophorum appellat, hujus hanc unam sententiam de immortalitate animorum non probat. Vult enim, quod nemo negat, quidquid natum sit, interire, nasci autem animos, quod declaret eorum similitudo, qui procreantur; quæ etiam in ingeniis, non solum in corporibus appareat. Alteram autem affert rationem : nihil esse, quod doleat, quin id ægrum esse quoque possit ; quod autem in morbum cadat, id etiam interiturum; dolere autem animos; ergo etiam interire.

XXXIII. Hæc refelli possunt. Sunt enim ignorantis, quum de æternitate animorum dicatur, de mente dici, quæ omni turbido motu semper vacet, non de partibus iis, in quibus ægritudines, iræ, libidinesque versentur; quas is, contra quem hæc dicuntur, semotas a mente, et disclusas putat. Jam similitudo magis apparet in bestiis, quarum animi sunt rationis expertes. Hominum autem similitudo in corporum figura magis exstat : et ipsi animi, magni refert, quali in corpore locati sint. Multa enim e corpore exsistunt, quæ acuant mentem; multa, quæ obtundant. Aristoteles quidem ait [1], « omnes ingeniosos me- « lancholicos esse : » ut ego me tardiorem esse non moleste feram. Enumerat multos; idque quasi constet, rationem, cur ita fiat, affert. Quod si tanta vis est ad habitum mentis in iis, quæ gignuntur in corpore (ea sunt autem, quæcumque sunt, quæ similitudinem faciant) : nihil necessitatis affert, cur nascantur animi, similitudo

Omitto dissimilitudines. Vellem adesse posset Panætius. Vixit cum Africano. Quærerem ex eo, cujus suorum similis fuisset Africani fratris nepos, facie vel patris ; vita, omnium perditorum ita similis, ut esset facile deterrimus. Cujus etiam similis, P. Crassi [2], et sapientis, et eloquentis, et primi hominis, nepos, multorumque aliorum virorum clarorum, quos nihil attinet nominare, nepotes et filii. Sed quid agimus? oblitine sumus, hoc nunc nobis esse propositum, quum satis de æternitate dixissemus, ne si interirent quidem animi, quidquam mali esse in morte?— Aud. Ego vero memineram : sed te de æternitate dicentem aberrare a proposito facile patiebar.

XXXIV. Cic. Video te alio spectare, et velle in cœlum migrare. — Aud. Spero fore, ut contingat id nobis. Sed

fac, ut isti volunt, animos non remanere post mortem.
Video nos, si ita sit, privari spe beatioris vitæ. — Cic.
Mali vero quid affert ista sententia? Fac enim sic animum
interire, ut corpus. Num igitur aliquis dolor, aut omnino
post mortem sensus in corpore est? Nemo id quidem dicit;
etsi Democritum insimulat Epicurus; Democritici negant[1].
Ne in animo quidem igitur sensus remanet. Ipse enim
nusquam est. Ubi igitur malum est? quoniam nihil tertium
est. An, quoniam ipse animi discessus a corpore non fit
sine dolore? Ut credam ita esse; quam est id exiguum!
Et falsum esse arbitror; et fit plerumque sine sensu; nonnumquam etiam cum voluptate : totumque hoc leve est,
qualecumque est. Fit enim ad punctum temporis. — Aud.
Illud angit, vel potius excruciat, discessus ab omnibus
iis, quæ sunt bona in vita. — Cic. Vide, ne a malis dici
verius possit. Quid ego nunc lugeam vitam hominum?
Vere et jure possum. Sed quid necesse est, quum id
agam, ne post mortem miseros nos putemus fore, etiam
vitam efficere deplorando miseriorem? Fecimus hoc in eo
libro, in quo nosmet ipsos, quantum potuimus, consolati
sumus. A malis igitur mors abducit, non a bonis, verum si
quærimus. Hoc quidem a cyrenaico Hegesia[2] sic copiose dis-
putatur, ut is a rege Ptolemæo prohibitus esse dicatur illa
in scholis dicere, quod multi, his auditis, mortem sibi
ipsi consciscerent. Callimachi[3] quidem epigramma in Am-
braciotam Cleombrotum est : quem ait, quum nihil ei
accidisset adversi, e muro se in mare abjecisse, lecto
Platonis libro[4]. Ejus autem, quem dixi, Hegesiæ liber est,
Ἀποκαρτερῶν, quod a vita quidam per inediam discedens,
revocatur ab amicis : quibus respondens, vitæ humanæ
enumerat incommoda. Possem id facere; etsi minus, quam
ille, qui omnino vivere expedire nemini putat. Mitto alios.
Etiamne nobis expedit, qui et domesticis, et forensibus
solatiis ornamentisque privati, certe, si ante occidissemus,
mors nos a malis, non a bonis abstraxisset?

XXXV. Sit igitur aliquis, qui nihil mali habeat, nullum
a fortuna vulnus acceperit. Metellus ille honoratus[5] quatuor filiis : at quinquaginta Priamus; e quibus septem et
decem, justa uxore nati. In utroque eamdem habuit fortuna potestatem; sed usa in altero est. Metellum enim
multi filii, filiæ, nepotes, neptes in rogum imposuerunt :

Priamum tanta progenie orbatum, quum in aram confu-
gisset, hostilis manus interemit. Hic si vivis filiis, inco-
lumi regno occidisset;

> Adstante ope barbarica,
> Tectis cœlatis, laqueatis :

utrum tandem a bonis, an a malis discessisset ? Tum profecto videretur a bonis. At certe ei melius evenisset, nec
tam flebiliter ita canerentur,

> Hæc omnia vidi inflammari,
> Priamo vi vitam evitari,
> Jovis aram sanguine turpari.

Quasi vero ista, vel quidquam tum potuerit ei melius accidere. Quod si ante occidisset, tamen eventum omnino amisisset : hoc autem tempore sensum malorum
amisit.

Pompeio nostro familiari, quum graviter ægrotasset
Neapoli, melius est factum. Coronati Neapolitani fuerunt,
nimirum etiam Puteolani; vulgo ex oppidis publice gra-
tulabantur. Ineptum sane negotium, et græculum, sed
tamen fortunatum. Utrum igitur, si tum esset exstinctus,
a bonis rebus, an a malis discessisset? Certe a miseris.
Non enim cum socero bellum gessisset; non imparatus
arma sumpsisset; non domum reliquisset; non ex Italia
fugisset; non, exercitu amisso, nudus in servorum ferrum et manus incidisset; non liberi defleti; non fortunæ
omnes a victoribus possiderentur. Qui, si mortem tum
obisset, in amplissimis fortunis occidisset : is propaga-
tione vitæ quot, quantas, quam incredibiles hausit calamitates!

XXXVI. Hæc morte effugiuntur, etiam si non evenerint, tamen quia possunt evenire. Sed homines ea sibi accidere posse non cogitant. Metelli sperat sibi quisque fortunam : proinde quasi aut plures fortunati sint, quam
infelices, aut certi quidquam sit in rebus humanis, aut
sperare sit prudentius, quam timere.

Sed hoc ipsum concedatur, bonis rebus homines morte
privari : ergo etiam carere mortuos vitæ commodis, idque esse miserum? Certe ita dicant necesse est. An potest
is, qui non est, re ulla carere? Triste enim est nomen ipsum carendi, quia subjicitur hæc vis : Habuit, non ha-

bet; desiderat, requirit, indiget. Opinor, hæc incommoda sunt carentis. Caret oculis, odiosa cæcitas; liberis, orbitas. Valet hoc in vivis : mortuorum autem non modo vitæ commodis, sed ne vita quidem ipsa quisquam caret. De mortuis loquor, qui nulli sunt. Nos, qui sumus, num aut cornibus caremus, aut pennis? sit, qui id dixerit, certe nemo. Quid ita? quia quum id non habeas, quod tibi nec usu, nec natura sit aptum, non careas, etiam si sentias, te non habere. Hoc premendum etiam atque etiam est argumentum, confirmato illo, de quo, si mortales animi sunt, dubitare non possumus, quin tantus interitus in morte sit, ut ne minima quidem suspicio sensus relinquatur. Hoc igitur probe stabilito et fixo, illud excutiendum est, ut sciatur, quid sit carere, ne relinquatur aliquid erroris in verbo. Carere igitur hoc significat, egere eo, quod habere velis. Inest enim velle in carendo, nisi quum sic, tamquam in febri, dicitur, alia quadam notione verbi. Dicitur enim alio modo etiam carere, quum aliquid non habeas, et non habere te sentias; etiam si id facile patiare. Carere enim in malo non dicitur. Nec enim esset dolendum. Dicitur illud, bono carere, quod est malum. Sed ne vivus quidem bono caret, si eo non indiget : sed in vivo intelligi tamen potest, regno carere; dici autem hoc in te satis subtiliter non potest; posset in Tarquinio, quum regno esset expulsus. At in mortuo ne intelligi quidem potest. Carere enim, sentientis est; nec sensus in mortuo; ne carere quidem igitur in mortuo est. Quamquam quid opus est in hoc philosophari, quum rem non magnopere philosophia egere videamus?

XXXVII. Quoties non modo ductores nostri, sed universi etiam exercitus ad non dubiam mortem concurrerunt? quæ quidem si timeretur, non L. Brutus, arcens eum reditu tyrannum, quem ipse expulerat, in prœlio concidisset; non cum Latinis decertans pater Decius, cum Etruscis filius, cum Pyrrho nepos, se hostium telis objecissent; non uno bello pro patria cadentes Scipiones Hispania vidisset, Paullum et Geminum Cannæ, Venusia Marcellum, Latini Albinum, Lucani Gracchum. Num quis horum miser hodie? ne tum quidem post spiritum extremum : nec enim potest esse miser quisquam, sensu perempto.

AUD. At id ipsum odiosum est, sine sensu esse. — CIC.
Odiosum, si id esset carere. Quum vero perspicuum sit,
nihil posse in eo esse, qui ipse non sit : quid potest esse in
eo odiosum, qui nec careat, nec sentiat? Quamquam hoc
quidem nimis sæpe; sed eo, quod in hoc inest omnis
animi contractio ex metu mortis. Qui enim satis viderit,
id quod est luce clarius, animo, et corpore consumpto,
totoque animante deleto, et facto interitu universo, illud
animal, quod fuerit, factum esse nihil, is plane perspi-
ciet, inter Hippocentaurum, qui numquam fuerit, et regem
Agamemnonem, nihil interesse; nec pluris nunc facere
M. Camillum hoc civile bellum, quam ego, illo vivo, fe-
cerim Romam captam. Cur igitur et Camillus doleret, si
hæc post trecentos et quinquaginta fere annos eventura
putaret; et ego doleam, si ad decem millia annorum gen-
tem aliquam urbe nostra potituram putem? Quia tanta
caritas patriæ est, ut eam non sensu nostro, sed salute
ipsius metiamur.

XXXVIII. Itaque non deterret sapientem mors, quæ
propter incertos casus quotidie imminet, propter brevita-
tem vitæ numquam longe potest abesse, quo minus in
omne tempus reipublicæ suisque consulat, et posteritatem
ipsam, cujus sensum habiturus non sit, ad se putet pertinere. Quare licet, etiam mortalem esse animum judican-
tem, æterna moliri, non gloriæ cupiditate, quam sensu-
rus non sis, sed virtutis, quam necessario gloria, etiam si
tu id non agas, consequatur. Natura vero sic se habet,
ut, quo modo initium nobis rerum omnium ortus noster
afferat, sic exitum mors. Ut nihil pertinuit ad nos ante
ortum, sic nihil post mortem pertinebit. In quo quid potest esse mali, quum mors nec ad vivos pertineat, nec ad
mortuos? Alteri nulli sunt, alteros non attingit.

Quam qui leviorem faciunt, somni simillimam volum
esse : quasi vero quisquam ita nonaginta annos velit vivere, ut, quum sexaginta confecerit, reliquos dormiat.
Ne sues quidem id velint, non modo ipse. Endymion vero,
si fabulas audire volumus, nescio quando, in Latmo ob-
dormivit, qui est mons Cariæ : nondum, opinor, est ex-
perrectus. Non igitur eum curare censes, quum Luna la-
boret, a qua consopitus putatur, ut eum dormientem
oscularetur? Quid curet autem, qui ne sentit quidem? Ha-

bes somnum imaginem mortis, eamque quotidie induis.
Et dubitas, quin sensus in morte nullus sit, quum in ejus
simulacro videas esse nullum sensum?

XXXIX. Pellantur ergo istæ ineptiæ pæne aniles, ante
tempus mori, miserum esse. Quod tandem tempus? Natu-
ræne? At ea quidem dedit usuram vitæ, tamquam pecuniæ, nulla præstituta die. Quid est igitur, quod querare,
si repetit, quum vult? ea enim conditione acceperas.
Iidem, si puer parvus occidit, æquo animo ferendum putant; si vero in cunis, ne querendum quidem. Atqui ab
hoc acerbius exigit natura, quod dederat. Nondum gusta-
verat, inquiunt, vitæ suavitatem; hic autem jam sperabat
magna, quibus frui cœperat. At id quidem ipsum in ceteris rebus melius putatur, aliquam partem, quam nullam,
attingere; cur in vita secus? Quamquam non male ait
Callimachus, multo sæpius lacrymasse Priamum, quam
Troilum [1].

Eorum autem, qui exacta ætate moriuntur, fortuna laudatur. Cur? nam, reor, nullis, si vita longior daretur, posset
esse jucundior. Nihil est enim profecto homini prudentia
dulcius; quam, ut cetera auferat, affert certe senectus. Quæ
vero ætas longa est? aut quid omnino homini longum?
nonne modo pueros, modo adolescentes, in cursu, a tergo
insequens, nec opinantes assecuta est senectus? Sed quia
ultra nihil habemus, hoc longum ducimus. Omnia ista,
perinde ut cuique data sunt, pro rata parte, a vita, aut
longa, aut brevia dicuntur. Apud Hypanim fluvium, qui
ab Europæ parte in Pontum influit; Aristoteles ait bestio-
las quasdam nasci, quæ unum diem vivant. Ex his igitur,
hora octava quæ mortua est, provecta ætate mortua est,
quæ vero occidente sole, decrepita; eo magis, si etiam
solstitiali die. Confer nostram longissimam ætatem cum
æternitate : in eadem propemodum brevitate, qua illæ
bestiolæ, reperiemur [2].

XL. Contemnamus igitur omnes ineptias (quod enim
levius huic levitati nomen imponam?); totamque vim
bene vivendi in animi robore, ac magnitudine, et in omnium rerum humanarum contemptione ac despicientia, et
omni virtute ponamus. Nam nunc quidem cogitationibus
molestissimis effeminamur, ut, si ante mors adventet,
quam Chaldæorum promissa [3] consecuti sumus, spoliati

magnis quibusdam bonis, illusi, destitutique videamur.
Quod si exspectando et desiderando pendemus animis,
cruciamur, angimur : proh dii immortales! quam iter illud jucundum esse debet, quo confecto, nulla reliqua
cura, nulla sollicitudo futura sit!

Quam me delectat Theramenes '! quam elato animo
est! Etsi enim flemus, quum legimus, tamen non misera-
biliter vir clarus emoritur. Qui quum conjectus in carcerem triginta jussu tyrannorum, venenum ut sitiens ob-
duxisset, reliquum sic e poculo ejecit, ut id resonaret;
quo sonitu reddito, arridens, « Propino, inquit, hoc pul-
chro Critiæ, » qui in eum fuerat teterrimus. Græci enim
in conviviis solent nominare, cui poculum tradituri sunt.
Lusit vir egregius extremo spiritu, quum jam præcordiis
conceptam mortem contineret; vereque ei, cui venenum
præbiberat, mortem est eam auguratus, quæ brevi consecuta est. Quis hanc animi maximi æquitatem in ipsa
morte laudaret, si mortem, malum judicaret?

Vadit in eumdem carcerem, atque in eumdem paucis
post annis scyphum Socrates, eodem scelere judicum,
quo tyrannorum, Theramenes. Quæ est igitur ejus oratio,
qua facit eum Plato² usum apud judices, jam morte mul-
tatum?

XLI. « Magna me, inquit, spes tenet, judices, bene
mihi evenire, quod mittar ad mortem. Necesse est enim,
sit alterum de duobus; ut aut sensus omnino omnes mors
auferat, aut in alium quemdam locum ex his locis morte
migretur. Quamobrem, sive sensus exstinguitur, morsque
ei somno similis est, qui nonnumquam, etiam sine visis
somniorum, placatissimam quietem affert : dii boni! quid
lucri est mori? aut quam multi dies reperiri possunt, qui
tali nocti anteponantur, cui si similis futura est perpetui-
tas omnis consequentis temporis, quis me beatior? Sin
vera sunt, quæ dicuntur, migrationem esse mortem, in
eas oras, quas, qui e vita excesserunt, incolunt : id multo
jam beatius est, te, quum ab iis, qui se judicum numero
haberi velint, evaseris, ad eos venire, qui vere judices
appellantur, Minoem, Rhadamanthum, Æacum, Tripto-
lemum; convenireque eos, qui juste, et cum fide vixerint.
Hæc peregrinatio mediocris vobis videri potest? Ut vero col-
loqui cum Orpheo, Musæo, Homero, Hesiodo liceat, quanti

tandem æstimatis! Equidem sæpe emori, si fieri posset, vellem, ut ea, quæ dico, mihi liceret invenire. Quanta delectatione autem afficerer, quum Palamedem, quum Ajacem,
quum alios, judicio iniquo circumventos, convenirem?
Tentarem etiam summi regis, qui maximas copias duxit
ad Trojam, et Ulyssi, Sisyphique prudentiam; nec ob eam
rem, quum hæc exquirerem, sicut hic faciebam, capite
damnarer. Ne vos quidem, judices, ii, qui me absolvistis,
mortem timueritis. Nec enim cuiquam bono mali quid
quam evenire potest, nec vivo, nec mortuo; nec umquam
ejus res a diis immortalibus negligentur. Nec mihi ipsi
hoc accidit fortuito. Nec vero ego iis, a quibus accusatus
sum, aut a quibus condemnatus, habeo quod succenseam,
nisi quod mihi nocere se crediderunt. » Et hæc quidem
hoc modo. Nil autem melius extremo : « Sed tempus est,
inquit, jam hinc abire me, ut moriar; vos, ut vitam aga-
tis. Utrum autem sit melius, dii immortales sciunt : hominem quidem scire arbitror neminem. »

XLII. Næ ego haud paullo hunc animum malim, quam
eorum omnium fortunas, qui de hoc judicaverunt. Etsi,
quod præter deos negat scire quemquam, id scit ipse,
utrum melius sit; nam dixit ante : sed suum illud, nihil
ut affirmet, tenet ad extremum¹. Nos autem teneamus, ut
nihil censeamus esse malum, quod sit a natura datum omnibus; intelligamusque, si mors malum sit, esse sempiternum malum. Nam vitæ miseræ mors finis esse videtur.
Mors si est misera, finis esse nullus potest.

Sed quid ego Socratem, aut Theramenem, præstantes
viros virtutis et sapientiæ gloria, commemoro, quum Lacedæmonius quidam, cujus ne nomen quidem proditum
est, mortem tantopere contempserit, ut, quum ad eam
duceretur, damnatus ab Ephoris, et esset vultu hilari, atque
læto, dixissetque ei quidam inimicus, « Contemnisne leges
Lycurgi? » responderit, « Ego vero illi maximam gratiam
habeo, qui me ea pœna multaverit, quam sine mutuatione,
et sine versura possem dissolvere. » O virum Sparta dignum! ut mihi quidem, qui tam magno animo fuerit, innocens damnatus esse videatur. Tales innumerabiles nostra
civitas tulit. Sed quid duces et principes nominem, quum
legiones scribat Cato sæpe alacres in eum locum profectas,
unde redituras se non arbitrarentur? Pari animo Lacedæ-

monii in Thermopylis occiderunt, in quos Simonides :

Die, hospes, Spartæ, nos te hic vidisse jacentes,
Dum sanctis patriæ legibus obsequimur.

Quid ille dux Leonidas dicit? « Pergite animo forti, Lace-
dæmonii : hodie apud inferos fortasse cœnabimus. » Fuit
hæc gens fortis, dum Lycurgi leges vigebant. E quibus
unus, quum Perses hostis in colloquio dixissel glorians,
« Solem præ jaculorum multitudine et sagittarum non vi-
debitis; » — « In umbra, inquit, igitur pugnabimus. »
Viros commemoro. Qualis tandem Lacæna? quæ quum
filium in prœlium misisset, et interfectum audisset : « Idcirco, inquit, genueram, ut esset, qui pro patria mortem
non dubitaret occumbere. »

XLIII. Esto; fortes et duri Spartiatæ; magnam habet
vim reipublicæ disciplina : quid? Cyrenæum Theodo-
rum ', philosophum non ignobilem, nonne miramur? cui
quum Lysimachus rex crucem minaretur : « Istis, quæso,
inquit, ista horribilia minitare purpuratis tuis; Theodori
quidem nihil interest, humine an sublime putrescat. »

Cujus hoc dicto admoneor, ut aliquid etiam de huma-
tione et sepultura dicendum existimem   rem non diffi-
cilem, iis præsertim cognitis, quæ [de nihil sentiendo]
paullo ante dicta sunt. De qua Socrates quidem quid sen-
serit, apparet in eo libro, in quo moritur: de quo jam
tam multa diximus. Quum enim de immortalitate animorum disputavisset, et jam moriendi tempus urgeret, rogatus a Critone, quamadmodum sepeliri vellet : « Multam
vero, inquit, operam, amici, frustra consumpsi : Critoni
enim nostro non persuasi, me hinc avolaturum, neque
quidquam mei relicturum. Verumtamen, Crito, si me assequi potueris, aut sicubi nactus eris, ut tibi videbitur, se-
pelito. Sed, mihi crede, nemo me vestrum, quum hinc
excessero, consequetur. » Præclare id quidem, qui et amico
permiserit, et se ostenderit de hoc toto genere nihil laborare. Durior Diogenes ' et id quidem sentiens, sed, ut
cynicus, asperius, projici se jussit inhumatum. Tum amici,
Volucribusne, et feris? Minime vero, inquit; sed bacillum
propter me, quo abigam, ponitote. Qui poteris? illi : non
enim senties. Quid igitur mihi ferarum laniatus oberit,
nihil sentienti? Præclare Anaxᵣgoras ³; qui quum Lam-

psaci moreretur, quærentibus amicis, velletne Clazomenas
in patriam, si quid ei accidisset, auferri : « Nihil necesse
est, inquit; undique enim ad inferos tantumdem viæ est. »
Totaque de ratione humationis unum tenendum est; ad
corpus illam pertinere, sive occiderit animus, sive vigeat.
In corpore autem perspicuum est, vel exstincto animo,
vel elapso, nullum residere sensum.

XLIV. Sed plena errorum sunt omnia. Trahit Hectorem,
ad currum religatum, Achilles : lacerari eum, et sentire,
credo, putat. Ergo hic ulciscitur, ut quidem sibi videtur.
At illa sicut acerbissimam rem mœret :

> Vidi, videre quod me passa ægerrime,
> Hectorem quadrijugo curru raptarier [1].

Quem Hectorem? aut quamdin ille erit Hector? Melius Attius, et aliquando sapiens Achilles :

> Imo enimvero corpus Priamo reddidi, Hectorem abstuli

Non igitur Hectora traxisti, sed corpus, quod fuerat He-
ctoris. Ecce alius exoritur e terra, qui matrem dormire
non sinat :

> Mater, te appello, quæ curam somno suspensam levas,
> Neque te mei miseret; surge, et sepeli natum [2].

Hæc quum pressis et flebilibus modis, qui totis theatris
mœstitiam inferant, concinuntur; difficile est, non eos,
qui inhumati sint, miseros judicare

> .... prius quam feræ, volucresque :

metuit, ne laceratis membris minus bene utatur, ne com-
bustis, non extimescit.

> Heu relliquias semiassi regis, denudatis ossibus,
> Per terram sanie delibutas fœde divexarier.

Non intelligo, quid metuat, quum tam bonos septenarios
fundat ad tibiam. Tenendum est igitur, nihil curandum esse
post mortem, quum multi inimicos etiam mortuos pœnian-
tur. Exsecratur luculentis sane versibus apud Ennium Thye-
stes, primum ut naufragio pereat Atreus. Durum hoc sane:
talis enim interitus non est sine gravi sensu. Illa inania :

> ..... Ipse summis saxis fixus asperis, evisceratus,
> Latere pendens, saxa spargens tabo, sanie et sanguine atro.

Non ipsa saxa magis sensu omni vacabant, quam ille, latere pendens, cui se hic cruciatum censet optare. Quæ essent dura, si sentiret; nulla sine sensu [sunt]. Illud vero perquam inane :

Neque sepulcrum, quo recipiatur, habeat, portum corporis;
Ubi, remissa humana vita, corpus requiescat a malis.

Vides, quanto hæc in errore versentur : portum esse corporis, et requiescere in sepulcro putat mortuum. Magna culpa Pelopis, qui non erudierit filium, nec docuerit, quatenus esset quidque curandum.

XLV. Sed quid singulorum opiniones animadvertam, nationum varios errores perspicere quum liceat? Condiunt Ægyptii mortuos, et eos domi servant. Persæ etiam cera circumlitos condunt, ut quam maxime permaneant diuturna corpora. Magorum mos est, non humare corpora suorum, nisi a feris sint ante laniata. In Hyrcania plebs publicos alit canes; optimates, domesticos. Nobile autem genus canum illud scimus esse. Sed pro sua quisque facultate parat, a quibus lanietur; eamque optimam illi esse censent sepulturam. Permulta alia colligit Chrysippus ', ut est in omni historia curiosus; sed ita tetra sunt quædam, ut ea fugiat et reformidet oratio. Totus igitur hic locus est contemnendus in nobis, non negligendus in nostris : ita tamen, ut mortuorum corpora nihil sentire sentiamus. Quantum autem consuetudini famæque dandum sit, id curent vivi; sed ita, ut intelligant, nihil ad mortuos pertinere.

Sed profecto mors tum æquissimo animo oppetitur, quum suis se laudibus vita occidens consolari potest. Nemo parum diu vixit, qui virtutis perfectæ perfecto functus est munere. Multa mihi ipsi ad mortem tempestiva fuerunt · quam utinam potuissem obire! Nihil enim jam acquirebatur; cumulata erant officia vitæ; cum fortuna bella restabant. Quare, si ipsa ratio minus perficiet, ut mortem negligere possimus : at vita acta perficiat, ut satis, superque vixisse videamur. Quamquam enim sensus abierit, tamen summis et propriis bonis et laudis, et gloriæ, quamvis non sentiant, mortui non carent. Etsi enim nihil in se habeat gloria, cur expetatur, tamen virtutem tamquam umbra sequitur. Verum multitudinis judicium de bonis, si quando est, magis laudandum est, quam illi ob eam rem beati.

XLVI. Non possum autem dicere, quoquo modo hoc
accipiatur, Lycurgum, Solonem, legum, et publicæ disciplinæ carere gloria; Themistoclem, Epaminondam, bellicæ
virtutis. Ante enim Salaminam ipsam Neptunus obruet,
quam Salaminii tropæi memoriam; priusque Bœotia Leu-
ctra tollentur, quam pugnæ Leuctricæ gloria. Multo autem
tardius fama deseret Curium, Fabricium, Calatinum, duo
Scipiones, duo Africanos, Maximum, Marcellum, Paullum,
Catonem, Lælium, innumerabiles alios. Quorum similitudinem aliquam qui arripuerit, non eam fama populari,
sed vera bonorum laude metiens, fidenti animo, si ita res
fert, gradietur ad mortem : in qua aut summum bonum,
aut nullum malum esse cognovimus. Secundis vero suis
rebus volet etiam mori : non enim tam cumulus bonorum
jucundus esse potest, quam molesta decessio. Hanc sententiam significare videtur Laconis illa vox, qui, quum Rhodius Diagoras, Olympionices nobilis, uno die duo suos filios
victores Olympiæ vidisset, accessit ad senem, et gratula-
tus, « Morere, Diagora, inquit; non enim in cœlum adscen-
surus es. » Magna hæc, et nimium fortasse Græci putant,
vel tum potius putabant; isque, qui hoc Diagoræ dixit,
permagnum existimans, tres Olympionicas una e domo pro-
dire, cunctari illum diutius in vita, fortunæ objectum,
inutile putabat ipsi.

Ego autem, tibi quidem quod satis esset, paucis verbis,
ut mihi videbar, responderam : concesseras enim, nullo
in malo mortuos esse; sed ob eam causam contendi, ut
plura dicerem, quod in desiderio et luctu hæc est consolatio maxima. Nostrum enim, et nostra causa susceptum
dolorem, modice ferre debemus, ne et nosmet ipsos amare
videamur. Illa suspicio intolerabili dolore cruciat, si opinamur eos, quibus orbati sumus, esse cum aliquo sensu in
iis malis, quibus vulgo opinantur. Hanc excutere opinionem mihimet volui radicitus; eoque fui fortasse longior.

XLVII. Aud. Tu longior! non mihi quidem. Prior enim
pars orationis tuæ faciebat, ut mori cuperem; posterior,
ut modo non nollem, modo non laborarem. Omni autem
oratione illud certe perfectum est, ut mortem non duce-
rem in malis.

Cic. Num igitur etiam rhetorum epilogum desideramus?
an jam hanc artem plane relinquimus? — Aud. Tu vero

istam ne reliqueris, quam semper ornasti; et quidem jure;
illa enim te, verum si loqui volumus, ornaverat. Sed quinam est iste epilogus? aveo enim audire, quidquid est. —
Cic. Deorum immortalium judicia solent in scholis proferre de morte, nec vero ea fingere ipsi, sed Herodoto
auctore, aliisque pluribus. Primum Argiæ sacerdotis, Cleo-
bis et Biton filii, prædicantur. Nota fabula est: quum
enim illam ad solemne et statum sacrificium curru vehi jus
esset, satis longe ab oppido ad fanum, morarenturque ju-
menta; tunc juvenes ii, quos modo nominavi, veste posita corpora oleo perunxerunt; ad jugum accesserunt. Ita
sacerdos advecta in fanum, quum currus esset ductus a
filiis, precata a dea dicitur, ut illis præmium daret pro pie-
tate, quod maximum homini dari posset a deo: post epu-
latos cum matre adolescentes, somno se dedisse; mane in-
ventos esse mortuos. Simili precatione Trophonius, et Aga-
medes, usi dicuntur: qui quum Apollini Delphis templum
exædificavissent; venerantes deum, petierunt mercedem
non parvam quidem operis et laboris sui, nihil certi, sed
quod esset optimum homini. Quibus Apollo se id daturum
ostendit post ejus diei diem tertium: qui ut illuxit, mortui sunt reperti. Judicavisse deum dicunt, et cum quidem
deum, cui reliqui dii concessissent, ut præter ceteros divi-
naret.

XLVIII. Affertur etiam de Sileno fabella quædam; qui
quum a Mida captus esset, hoc ei muneris pro sua mis-
sione dedisse scribitur: docuisse regem, non nasci homini
longe optimum esse; proximum autem, quam primum
mori. Qua est sententia in Cresphonte usus Euripides:

> Nam nos decebat, cœtus celebrantis, domum
> Lugere, ubi esset aliquis in lucem editus,
> Humanæ vitæ varia reputantis mala;
> At, qui labores morte finisset gravis,
> Hunc omni amicos laude et lætitia exsequi.

Simile quiddam est in Consolatione Crantoris: ait
nim, Terinæum quemdam Elysium¹, quum graviter filii
mortem mœreret, venisse in psychomantium, quærentem,
quæ fuisset tantæ calamitatis causa; huic in tabellis tres
hujusmodi versiculos datos:

> Ignaris homines in vita mentibus errant:
> Euthynous potitur, fatorum munere, letho.
> Sic fuit utilius finiri ipsique, tibique.

His, et talibus auctoribus usi, confirmant, causam rebus a diis immortalibus judicatam. Alcidamas quidam [1],
rhetor antiquus, in primis nobilis, scripsit etiam lauda-
tionem mortis, quæ constat ex enumeratione humanorum
malorum : cui rationes eæ, quæ exquisitius a philosophis
colliguntur, defuerunt; ubertas orationis non defuit.
Claræ vero mortes pro patria oppetitæ, non solum glo-
riosæ rhetoribus, sed etiam beatæ videri solent. Repetunt
ab Erechtheo, cujus etiam filiæ cupide mortem expetive-
runt pro vita civium : Codrum, qui se in medios immisit
hostes, veste famulari, ne posset agnosci, si esset ornatu
regio ; quod oraculum erat datum, si rex interfectus esset,
victrices Athenas fore. Menœceus vero [2] non prætermitti-
tur ; qui oraculo edito largitus est patriæ suum sanguinem.
Iphigenia Aulide duci se immolandam jubet, ut hostium
sanguis eliciatur suo [3].

XLIX. Veniunt inde ad propiora. Harmodius in ore, et
Aristogiton, Lacedæmonius Leonidas, Thebanus Epaminondas vigent. Nostros non norunt ; quos enumerare
magnum est : ita sunt multi, quibus videmus optabiles
mortes fuisse cum gloria.

Quæ quum ita sint, magna tamen eloquentia est utendum, atque ita velut superiore e loco concionandum, ut
homines mortem vel optare incipiant, vel certe timore
desistant. Nam si supremus ille dies non exstinctionem,
sed commutationem affert loci, quid optabilius? Sin autem perimit, ac delet omnino, quid melius, quam in me-
diis vitæ laboribus obdormiscere, et ita conniventem
somno consopiri sempiterno? Quod si fiat, melior Ennii,
quam Solonis oratio. Hic enim noster,

> Nemo me lacrymis decoret (inquit), nec funera fletu
> Faxit

At vero sapiens ille,

> Mors mea ne careat lacrymis : linquamus amicis
> Mœrorem, ut celebrent funera cum gemitu.

Nos vero, si quid tale acciderit, ut a deo denuntiatum videatur, ut exeamus e vita, læti, et agentes gratias pareamus, emittique nos e custodia, et levari vinculis arbitremur, ut aut in æternam, et plane in nostram domum

remigremus, aut omni sensu molestiaque careamus : sin
autem nihil denuntiabitur, eo tamen simus animo, ut hor-
ribilem illum diem aliis, nobis faustum putemus, nihilque
in malis ducamus, quod sit vel a diis immortalibus, vel a
natura parente omnium constitutum. Non enim temere,
nec fortuito sati et creati sumus, sed profecto fuit quædam
vis, quæ generi consuleret humano; nec id gigneret, au
aleret, quod, quum exantlavisset omnes labores, tum
incideret in mortis malum sempiternum : portum potius
paratum nobis, et perfugium putemus. Quo utinam velis
passis pervehi liceat! Sin reflantibus ventis rejiciemur,
tamen eodem paullo tardius referamur necesse est. Quod
autem omnibus necesse est, idne miserum esse uni potest '?

Habes epilogum, ne quid prætermissum, aut relictum
putes. — AUD. Ego vero. Et quidem fecit etiam iste me
epilogus firmiorem. — CIC. Optime, inquam. Sed nunc
quidem valitudini tribuamus aliquid. Cras autem, et quot
dies erimus in Tusculano, agamus hæc, et ea potissimum, quæ levationem habeant ægritudinum, formidi-
num, cupiditatum : qui omni e philosophia est fructus
uberrimus.

TUSCULANARUM QUÆSTIONUM

LIBER SECUNDUS.

DE TOLERANDO DOLORE.

Après une exhortation à l'étude de la philosophie (1-4), Cicéron aborde l'objet de cette seconde Tusculane, qui est de nous apprendre à supporter la douleur (5). — Sentiments peu élevés de quelques philosophes et de la plupart des poëtes sur la douleur (6-11). — Raisons subtiles du stoïcisme à l'appui de l'opinion contraire (12). — La douleur est un mal; mais, ainsi que le prouvent de nombreux exemples, on peut la vaincre par la patience, la force d'une longue habitude (13-17), et le raisonnement; se persuader qu'il est glorieux de la supporter, déshonorant d'y succomber; penser à tous ceux qui parviennent à la vaincre (18-27).

I. Neoptolemus' quidem apud Ennium philosophari sibi ait necesse esse, sed paucis : nam omnino haud placere. Ego autem, Brute, necesse mihi quidem esse arbitror philosophari : nam quid possum, præsertim nihil agens, agere melius? sed non paucis, ut ille. Difficile est enim, in philosophia pauca esse ei nota, cui non sint aut pleraque, aut omnia. Nam nec pauca, nisi e multis, eligi possunt; nec, qui pauca perceperit, non idem reliqua eodem studio persequetur. Sed in vita tamen occupata, atque, ut Neoptolemi tum erat, militari, pauca ipsa multum sæpe prosunt et ferunt fructus, si non tantos, quanti ex universa philosophia percipi possunt; tamen eos, quibus aliqua ex parte interdum aut cupiditate, aut ægritudine, aut metu liberemur : velut ex ea disputatione, quæ mihi nuper habita est in Tusculano, magna videbatur mortis effecta contemptio; quæ non minimum valet ad animum metu liberandum. Nam qui id, quod vitari non potest, metuit, is vivere animo quieto nullo modo potest : sed qui, non modo quia necesse est mori, verum etiam quia nihil habet

mors, quod sit horrendum, mortem non timet, magnum
is sibi præsidium ad beatam vitam comparat. Quamquam
non sumus ignari, multos studiose contra esse dicturos :
quod vitare nullo modo potuimus, nisi nihil omnino scri-
beremus. Etenim si orationes, quas nos multitudinis judicio probari volebamus (popularis est enim illa facultas,
et effectus eloquentiæ est audientium approbatio), sed si
reperiebantur nonnulli, qui nihil laudarent, nisi quod se
imitari posse confiderent [1], quemque sperandi sibi, eumdem et bene dicendi finem proponerent, et quum obrue-
rentur copia sententiarum atque verborum, jejunitatem
et famem se malle, quam ubertatem et copiam dicerent :
unde erat exortum genus Atticorum [2], iis ipsis, qui id sequi se profitebantur, ignotum; qui jam conticuere, pæne
ab ipso foro irrisi : quid futurum putamus, quum, adju-
tore populo, quo utebamur antea, nunc minime nos uti
posse videamus? Est enim philosophia paucis contenta judicibus, multitudinem consulto ipsa fugiens [3], eique ipsi et
suspecta, et invisa : ut vel, si quis universam velit vituperare, secundo id populo facere possit; vel, si in eam,
quam nos maxime sequimur, conetur invadere, magna
habere possit auxilia a reliquorum philosophorum disciplinis.

II. Nos autem universæ philosophiæ vituperatoribus
respondimus in Hortensio [4]; pro academia autem quæ dicenda essent, satis accurate in Academicis quatuor libris [5]
explicata arbitramur : sed tamen tantum abest, ut scribi
contra nos nolimus, ut id etiam maxime optemus. In ipsa
enim Græcia philosophia tanto in honore numquam fuisset, nisi doctissimorum contentionibus dissensionibusque
viguisset.

Quamobrem hortor omnes, qui facere id possunt, ut
hujus quoque generis laudem jam languenti Græciæ eri-
piant, et perferant in hanc urbem, sicut reliquas omnes,
quæ quidem erant expetendæ, studio atque industria sua
majores nostri transtulerunt. Atque oratorum quidem laus
ita ducta ab humili, venit ad summum, ut jam, quod
natura fert in omnibus fere rebus, senescat, brevique
tempore ad nihilum ventura videatur. Philosophia nasca-
tur latinis quidem litteris ex his temporibus, eamque nos
adjuvemus; nosque ipsos redargui refellique patiamur.

Quod ii ferunt animo iniquo, qui certis quibusdam desti-
natisque sententiis quasi addicti et consecrati sunt, e que
necessitate constricti, ut, etiam quæ non probare soleant,
ea cogantur constantiæ causa defendere : nos, qui sequimur probabilia, nec ultra id, quod verisimile occurrerit,
progredi possumus, et refellere sine pertinacia, et refelli
sine iracundia parati sumus.

Quod si hæc studia traducta erunt ad nostros, ne biblio-
thecis quidem græcis egebimus, in quibus multitudo infi-
nita librorum propter eorum est multitudinem, qui
scripserunt : eadem enim dicuntur a multis; ex quo libris
omnia referserunt. Quod accidet etiam nostris, si ad hæc
studia plures confluxerint. Sed eos, si possumus, excite-
mus, qui liberaliter eruditi, adhibita etiam disserendi elegantia, ratione et via philosophantur.

III. Est enim quoddam genus eorum, qui se philosophos appellari volunt, quorum dicuntur esse latini sane
multi libri ' : quos non contemno equidem, quippe quos
numquam legerim : sed quia profitentur ipsi illi, qui eos
scribunt, se neque distincte, neque distribute, neque eleganter, neque ornate scribere; lectionem sine ulla delectatione negligo. Quid enim dicant, et quid sentiant ii, qui
sunt ab ea disciplina, nemo mediocriter quidem doctus
ignorat. Quamobrem, quoniam, quemadmodum dicant,
ipsi non laborant; cur legendi sint, nisi ipsis inter se, qui
idem sentiunt, non intelligo. Nam, ut Platonem, reli-
quosque Socraticos, et deinceps eos, qui ab his profecti
sunt, legunt omnes, etiam qui illa aut non approbant, aut
non studiosissime consectantur; Epicurum autem, et Me-
trodorum non fere præter suos quisquam in manus
sumit : sic hos latinos ii soli legunt, qui illa recte dici
putant.

Nobis autem videtur, quidquid litteris mandetur, id
commendari omnium eruditorum lectioni decere : nec,
si ipsi minus consequi possumus, idcirco minus id ita faciendum esse sentimus. Itaque mihi semper peripateticorum academiæque consuetudo, de omnibus rebus in contrarias partes disserendi, non ob eam causam solum placuit,
quod aliter non posset, quid in unaquaque re verisimile
esset, inveniri : sed etiam quod esset ea maxima dicendi
exercitatio; qua princeps usus est Aristoteles, deinde eum

qui seculi sunt. Nostra autem memoria Philo¹, quem
nos frequenter audivimus, instituit alio tempore rhetorum
præcepta tradere, alio philosophorum : ad quam nos consuetudinem a familiaribus nostris adducti, in Tusculano,
quod datum est temporis nobis, in eo consumpsimus. Itaque quum ante meridiem dictioni operam dedissemus, sicut pridie feceramus : post meridiem , in Academiam ²
descendimus. In qua disputationem habitam non quasi
narrantes exponimus, sed eisdem fere verbis, ut actum
disputatumque est.

IV. Est igitur ambulantibus ad hunc modum sermo
ille nobis institutus, et a tali quodam inductus exordio.

AUDITOR. Dici non potest, quam sim hesterna disputatione tua delectatus, vel potius adjutus. Etsi enim mihi
sum conscius, numquam me nimis cupidum fuisse vitæ ;
tamen objiciebatur interdum animo metus quidam et dolor, cogitanti, fore aliquando finem hujus lucis, et amissionem omnium vitæ commodorum. Hoc genere molestiæ
sic, mihi crede, sum liberatus, ut nihil minus curandum
putem.

CICERO. Minime mirum id quidem. Nam efficit hoc philosophia : medetur animis, inanes sollicitudines detrahit,
cupiditatibus liberat, pellit timores. Sed hæc ejus vis non
idem potest apud omnes : tum valet multum, quum est
idoneam complexa naturam. Fortes enim non modo fortuna adjuvat, ut est in vetere proverbio, sed multo magis
ratio, quæ quibusdam quasi præceptis confirmat vim fortitudinis. Te natura excelsum quemdam videlicet, et al-
tum, et humana despicientem genuit. Itaque facile in
animo forti contra mortem habita insedit oratio. Sed hæc
eadem num censes apud eos ipsos valere, nisi admodum
paucos, a quibus inventa, disputata, conscripta sunt?
Quotus enim quisque philosophorum invenitur, qui sit ita
moratus, ita animo ac vita constitutus, ut ratio postulat?
qui disciplinam suam, non ostentationem scientiæ, sed legem vitæ putet? qui obtemperet ipse sibi, et decretis suis
pareat? Videre licet alios tanta levitate et jactatione, iis ut
fuerit non didicisse melius; alios pecuniæ cupidos, gloriæ
nonnullos, multos libidinum servos : ut cum eorum vitæ
mirabiliter pugnet oratio³. Quod quidem mihi videtur esse
turpissimum. Ut enim , si grammaticum se professus quis-

piam, barbare loquatur; aut si absurde canat is, qui se
haberi velit musicum, hoc turpior sit, quod in eo ipso
peccet, cujus profiteatur scientiam : sic philosophus in ratione vitæ peccans, hoc turpior est, quod in officio, cujus
magister esse vult, labitur, artemque vitæ professus, de-
linquit in vita.

V. AUD. Nonne verendum igitur, si est ita, ut dicis, ne
philosophiam falsa gloria exornes? Quod est enim majus
argumentum, nihil eam prodesse, quam quosdam per-
fectos philosophos turpiter vivere?

CIC. Nullum vero id quidem argumentum est. Nam ut
agri non omnes frugiferi sunt, qui coluntur, falsumque
illud, ac improbe,

> Etsi in segetem sunt deteriorem datæ
> Fruges, tamen ipsæ suapte natura enitent [1]:

sic animi non omnes culti fructum ferunt. Atque, ut in
eodem simili verser, ut ager, quamvis fertilis, sine cultura fructuosus esse non potest : sic sine doctrina animus.
Ita est utraque res sine altera debilis. Cultura autem animi,
philosophia est : hæc extrahit vitia radicitus, et præparat
animos ad satus accipiendos; eaque mandat his, et, ut
ita dicam, serit, quæ adulta fructus uberrimos ferant.
Agamus igitur, ut coepimus. Dic, si vis, de quo disputari
velis.

AUD. Dolorem existimo maximum malorum omnium.—
CIC. Etiamne majus, quam dedecus? — AUD. Non audeo
id dicere quidem, et me pudet tam cito de sententia esse
dejectum. — CIC. Magis esset pudendum, si in sententia
permaneres. Quid enim minus est dignum, quam tibi pejus quidquam videri dedecore, flagitio, turpitudine? Quæ
ut effugias, quis est non modo non recusandus, sed non
ultro appetendus, subeundus, excipiendus dolor? — AUD.
Ita prorsus existimo. Quare ne sit sane summum malum
dolor : malum certe est. — CIC. Videsne igitur, quantum,
breviter admonitus, de doloris terrore dejeceris? — AUD.
Video plane : sed plus desidero. — CIC. Experiar equidem :
sed magna res est; animoque mihi opus est non repugnante
— AUD. Habebis id quidem. Ut enim heri feci, sic nunc
rationem, quo ea me cumque ducet, sequar.

VI. CIC. Primum igitur de imbecillitate multorum, et

de variis disciplinis philosophorum loquar : quorum princeps et auctoritate, et antiquitate, Socraticus Aristippus [1],
non dubitavit summum malum dolorem dicere. Deinde ad
hanc enervatam muliebremque sententiam satis docilem se
Epicurus præbuit. Hunc post Rhodius Hieronymus [2], dolore vacare, summum bonum dixit : tantum in dolore
duxit mali. Ceteri, præter Zenonem, Aristonem, Pyr-
rhonem [3], idem fere, quod modo tu : malum illud quidem, sed alia pejora. Ergo, id quod natura ipsa, et quædam generosa virtus statim respuit, ne dolorem summum
malum diceres, oppositoque dedecore sententia depellere,
in eo magistra vitæ philosophia tot sæcula permanet.
Quod huic officium, quæ laus, quod decus erit tanti, quod
adipisci cum dolore corporis velit, qui dolorem summum
malum sibi esse persuaserit? Quam porro quis ignominiam, quam turpitudinem non pertulerit, ut effugiat dolorem, si id summum malum esse decreverit? Quis autem
non miser, non modo tunc, quum premetur summis doloribus, si in his est summum malum, sed etiam quum
sciet id sibi posse evenire? Et quis est, cui non possit? Ita
fit, ut omnino nemo esse possit beatus. Metrodorus [4]
quidem eum perfecte putat beatum, « cui corpus bene
constitutum sit, et exploratum, ita semper fore. » Quis
autem est iste, cui id exploratum possit esse ?

VII. Epicurus vero ea dicit, ut mihi quidem risus ca-
ptare videatur. Affirmat enim quodam loco, « si uratur
sapiens, si crucietur » : exspectas fortasse dum dicat,
« Patietur, perferet, non succumbet. » Magna mehercule
laus, et eo ipso, per quem juravi, Hercule digna; sed
Epicuro, homini aspero et duro, non est hoc satis : « In
Phalaridis tauro si erit [5], dicet, Quam suave est hoc! quam
hoc non curo! » Suave etiam! An parum est, si non ama-
rum? At id quidem illi ipsi, qui dolorem malum esse negant, non solent dicere, cuiquam suave esse cruciari :
asperum, difficile, odiosum, contra naturam dicunt, nec
tamen malum. Hic, qui non solum hoc malum dicit, sed
malorum omnium extremum, sapientem censet id suave
dicturum.

Ego a te non postulo, ut dolorem eisdem verbis afficias,
quibus Epicurus [voluptatem [6]], homo, ut scis, volupta-
rius. Ille dixerit sane idem in Phalaridis tauro, quod, si

esset in lectulo. Ego tantam vim non tribuo sapienti contra dolorem. Sit fortis in perferendo, officio satis est : ut
lætetur etiam, non postulo. Tristis enim res est sine du-
bio, aspera, amara, inimica naturæ, ad patiendum to-
ierandumque difficilis. Adspice Philoctetam : cui concedendum est gementi : ipsum enim Herculem viderat in
OEta magnitudine dolorum ejulantem. Nihil igitur hunc
virum sagittæ, quas ab Hercule acceperat [1], tum conso-
lantur, quum

> E viperino morsu venæ viscerum
> Veneno imbutæ tetros cruciatus cient.

Itaque exclamat auxilium expetens, mori cupiens :

> Heu quis salsis fluctibu' mandet
> Me ex sublimi vertice saxi ?
> Jamjam absumor ; conficit animam
> Vis vulneris, ulceris æstus.

Difficile dictu videtur, cum non in malo esse, et magno
quidem, qui ita clamare cogatur.

VIII. Sed videamus Herculem ipsum, qui tum dolore
frangebatur, quum immortalitatem ipsa morte quærebat [2].
Quas hic voces apud Sophoclem in Trachiniis edit ? Cui
quum Dejanira sanguine centauri tinctam tunicam induis-
set, inhæsissetque ea visceribus, ait ille :

> O multa dictu gravia, perpessu aspera,
> Quæ corpore exantlavi, atque animo pertuli !
> Nec mihi Junonis terror implacabilis,
> Nec tantum invexit tristis Eurystheus mali,
> Quantum una vecors OEnei partu edita.
> Hæc me irretivit veste furiali inscium ;
> Quæ lateri inhærens morsu lacerat viscera,
> Urgensque graviter pulmonum haurit spiritus.
> Jam decolorem sanguinem omnem exsorbuit :
> Sic corpus clade horribili absumptum extabuit.
> Ipse illigatus peste interimor textili.
> Hos non hostilis dextra, non Terra edita
> Moles gigantum, non biformato impetu
> Centaurus ictus corpori infixit meo,
> Non Graia vis, non barbara ulla immanitas,
> Non sæva terris gens relegata ultimis,
> Quas peragrans, undique omnem hinc feritatem expuli :
> Sed feminea vi, feminea interimor manu.
> O nate, vere hoc nomen usurpa patri,
> Nec me occidentem matris superet caritas.
> Huc arripe ad me manibus abstractam plis.

Jam cernam, mene, an illam potiorem putes.
Perge, aude, nate, illacryma patris pestibus;
Miserere! gentes nostras flebunt miserias.
Heu! virginalem me ore ploratum edere,
Quem vidit nemo ulli ingemiscentem malo?
Sic feminata virtus afflicta occidit.
    IX. Accede, nate, adsiste, miserandum adspice
Evisceratum corpus lacerati patris.
Videte cuncti; tuque cœlestum sator,
Jace, obsecro, in me vim coruscam fulminis.
Nunc, nunc dolorum anxiferi torquent vertices,
Nunc serpit ardor : o ante victrices manus,
O pectora, ó terga, o lacertorum tori!
Vestrone pressu quondam Nemeæus leo
Frendens efflavit graviter extremum halitum?
Hæc dextra Lernam tetram, mactata excetra,
Placavit; hæc bicorporem afflixit manum;
Erymanthlam hæc vastificam abjecit belluam;
Hæc a Tartarea tenebrica abstractum plaga
Tricipitem eduxit Hydra generatum canem;
Hæc interemit tortu multiplicabili
Draconem, auriferam obtutu observantem arborem
Multa alia victrix nostra lustravit manus,
Nec quisquam e nostris spolia cepit laudibus.

Possumusne nos contemnere dolorem, quum ipsum Herculem tam intoleranter dolere videamus?

X. Veniat Æschylus non poeta solum, sed etiam Pythagoreus : sic enim accepimus. Quo modo fert apud eum Prometheus dolorem, quem excipit ob furtum Lemnium',

Unde ignes cluet mortalibus
Clam divis olim doctu' Prometheus
Clepsisse dolo, pœnasque Jovi
Fato expendisse supremo²?

Has igitur pœnas pendens, affixus ad Caucasum hæc dicit:

Titanum soboles, socia nostri sanguinis,
Generata cœlo, adspicite religatum asperis
Vinctumque saxis, navem ut horrisono freto
Noctem paventes timidi adnectunt navitæ.
Saturnius me sic infixit Jupiter,
Jovisque numen Mulcibri adscivit manus.
Hos ille cuneos fabrica crudeli inserens,
Perrupit artus : qua miser solertia
Transverberatus, castrum hoc furiarum incolo.
Jam tertio me quoque funesto die,
Tristi advolatu, aduncis lacerans unguibus
Jovis satelles pastu dilaniat fero.
Tum jecore opimo farta et satiata affatim

Clangorem fundit vastum, et sublime avolans,
Pinnata cauda nostrum adulat sanguinem.
Quum vero adesum inflatu renovatum est Jecur,
Tum rursus tetros avida se ad pastus refert.
Sic hanc custodem mœsti cruciatus alo :
Quæ me perenni vivum fœdat miseria.
Namque, ut videtis, vinclis constrictus Jovis,
Arcere nequeo diram volucrem a pectore.
Sic me ipse viduus pestes excipio anxias,
Amore mortis terminum anquirens mali.
Sed longe a leto numine aspellor Jovis.
Atque hæc vetusta sæclis glomerata horridis,
Luctifica clades nostro infixa est corpori;
E quo liquatæ solis ardore excidunt
Guttæ, quæ saxa assidue instillant Caucasi.

XI. Vix igitur posse videmur ita affectum non miserum dicere; et si hunc miserum, certe dolorem, malum.

Aud. Tu quidem adhuc meam causam agis. Sed hoc mox videro. Interea unde isti versus? Non enim agnosco. —Cic. Dicam hercle. Etenim recte requiris. Videsne abundare me otio? — Aud. Quid tum? — Cic. Fuisti sæpe, credo, quum Athenis esses, in scholis philosophorum. — Aud. Vero, ac libentur quidem. — Cic. Animadvertebas igitur, etsi tum nemo erat admodum copiosus, verumtamen versus ab his admisceri orationi. — Aud. Ac multos quidem a Dionysio stoico[1]. — Cic. Probe dicis. Sed is quasi dictata, nullo delectu, nulla elegantia. Philo noster et proprium numerum, et lecta poemata, et loco adjungebat. Itaque postquam adamavi hanc quasi senilem declamationem, studiose equidem utor nostris poetis. Sed, sicubi illi defecerunt, verti ipse multa de Græcis, ne quo ornamento in hoc genere disputationis careret latina oratio. Sed videsne, poetæ quid mali afferant? Lamentantes inducunt fortissimos viros; molliunt animos nostros; ita sunt deinde dulces, ut non legantur modo, sed etiam ediscantur. Sic ad malam domesticam disciplinam, vitamque umbratilem et delicatam quum accesserunt etiam poetæ, nervos omnis virtutis elidunt. Recte igitur a Platone educuntur ex ea civitate[2], quam finxit ille, quum mores optimos, et optimum reipublicæ statum exquireret. At vero nos, docti scilicet a Græcia, hæc et a pueritia legimus, et discimus; hanc eruditionem liberalem, et doctrinam putamus.

XII. Sed quid poetis irascimur? virtutis magistri philo-

sophi inventi sunt, qui summum malum dolorem dicerent. At tu adolescens, quum id tibi paullo ante dixisses
videri, rogatus a me, Etiamne majus, quam dedecus?
verbo de sententia destitisti. Rogo hoc idem Epicurum :
majus dicet esse malum, mediocrem dolorem, quam maximum dedecus; in ipso enim dedecore mali nihil esse, nisi
sequantur dolores. Quis igitur Epicurum sequitur dolor,
quum hoc ipsum dicit, summum malum esse dolorem,
quo dedecus majus a philosopho nullum exspecto? Quare
satis mihi dedisti, quum respondisti, majus tibi videri ma
lum, dedecus, quam dolorem. Hoc ipsum enim si tenebis,
intelliges, quam sit obsistendum dolori. Nec tam quærendum est, dolor malumne sit, quam firmandus animus ad
dolorem ferendum. Concludunt ratiunculas stoici, cur non
sit malum : quasi de verbo, non de re laboretur. Quid me
decipis, Zeno? Nam quum id, quod mihi horribile videtur, tu omnino malum esse negas, capior, et scire cupio, quo modo id, quod ego miserrimum existimem, ne
malum quidem sit. « Nihil est, inquit, malum, nisi quod
turpe atque vitiosum est. » Ad ineptias redis. Illud enim,
quod me angebat, non eximis. Scio dolorem non esse ne-
quitiam. Desine id me docere : hoc doce, doleam, necne,
nihil interesse. « Numquam quidquam, inquit, ad beate
quidem vivendum, quod est in una virtute positum; sed
est tamen rejiciendum. » Cur? « Asperum est, contra naturam, difficile perpessu, triste, durum. »

XIII. Hæc est copia verborum, quod omnes uno verbo
malum appellamus, id tot modis posse dicere. Definis tu
mihi, non tollis dolorem, quum dicis asperum, contra naturam, vix quod ferri tolerarique possit : nec mentiris;
sed re succumbere non oportebat, verbis gloriantem,
dum « nihil bonum, nisi quod honestum; nihil malum,
nisi quod turpe. » Optare hoc quidem est, non docere.
Illud et melius et verius : « omnia, quæ natura asperne-
tur, in malis esse; quæ adsciscat, in bonis. » Hoc posito,
et verborum concertatione sublata, tantum tamen excel-
let illud, quod recte amplexantur isti, quod honestum,
quod rectum, quod decorum appellamus, quod idem interdum virtutis nomine amplectimur, ut omnia præterea,
quæ bona corporis et fortunæ putantur, perexigua et mi-
nuta videantur : ne malum quidem ullum, nec, si in unum

locum collata omnia sint, cum turpitudinis malo comparanda. Quare, si, ut initio concessisti, turpitudo pejus est,
quam dolor, nihil est plane dolor. Nam dum tibi turpe,
nec dignum viro videbitur gemere, ejulare, lamentari,
frangi, debilitari dolore, tum honestas, tum dignitas, tum
decus aderit : quumque in ea intuens, te continebis; cedet
profecto virtuti dolor, et animi inductione languescet. Aut
enim nulla virtus est, aut contemnendus omnis dolor.
Prudentiamne vis esse, sine qua ne intelligi quidem ulla
virtus potest? Quid ergo ea? patieturne te quidquam facere
nihil proficientem, et laborantem? An temperantia sinet te
immoderate facere quidquam? An coli justitia poterit ab
homine propter vim doloris enuntiante commissa, pro-
dente conscios, multa officia relinquente? Quid? fortitudini, comitibusque ejus, magnitudini animi, gravitati,
patientiæ, rerum humanarum despicientiæ, quo modo
respondebis? Afflictusne, et jacens, et lamentabili voce
deplorans, audies, « O virum fortem? » Te vero ita affectum ne virum quidem dixerit quisquam. Amittenda igitur
fortitudo est, aut sepeliendus dolor.

XIV. Ecquid scis igitur, si quid de Corinthiis tuis amiseris, posse habere te reliquam supellectilem salvam' : virtutem autem si unam amiseris, etsi amitti non potest virtus ; sed si unam confessus fueris te non habere, nullam te
esse habiturum '? Num igitur fortem virum, num magno
animo, num patientem, num gravem, num humana con-
temnentem potes dicere, aut Philoctetam illum (a te enim
malo discedere)? sed ille certe non fortis, qui jacet in lecto
humido, qui

> Ejulatu, questu, gemitu, fremitibus,
> Resonando, multum flebiles voces refert.

Non ego dolorem, dolorem esse nego. Cur enim fortitudo
desideraretur? Sed cum opprimi dico patientia, si modo
est aliqua patientia : si nulla est, quid exornamus philosophiam? aut quid ejus nomine gloriosi sumus? Pungit
dolor. Vel fodiat sane. Si nudus es, da jugulum. Sin tectus
Vulcaniis armis, id est, fortitudine, resiste. Hæc enim
te, nisi ita facies, custos dignitatis, relinquet et deseret.
Cretum quidem leges (quas sive Jupiter, sive Minos sanxit,
de Jovis quidem sententia, ut poetæ ferunt), itemque Ly-

curgi, laboribus erudiunt juventutem, venando, currendo, esuriendo, sitiendo, algendo, æstuando. Spartæ vero pueri ad aram sic verberibus accipiuntur, ut multus e visceribus sanguis exeat; nonnumquam etiam, ut, quum ibi essem, audiebam, ad necem : quorum non modo nemo exclamavit umquam, sed ne ingemuit quidem. Quid ergo? Hoc pueri possunt, viri non poterunt? et mos valet, ratio non valebit?

XV. Interest aliquid inter laborem et dolorem : sunt finitima omnino, sed tamen differt aliquid. Labor, est functio quædam vel animi, vel corporis, gravioris operis et muneris : dolor autem, motus asper in corpore, alienus a sensibus. Hæc duo Græci illi, quorum copiosior est lingua, quam nostra, uno nomine appellant. Itaque industrios homines, illi studiosos, vel potius amantes doloris appellant; nos commodius laboriosos : aliud est enim laborare, aliud dolere. O verborum inops interdum, quibus abundare te semper putas, Græcia '! Aliud, inquam, est dolere, aliud laborare. Quum varices secabantur C. Mario, dolebat : quum æstu magno ducebat agmen, laborabat. Est inter hæc tamen quædam similitudo : consuetudo enim laborum perpessionem dolorum efficit faciliorem. Itaque illi, qui Græciæ formam rerum publicarum dederunt, corpora juvenum firmari labore volu(unt. Quod Spartiatæ etiam in feminas transtulerunt; quæ ceteris in urbibus mollissimo cultu, parietum umbris occuluntur. Illi autem voluerunt nihil horum simile esse « apud Lacænas virgines; quibus magis palæstra, Eurotas, sol, pulvis, labor, militia in studio est, quam fertilitas barbara ². » Ergo his laboriosis exercitationibus et dolor intercurrit nonnumquam ; impelluntur, feriuntur, abjiciuntur, cadunt; et ipse labor quasi callum quoddam obducit dolori.

XVI. Militiam vero (nostram dico, non Spartiatarum, quorum procedit mora ad tibiam, nec adhibetur ulla sine anapæstis pedibus hortatio) nosti exercitus primum unde nomen habeat ; vides deinde qui labor, quantus agminis ! Ferre plus dimidiati mensis cibaria ; ferre, si quid ad usum velint ; ferre vallum. Nam scutum, gladium, galeam, in onere nostri milites non plus numerant, quam humeros, lacertos, manus. Arma enim, membra militis esse dicunt. Quæ quidem ita geruntur apte, ut, si usus ferat, abjectis

oneribus, expeditis armis, ut membris, pugnare possint.
Quid? exercitatio legionum? quid? ille cursus, concursus,
clamor, quanti laboris est? Ex hoc ille animus in proeliis
paratus ad vulnera. Adduc pari animo inexercitatum mi-
litem : mulier videbitur. Cur tantum interest inter novum,
et veterem exercitum, quantum experti sumus? Ætas tiro-
num, plerumque melior; sed ferre laborem, contemnere
vulnus, consuetudo docet. Quin etiam videmus, ex acie
efferri sæpe saucios; et quidem rudem illum et inexercitatum, quamvis levi ictu, ploratus turpissimos edere. At
vero ille exercitatus, et vetus, ob eamque rem fortior, me-
dicum modo requirens, a quo obligetur,

> O Patrocle (inquit), ad vos adveniens, auxilium et vestras manus
>   peto,
> Priusquam oppetam malam pestem, mandatam hostili manu.
> Neque sanguis ullo potis est pacto profluens consistere :
> Si qua sapientia magis vestra devitari mors potest.
> Namque Æsclapii liberorum saucii opplent porticus;
> Non potest accedi.

XVII. Certe Eurypylus' hic quidem est. Hominem exer-
citatum! Ubi tantum luctus continuatur? Vide, quam non
flebiliter respondeat; rationem etiam afferat, cur æquo
animo sibi ferendum sit :

> Qui alteri exitium parat,
> Eum scire oportet sibi paratam pestem, ut participet parem.

Abducet Patrocles, credo, ut collocet in cubili, ut vulnus
obliget, si quidem homo esset. Sed nihil vidi minus. Quærit enim, quid actum sit.

> Eloquere : res Argivum proelio ut se sustinet?
> — Non potis ecfari tantum dictis, quantum factis suppetit
> Laboris. — Quiesce igitur tu, et vulnus alliga.

Etiam si Eurypylus posset, non posset Æsopus'.

> Ubi fortuna Hectoris
> Nostram acrem aciem inclinatam.....

et cetera explicat in dolore : sic est enim intemperans militaris in forti viro gloria'. Ergo hæc veteranus miles facere
poterit : doctus vir, sapiensque non poterit? ille vero melius, ac non paullo quidem. Sed de consuetudine adhuc
exercitationis loquor : nondum de ratione et sapientia.
Aniculæ sæpe inediam biduum, aut triduum ferunt. Sub-

duc cibum unum diem athletæ: Jovem Olympium, eum ipsum, cui se exercebit, implorabit; ferre non posse clamabit. Consuetudinis magna vis est. Pernoctant venatores in nive; in montibus uri se patiuntur. Inde pugiles cæstibus contusi, ne ingemiscunt quidem.

Sed quid hos, quibus Olympiorum victoria, consulatus ille antiquus videtur? gladiatores, aut perditi homines, aut barbari, quas plagas perferunt? quo modo illi, qui bene instituti sunt, accipere plagam malunt, quam turpiter vitare? quam sæpe apparet nihil eos malle, quam vel domino satisfacere, vel populo? Mittunt etiam vulneribus confecti ad dominos, qui quærant, quid velint: si satis his factum sit, se velle decumbere. Quis mediocris gladiator ingemuit? quis vultum mutavit umquam? quis non modo stetit, verum etiam decubuit turpiter? quis quum decubuisset, ferrum recipere jussus, collum contraxit? Tantum exercitatio, meditatio, consuetudo valet. Ergo hoc poterit

Samnis, spurcus homo, vita illa dignu' locoque [1]:

vir natus ad gloriam, ullam partem animi tam mollem habebit, quam non meditatione et ratione corroboret? Crudele gladiatorum spectaculum, et inhumanum nonnullis videri solet: et haud scio an ita sit, ut nunc fit. Quum vero sontes ferro depugnabant, auribus fortasse multæ, oculis quidem nulla poterat esse fortior contra dolorem et mortem disciplina.

XVIII. De exercitatione, et consuetudine, et commentatione dixi. Agesis, nunc de ratione videamus: nisi quid vis ad hæc. — AUD. Egone ut te interpellem? Ne hoc quidem vellem: ita me ad credendum tua ducit oratio. — CIC. Sitne igitur malum dolere, necne, stoici viderint, qui contortulis quibusdam ac minutis conclusiunculis, nec ad sensus permanantibus, effici .olunt, non esse malum, dolorem. Ego illud, quidquid sit, tantum esse, quantum videatur, non puto; falsaque ejus visione et specie moveri homines dico vehementius, doloremque [ejus] omnem esse tolerabilem. Unde igitur ordiar? An eadem breviter attingam, quæ modo dixi, quo facilius oratio progredi possit longius? Inter omnes igitur hoc constat, nec doctos homines solum, sed etiam indoctos, virorum esse fortium, et magnanimorum, et patientium, et humana vincentium, toleranter dolorem pati. Nec vero quisquam fuit, qui eum, qui ita pateretur, non laudandum putaret. Quod ergo et postulatur a fortibus, et laudatur, quum sit, id aut extimescere veniens, et non ferre praesens, nonne turpe est? Atqui vide, ne, quum omnes rectæ animi affectiones, virtutes appellentur, non sit hoc proprium nomen omnium; sed ab ea, quæ una ceteris excellebat, omnes nominatæ sint. Appellata est enim ex viro virtus: viri autem propria maxime est fortitudo. Cujus munera duo sunt maxima, mortis, dolorisque contemptio. Utendum est igitur his, si virtutis compotes, vel potius si viri volumus esse, quoniam a viris virtus nomen est mutuata.

XIX. Quæres fortasse, quo modo: et recte. Talem enim medicinam philosophia profitetur. Venit Epicurus, homo minime malus, vel potius vir optimus, tantum monet, quantum intelligit: « Neglige, inquit, dolorem. » Quis hoc dicit? Idem, qui dolorem summum malum. Vix satis constanter. Audiamus. « Si summus dolor est, inquit, necesse est brevem esse. » Iteradum[1] eadem ista mihi. Non enim satis intelligo, quid summum dicas esse, quid breve. « Summum, quo nihil sit superius; breve, quo nihil brevius. Contemno magnitudinem doloris, a qua me brevitas temporis vindicabit ante pæne, quam venerit. » Sed, si est tantus dolor, quantus Philoctetæ? « Bene plane magnus mihi quidem videtur, sed tamen non summus: nihil enim dolet, nisi pes; possunt oculi; potest caput, latera, pulmones; possunt omnia. Longe igitur abest a summo dolore. Ergo, inquit, dolor diuturnus habet lætitiæ plus, quam molestiæ. » Nunc ego non possum, tantum hominem nihil sapere, dicere: sed nos ab eo derideri puto. Ego summum dolorem (summum autem dico, etiam si decem atomis est major alius) non continuo dico esse brevem; multosque possum bonos viros nominare, qui complures annos doloribus podagræ crucientur maximis. Sed homo catus numquam terminat nec magnitudinis, nec diuturnitatis modum, ut sciam, quid summum dicat in dolore, quid breve in tempore. Omittamus hunc igitur, nihil prorsus dicentem; cogamusque confiteri, non esse ab eo doloris remedia quærenda, qui dolorem malorum omnium maximum dixerit: quamvis idem forticulum se in torminibus, et in stranguria sua præbeat[2]. Aliunde igitur est quærenda medicina, et maxime quidem, si, quid maxime consentaneum sit, quærimus, ab iis, quibus, quod honestum sit, summum bonum; quod turpe, summum videtur malum.

XX. His tu præsentibus gemere, et te jactare non audebis profecto. Loquetur enim eorum voce virtus ipsa tecum : «Tune, quum pueros Lacedæmone, adolescentes Olympiæ barbaros in arena videris excipientes gravissimas plagas, et ferentes silentio, si te forte dolor aliquis pervellerit, exclamabis, ut mulier? non constanter, et sedate feres? Fieri non potest : natura non patitur. Audio. Pueri ferunt; gloria ducti ferunt; pudore alii; multi metu : et tamen veremur, ut hoc, quod a tam multis, et quod tot locis perferatur, natura patiatur? Illa vero non modo patitur, verum etiam postulat. Nihil enim habet præstantius, nihil, quod magis expetat, quam honestum, quam laudem, quam dignitatem, quam decus. Hisce ego pluribus nominibus unam rem declarari volo, sed utor, ut quam maxime significem, pluribus. Volo autem dicere, illud homini longe optimum esse, quod ipsum sit optandum per se, a virtute profectum, vel in ipsa virtute situm, sua sponte laudabile : quod quidem citius dixerim solum, quam non summum bonum. Atque, ut hæc de honesto, sic de turpi contraria : nihil tam tetrum, nihil tam aspernandum, nihil homine indignius.

Quod si tibi persuasum est (principio enim dixisti, plus in dedecore mali tibi videri, quam in dolore), reliquum est, ut tute tibi imperes. Quamquam hoc nescio, quo modo dicatur, quasi duo simus, ut alter imperet, alter pareat · non inscite tamen dicitur.

XXI. Est enim animus in partes tributus duas : quarum altera rationis est particeps, altera expers. Quum igitur præcipitur, ut nobismet ipsi imperemus, ut ratio coerceat temeritatem. Est in animis omnium fere natura molle quiddam, demissum, humile, enervatum quodam modo, et languidum [senile]. Si nihil aliud; nihil esset homine deformius. Sed præsto est domina omnium et regina ratio, quæ connixa per se, et progressa longius, fit perfecta virtus. Hæc ut imperet illi parti animi, quæ obedire debet, id videndum est viro. Quonam modo? inquies. Vel ut dominus servo, vel ut imperator militi, vel ut parens filio. Si turpissime se illa pars animi geret, quam dixi esse mollem, si se lamentis muliebriter lacrymisque dedet, vincia-

tur et constringatur amicorum propinquorumque custo-
diis. Sæpe enim vidimus, fractos pudore, qui ratione nulla
vincerentur. Ergo hos quidem, ut famulos, vinclis prope
ac custodia coerceamus. Qui autem erunt firmiores, nec tamen robustissimi, hos admonitu oportebit, ut bonos milites,
revocatos, dignitatem tueri. Non nimis in Niptris' ille sa-
pientissimus Græciæ saucius lamentatur, vel modice potius .

> Pedetentim, (inquit), ite, et sedato nisu, ne succussu arripiat major
>   dolor.

Pacuvius hæc melius, quam Sophocles : apud illum enim
perquam flebiliter Ulysses lamentatur in vulnere. Tamen
huic leviter gementi, illi ipsi, qui ferunt saucium, personæ
gravitatem intuentes, non dubitarunt dicere :

> Tu quoque, Ulysses, quamquam graviter cernimus ictum,
> Nimis pæne animo es molli, qui consuetus in armis ævum agere.

Intelligit poeta prudens, ferendi doloris consuetudinem,
esse non contemnendam magistram. Atque ille non immoderate magno in dolore,

> Retinete, tenete, opprimite,
> Ulcus nudate. Heu miserum me! excrucior.

Incipit labi ; deinde illico desinit,

> Operite, abscedite, jamjam mittite.
> Nam attrectatu et quassu sævum amplificatis dolorem.

Videsne, ut obmutuerit non sedatus corporis, sed castiga-
tus animi dolor? Itaque in extremis Niptris alios quoque
objurgat, idque moriens,.

> Conqueri fortunam adversam, non lamentari decet.
> Id viri est officium : fletus muliebri ingenio additus.

Hujus animi pars illa mollior rationi sic paruit, ut severo
imperatori miles pudens.

XXII. In quo vero erit perfecta sapientia (quem adhuc nos
quidem vidimus neminem ; sed philosophorum sententiis,
qualis futurus sit, si modo aliquando fuerit, exponitur), is
igitur, sive ea ratio, quæ erit in eo perfecta, atque absoluta, sic illi parti imperabit inferiori, ut justus parens pro-
bis filiis ; nutu, quod volet, conficiet, nullo labore, nulla
molestia ; eriget ipse se, suscitabit, instruet, armabit, ut
tamquam hosti, sic obsistat dolori. Quæ sunt ista arma?
Contentio, confirmatio, sermoque intimus, quum ipse

secum, Cave turpe quidquam, languidum, non virile. Ob-
versentur species honestæ animo : Zeno proponatur Elea-
tes', qui perpessus est omnia potius, quam conscios de-
lendæ tyrannidis indicaret. De Anaxarcho Democritio²
cogitetur, qui quum Cypri in manus Nicocreontis regis
incidisset, nullum genus supplicii deprecatus est, neque
recusavit. Calenus³ Indus, indoctus ac barbarus, in ra·
dicibus Caucasi natus, sua voluntate vivus combustus est.
Nos, si pes condoluit, si dens, si tactum dolore corpus,
ferre non possumus. Opinio est enim quædam effeminata ac
levis, nec in dolore magis, quam in voluptate; qua quum
liquescimus, fluimusque mollitia, apis aculeum sine cla-
more ferre non possumus. At vero C. Marius, rusticanus
vir, sed plane vir, quum secaretur, ut supra dixi, principio vetuit se alligari : nec quisquam ante Marium solutus
dicitur esse sectus. Cur ergo postea alii? valuit auctoritas.
Videsne igitur, opinionis esse, non naturæ malum? Et tamen fuisse acrem morsum doloris, idem Marius ostendit :
crus enim alterum non præbuit. Ita et tulit dolorem, ut
vir, et, ut homo, majorem ferre sine causa necessaria no·
luit. Totum igitur in eo est, ut tibi imperes. Ostendi autem, quod esset imperandi genus; atque hæc cogitatio,
quid patientia, quid fortitudine, quid magnitudine animi
dignissimum sit, non solum animum comprimit, sed ipsum etiam dolorem, nescio quo pacto, mitiorem facit.

XXIII. Ut enim fit in prœlio, ut ignavus miles ac timidus, simul ac viderit hostem, abjecto scuto fugiat, quantum
possit, ob eamque causam pereat nonnumquam, etiam
integro corpore, quum ei, qui steterit, nihil tale evenerit :
sic, qui doloris speciem ferre non possunt, abjiciunt se, atque ita afflicti et exanimati jacent; qui autem restiterunt,
discedunt sæpissime superiores. Sunt enim quædam animi
similitudines cum corpore. Ut onera contentis corporibus
facilius feruntur, remissis opprimunt : simillime animus
intentione sua depellit pressum omnem ponderum ; remis-
sione autem sic urgetur, ut se nequeat extollere. Et, si verum quærimus, in omnibus officiis persequendis animi est
adhibenda contentio. Ea est sola officii tamquam custodia.
Sed hoc quidem in dolore maxime est providendum, ne
quid abjecte, ne quid timide, ne quid ignave, ne quid ser-
viliter, muliebriterve faciamus; in primisque refutetur ac

rejiciatur Philoctetæus ille clamor. Ingemiscere nonnumquam viro concessum est, idque raro : ejulatus ne mulieri
quidem. Et hic nimirum est lessus, quem duodecim Tabulæ in funeribus adhiberi vetuerunt[1]. Nec vero umquam
ne ingemiscit quidem vir fortis ac sapiens, nisi forte ut se
intendat ad firmitatem, ut in stadio cursores exclamant,
quam maxime possunt. Faciunt idem, quum exercentur
athletæ : pugiles vero, etiam quum feriunt adversarium, in
jactandis cæstibus ingemiscunt; non, quod doleant, ani-
move succumbant, sed quia profundenda voce omne corpus intenditur, venitque plaga vehementior.

XXIV. Quid? qui volunt exclamare majus, num satis
habent latera, fauces, linguam intendere, e quibus ejici
vocem, et fundi videmus? Toto corpore, atque omnibus
ungulis, ut dicitur, contentioni vocis asserviunt. Genu
mehercule M. Antonium vidi, quum contente pro se ipse
lege Varia diceret, terram tangere. Ut enim balistæ lapi-
dum, et reliqua tormenta telorum, eo graviores emissiones
habent, quo sunt contenta atque adducta vehementius :
sic vox, sic cursus, sic plaga, hoc gravior, quo est missa
contentius. Cujus contentionis quum tanta vis sit, si gemitus in dolore ad confirmandum animum valebit, utemur; Sin erit ille gemitus lamentabilis, si imbecillus, si
abjectus, si flebilis; ei qui se dederit, vix eum virum
dixerim. Qui quidem gemitus si levationis aliquid afferret,
tamen videremus, quid esset fortis et animosi viri. Quum
vero nihil imminuat doloris, cur frustra turpes esse volumus? Quid est enim fletu muliebri viro turpius?

Atque hoc præceptum, quod de dolore datur, patet latius. Omnibus enim rebus, non solum dolori, simili contentione animi resistendum est. Ira exardescit? libido con-
citatur? in eamdem arcem confugiendum est; eadem sunt
arma sumenda. Sed quoniam de dolore loquimur, illa
omittamus. Ad ferendum igitur dolorem placide et sedate,
plurimum proficit, toto pectore, ut dicitur, cogitare, quam
id honestum sit. Sumus enim natura, ut ante dixi (dicendum
est enim sæpius), studiosissimi appetentissimique honestatis : cujus si quasi lumen aliquod adspexerimus, nihil est,
quod, ut eo potiamur non parati simus et ferre, et perpeti.
Ex hoc cursu atque impetu animorum ad veram laudem
atque honestatem, illa pericula adeuntur in prœliis; non

sentiunt viri fortes in acie vulnera, vel si sentiunt, se mori
malunt, quam tantum modo de dignitatis gradu demo-
veri. Fulgentes gladios hostium videbant Decii, quum in
aciem eorum irruebant: his levabat omnem vulnerum
metum nobilitas mortis, et gloria. Num tu ingemuisse
Epaminondam putas, quum una cum sanguine vitam ef-
fluere sentiret? imperantem enim patriam Lacedæmoniis
relinquebat, quam acceperat servientem. Hæc sunt solatia,
hæc fomenta summorum dolorum.

XXV. Dices, quid in pace? quid domi? quid in lectulo?
Ad philosophos me revocas, qui in aciem non sæpe pro-
deunt. E quibus homo sane levis Heracleotes Dionysius,
quum a Zenone fortis esse didicisset, a dolore deductus
est. Nam quum ex renibus laboraret, ipso in ejulatu cla-
mitabat, falsa esse illa, quæ antea de dolore ipse sensisset.
Quem quum Cleanthes¹ condiscipulus rogaret, quænam
ratio eum de sententia deduxisset, respondit, « Quia,
quum tantum operæ philosophiæ dedissem, dolorem tamen
ferre non possem; satis esset argumenti, malum esse dolorem: Plurimos autem annos in philosophia consumpsi,
nec ferre possum : malum est igitur dolor. » Tum Clean-
them, quum pede terram percussisset, versum ex Epigo-
nis² ferunt dixisse :

Audisne hæc, Amphiarae, sub terram abdite?

Zenonem significabat; a quo illum degenerare dolebat. At
non noster Posidonius³; quem et ipse sæpe vidi, et id dicam, quod solebat narrare Pompeius : se, quum Rhodum
venisset decedens ex Syria, audire voluisse Posidonium;
sed quum audivisset, eum graviter esse ægrum, quod vehementer ejus artus laborarent, voluisse tamen nobilissi-
mum philosophum visere; quem ut vidisset, et salutavis-
set, honorificisque verbis prosecutus esset, molesteque
se dixisset ferre, quod eum non posset audire; at ille, Tu
vero, inquit, potes : nec committam, ut dolor corporis efficiat, ut frustra tantus vir ad me venerit. Itaque narrabat,
eum graviter et copiose de hoc ipso, nihil esse bonum,
nisi quod honestum esset, cubantem disputavisse, quumque quasi faces ei doloris admoverentur; sæpe dixisse,
« Nihil agis, dolor; quamvis sis molestus, numquam te
esse confitebor malum. »

XXVI. Omninoque omnes clari et nobilitati labores contemnendo fiunt etiam tolerabiles. Videmusne, ut apud magistros eorum ludorum, qui gymnici nominantur, magnus honos sit, nullum ab iis, qui in id certamen descendant, devitari dolorem? Apud quos autem venandi et equitandi laus viget, qui hanc petessunt, nullum fugiunt dolorem. Quid de nostris ambitionibus, quid de cupiditate honorum loquar? Quæ flamma est, per quam non cucurrerint ii, qui hæc olim punctis singulis colligebant? Itaque semper Africanus Socraticum Xenophontem in manibus oabebat: cujus in primis laudabat illud, quod diceret, eosdem labores non esse æque graves imperatori, et militi, quod ipse honos laborem leviorem faceret imperatorium. Sed tamen hoc evenit, ut in vulgus insipientium opinio valeat honestatis, quum ipsam videre non possint. Itaque fama, et multitudinis judicio moventur, quum id honestum putent, quod a plerisque laudetur. Te autem, si in oculis sis multitudinis, tamen ejus judicio stare nolim, nec, quod illa putet, idem putare pulcherrimum. Tuo tibi judicio est utendum. Tibi si recta probanti placebis, tum non modo tu te viceris, quod paullo ante præcipiebam, sed omnes, et omnia.

Hoc igitur tibi propone : amplitudinem et quasi quamdam exaggerationem quam altissimam animi, qui maxime eminet contemnendis et despiciendis doloribus, unam esse omnium rem pulcherrimam, eoque pulchriorem, si vacet populo, neque plausum captans, se tantum ipsa delectet. Quin etiam mihi quidem laudabiliora videntur omnia, quæ sine venditatione, et sine populo teste, fiunt : non quo fugiendus sit (omnia enim benefacta in luce se collocari volunt), sed tamen nullum theatrum virtuti conscientia majus est.

XXVII. Atque in primis meditemur illud, ut hæc patientia dolorum, quam sæpe jam animi intentione dixi esse firmandam, in omni genere se æquabilem præbeat. Sæpe enim multi, qui aut propter victoriæ cupiditatem, aut propter gloriæ, aut etiam ut jus suum, et libertatem tenerent, vulnera exceperunt fortiter, et tulerunt, iidem omissa contentione dolorem morbi ferre non possunt. Neque enim illum, quem facile tulerant, ratione, aut sapientia tulerant, sed studio potius, et gloria. Itaque barbari quidam, et immanes, ferro decertare acerrime possunt, ægrotare viriliter non queunt. Græci autem homines, non satis animosi, prudentes, ut est captus hominum, satis hostem adspicere non possunt, iidem morbos toleranter atque humane ferunt. At Cimbri et Celtiberi in prœliis exsultant, lamentantur in morbo : nihil enim potest esse æquabile, quod non a certa ratione proficiscatur. Sed quum videas, eos, qui aut studio, aut opinione ducantur, in eo persequendo atque adipiscendo dolore non frangi, debeas existimare, aut non esse malum, dolorem, aut, etiamsi, quidquid asperum, alienumque natura sit, id appellari placeat malum, tantulum tamen esse, ut a virtute ita obruatur, ut nusquam appareat [1].

Quæ meditare, quæso, dies et noctes. Latius enim manabit hæc ratio, et aliquanto majorem locum, quam de uno dolore, occupabit. Nam si omnia fugiendæ turpitudinis, adipiscendæque honestatis causa faciemus, non modo stimulos doloris, sed etiam fulmina fortunæ contemnamus licebit, præsertim quum paratum sit illud ex hesterna disputatione perfugium. Ut enim si cui naviganti, quem prædones insequantur, deus quis dixerit, « Ejice te navi ; præsto est, qui excipiat, vel delphinus, ut Arionem Methymnæum [2]. vel equi Pelopis illi Neptunii, qui per undas currus suspensos rapuisse dicuntur, excipient te, et, quo velis, perferent ; » omnem omittat timorem : sic urgentibus asperis et odiosis doloribus, si tanti sint, ut ferendi non sint, quo sit confugiendum, vides [3].

Hæc fere hoc tempore putavi esse dicenda. Sed tu fortasse in sententia permanes.

Aud. Minime vero ; meque biduo duarum rerum, quas maxime timebam, spero liberatum metu. — Cic. Cras ergo ad clepsydram : sic enim dicimus. Et tibi hoc video non posse deberi. — Aud. Ita prorsus : et illud quidem ante meridiem, hoc eodem tempore. — Cic. Sic faciemus, tuisque optimis studiis obsequemur [4].

TUSCULANARUM QUÆSTIONUM

LIBER TERTIUS.

DE ÆGRITUDINE LENIENDA.

L'âme, comme le corps, a ses maladies; il appartient à la philosophie de les gué-
rir (1-3). — Cicéron parle d'abord de l'affliction; il cherche si le sage y doit ou-
vrir son cœur. Preuves du contraire tirées de l'étymologie de quelques mots
latins (4, 5). — Autres arguments empruntés aux stoïciens (6-10). — La source
de l'affliction, comme celle de toutes les autres passions, est la pensée volontaire et libre d'un mal présent (11, 12). — Critique du sentiment d'Épicure et de
sa théorie sur le souverain bien (13-21). — La surprise n'est pas toujours, ainsi
que le voulait l'école de Cyrène, le principe de la tristesse (22-23). — Funestes
erreurs de ceux qui considèrent, dans certains cas, l'affliction comme un devoir (26-30). — Motifs de consolation proposés par la philosophie (31-34).

1. Quidnam esse, Brute, causæ putem, cur, quum con-
stemus ex animo et corpore, corporis curandi tuendique
causa quæsita sit ars, ejusque utilitas deorum immortalium inventioni consecrata; animi autem medicina, nec
tam desiderata sit, antequam inventa, nec tam culta, posteaquam cognita est, nec tam multis grata et probata, pluribus etiam suspecta et invisa? An quod corporis gravitatem et dolorem animo judicamus, animi morbum corpore
non sentimus? Ita fit, ut animus de se ipse tum judicet,
quum id ipsum, quo judicatur, ægrotet. Quod si tales nos
natura genuisset, ut eam ipsam intueri et perspicere, eademque optima duce cursum vitæ conficere possemus;
haud erat sane, quod quisquam rationem et doctrinam
requireret. Nunc parvulos nobis dedit igniculos, quos celeriter malis moribus opinionibusque depravatis sic re-
stinguimus, ut nusquam naturæ lumen appareat. Sunt
enim ingeniis nostris semina innata virtutum; quæ si
adolescere liceret, ipsa nos ad beatam vitam natura per-
duceret. Nunc autem, simul atque editi in lucem, et sus-
cepti sumus, in omni continuo pravitate, et in summa opi-

nionum perversitate versamur; ut pæne cum lacte nutricis errorem suxisse videamur. Quum vero parentibus redditi, demum magistris traditi sumus, tum ita variis imbuimur erroribus, ut vanitati veritas, et opinioni confirmatæ natura ipsa cedat.

II. Accedunt etiam poetæ : qui quum magnam speciem doctrinæ sapientiæquæ præ se tulerunt, audiuntur, leguntur, ediscuntur, et inhærescunt penitus in mentibus. Quum vero eodem quasi maximus quidam magister, populus, atque omnis undique ad vitia consentiens multitudo, tum plane inficimur opinionum pravitate, a naturaque desciscimus : ut nobis optimam naturam invidisse videantur, qui nihil melius homini, nihil magis expetendum, nihil præstantius honoribus, imperiis, populari gloria judicaverunt. Ad quam fertur optimus quisque ; veramque illam honestatem expetens, quam unam natura maxime inquirit, in summa inanitate versatur, consectaturque nullam eminentem effigiem virtutis, sed adumbratam imaginem gloriæ. Est enim gloria, solida quædam res et expressa, non adumbrata ; ea est consentiens laus bonorum, incorrupta vox bene judicantium de excellente virtute ; ea virtuti resonat, tamquam imago. Quæ quia recte factorum plerumque comes est, non est bonis viris repudianda. Illa autem, quæ se ejus imitatricem esse vult, temeraria atque inconsiderata, et plerumque peccatorum vitiorumque laudatrix, fama popularis, simulatione honestatis formam ejus pulchritudinemque corrumpit. Qua cæcitate homines, quum quædam etiam præclara cuperent, eaque nescirent nec ubi, nec qualia essent, funditus alii everterunt suas civitates, alii ipsi occiderunt. Atqui hi quidem optima petentes, non tam voluntate, quam cursus errore falluntur. Quid? qui pecuniæ cupiditate, qui voluptatum libidine feruntur ; quorumque ita perturbantur animi, ut non multum absint ab insania, quod insipientibus contingit omnibus, his nullane est adhibenda curatio? Utrum quod minus noceant animi ægrotationes, quam corporis? an, quod corpora curari possint, animorum medicina nulla sit?

III. At et morbi perniciosiores pluresque sunt animi, quam corporis '. Illi enim ipsi odiosi sunt quod ad animum pertinent, eumque sollicitant; « animusque æger, ut ait Ennius, semper errat, neque pati, neque perpeti potest; cupere numquam desinit. » Quibus duobus morbis (ut omittam alios) aegritudine et cupiditate, qui tandem possunt in corpore esse graviores? Qui vero probari potest, ut sibi mederi animus non possit', quum ipsam medicinam corporis animus invenerit, quumque ad corporum sanationem multum ipsa corpora et natura valeant, nec omnes, qui curari se passi sunt, continuo etiam convalescant; animi autem, qui sanari voluerint, praeceptisque sapientium paruerint, sine ulla dubitatione sanentur?

Est profecto animi medicina, philosophia : cujus auxilium non, ut in corporis morbis, petendum est foris; omnibusque opibus et viribus, ut nosmet ipsi nobis mederi possimus, elaborandum est. Quamquam de universa philosophia, quantopere expetenda esset et colenda, satis, ut arbitror, dictum est in Hortensio. De maximis autem rebus nihil fere intermisimus postea nec disputare, nec scribere. His autem libris exposita sunt ea, quae a nobis cum familiaribus nostris in Tusculano erant disputata. Sed quoniam duobus superioribus, de morte, et de dolore dictum est, tertius dies disputationis hoc tertium volumen efficiet. Ut enim in Academiam nostram descendimus, inclinato jam in postmeridianum tempus die, poposci eorum aliquem, qui aderant, causam disserendi. Tum res acta sic est.

IV. AUDITOR. Videtur mihi cadere in sapientem aegritudo. — CIC. Num reliquae quoque perturbationes animi, formidines, libidines, iracundiae? haec enim fere sunt ejusmodi, quae Graeci πάθη appellant ' : ego poteram morbos, et id verbum esset e verbo; sed in consuetudinem nostram non caderet. Nam misereri, invidere, gestire, laetari, haec omnia morbos Graeci appellant, motus animi rationi non obtemperantis : nos autem hos eosdem motus concitati animi, recte, ut opinor, perturbationes dixerimus; morbos autem non satis usitate; nisi quid aliud tibi videtur. — AUD. Mihi vero isto modo. — CIC. Haeccine igitur cadere in sapientem putas? — AUD. Prorsus existimo. — CIC. Nae ista gloriosa sapientia non magno aestimanda est, si quidem non multum differt ab insania. — AUD. Quid? tibi omnisne animi commotio videtur insania? — CIC. Non mihi quidem soli : sed, id quod admirari saepe soleo, majoribus quoque nostris hoc ita visum intelligo multis saeculis ante Socratem; a quo haec omnis, quae est de vita et de moribus ', philosophia manavit. — Aud. Quonam tandem modo? — Cic. Quia nomen insaniæ significat mentis ægrotationem et morbum [id est, insanitatem, et agrotum animum, quam appellarunt insaniam]. Omnes autem perturbationes animi, morbos philosophi appellant; negantque, stultum quemquam his morbis vacare : qui autem in morbo sunt, sani non sunt; et omnium insipientium animi in morbo sunt : omnes insipientes igitur insaniunt. Sanitatem enim animorum, positam in tranquillitate quadam constantiaque censebant; his rebus mentem vacuam, appellarunt insanam, propterea quod in perturbato animo, sicut in corpore, sanitas esse non posset.

V. Nec minus illud acute, quod animi affectionem lumine mentis carentem, nominaverunt amentiam, eamdemque dementiam. Ex quo intelligendum est, eos, qui hæc rebus nomina posuerunt, sensisse hoc idem, quod a Socrate acceptum diligenter Stoici retinuerunt[1], omnes insipientes esse non sanos. Qui enim animus est in aliquo morbo (morbos autem, hos perturbatos motus, ut modo dixi, philosophi appellant) non magis est sanus, quam id corpus, quod in morbo est. Ita fit, ut sapientia, sanitas sit animi; insipientia autem, quasi insanitas quædam, quæ est insania, eademque dementia : multoque melius hæc notata sunt verbis latinis, quam græcis : quod aliis quoque multis locis reperietur. Sed id alias : nunc, quod instat. Totum igitur id, quod quærimus, quid et quale sit, verbi vis ipsa declarat. Eos enim sanos quoniam intelligi necesse est, quorum mens motu, quasi morbo, perturbata nullo sit : qui contra affecti sunt, hos insanos appellari necesse est. Itaque nihil melius, quam quod est in consuetudine sermonis latini, quum exisse ex potestate dicimus eos, qui effrenati feruntur aut libidine, aut iracundia. Quamquam ipsa iracundia, libidinis est pars : sic enim definitur iracundia, ulciscendi libido. Qui igitur exisse ex potestate dicuntur, idcirco dicuntur, quia non sunt in potestate mentis, cui regnum totius animi a natura tributum est[2]. Græci autem μανίαν unde appellent, non facile dixerim. Eam tamen ipsam distinguimus nos melius, quam illi. Hanc enim insaniam, quæ juncta stultitiæ patet latius, a furore disjungimus. Græci volunt illi quidem, sed parum valent verbo : quem nos furorem, μελαγχολίαν illi vocant. Quasi

vero atra bili solum mens, ac non sæpe vel iracundia graviore, vel timore, vel dolore moveatur. Quo genere Atha-
mantem, Alcmæonem, Ajacem, Orestem furere dicimus :
qui ita sit affectus, cum dominum esse rerum suarum vetant duodecim Tabulæ. Itaque non est scriptum, SI INSA-
NUS, sed SI FURIOSUS ESCIT '. Stultitiam enim censuerunt,
inconstantiam, id est, sanitate vacantem, posse tamen
tueri mediocritatem officiorum, et vitæ communem cultum, atque usitatum. Furorem autem esse rati sunt, mentis ad omnia cæcitatem. Quod quum majus esse videatur,
quam insania, tamen ejusmodi est, ut furor in sapientem
cadere possit, non possit insania. Sed hæc alia quæstio
est : nos ad propositum revertamur.

VI. Cadere, opinor, in sapientem ægritudinem tibi
dixisti videri. — AUD. Et vero ita existimo.— CIC. Huma-
num id quidem, quod ita existimas : non enim silice nati
sumus; sed est natura fere in animis tenerum quiddam atque molle, quod ægritudine, quasi tempestate, quatiatur.
Nec absurde Crantor ille, qui in nostra academia vel in
primis fuit nobilis, « Minime, inquit, assentior iis, qui istam nescio quam indolentiam magnopere laudant : quæ
nec potest ulla esse, nec debet. Ne ægrotus sim, inquit :
sed si fuerim, sensus adsit, sive secetur quid, sive avellatur
a corpore ². Nam istuc nihil dolere, non sine magna mer-
cede contingit, immanitatis in animo, stuporis in corpore. »
Sed videamus, ne hæc oratio sit hominum assentantium
nostræ imbecillitati, et indulgentium mollitudini : nos
autem audeamus non solum ramos amputare miseriarum,
sed omnes radicum fibras evellere. Tamen aliquid relin-
quetur fortasse : ita sunt altæ stirpes stultitiæ. Sed relin-
quetur id solum, quod erit necessarium. Illud quidem sic
habeto, nisi sanatus animus sit, quod sine philosophia fieri
non potest, finem miseriarum nullum fore. Quamobrem,
quoniam cœpimus, tradamus nos ei curandos : sanabimur,
si volemus. Et progrediar quidem longius : non enim de
ægritudine solum, quamquam id quidem primum, sed de
omni animi, ut ego posui, perturbatione, morbo, ut Græci
volunt, explicabo. Et primo, si placet, stoicorum more
agamus, qui breviter adstringere solent argumenta :
deinde nostro instituto vagabimur.

VII. Qui fortis est, idem est fidens : quoniam confidens,

mala consuetudine loquendi in vitio ponitur, ductum verbum a confidendo, quod laudis est. Qui autem est fidens, is profecto non extimescit : discrepat enim a timendo, confidere. Atque in quem cadit ægritudo, in eumdem timor : quarum enim rerum præsentia sumus in ægritudine, easdem impendentes et venientes timemus. Ita fit, ut fortitudini ægritudo repugnet. Verisimile est igitur, in quem cadat ægritudo, cadere in eumdem timorem, et infractionem quamdam animi, et demissionem. Quæ in quem cadunt, in eumdem cadit, ut serviat, ut victum se quandoque esse fateatur. Quæ qui recipit, recipiat idem necesse est timiditatem et ignaviam. Non cadunt autem hæc in virum fortem. Igitur ne ægritudo quidem. At nemo sapiens, nisi fortis. Non cadit ergo in sapientem ægritudo.

Præterea necesse est, qui fortis sit, eumdem esse magni animi : qui magni animi sit, invictum : qui invictus sit, eum res humanas despicere, atque infra se positas arbitrari. Despicere autem nemo potest eas res, propter quas ægritudine affici potest. Ex quo efficitur, fortem virum ægritudine numquam affici. Omnes autem sapientes, fortes. Non cadit igitur in sapientem ægritudo. Et quemadmodum oculus conturbatus, non est probe affectus ad suum munus fungendum ; et reliquæ partes, totumve corpus statu quum est motum, deest officio suo et muneri : sic conturbatus animus, non est aptus ad exsequendum munus suum. Munus autem animi est, ratione bene uti : et sapientis animus ita semper affectus est, ut ratione optime utatur. Numquam igitur est perturbatus. At ægritudo, perturbatio est animi. Semper igitur ea sapiens vacabit.

VIII. Veri etiam simile illud est, qui sit temperans, quem Græci σώφρονα appellant, eamque virtutem σωφροσύνην vocant, quam soleo equidem tum temperantiam, tum moderationem appellare, nonnumquam etiam modestiam; sed haud scio, an recte ea virtus frugalitas appellari possit, quod angustius apud Græcos valet ; qui frugi homines χρησίμους appellant, id est, tantummodo utiles. At illud est latius. Omnem enim abstinentiam, omnem innocentiam (quæ apud Græcos usitatum nomen nullum habet, sed habere potest ἀβλάβειαν ; nam est innocentia, affectio talis animi, quæ noceat nemini), reliquas etiam virtutes frugalitas continet. Quæ nisi tanta esset, et si iis angustiis, quibus plerique putant, teneretur, numquam esset L. Pisonis cognomen ' tantopere laudatum. Sed quia nec qui, propter metum, praesidium reliquit, quod est ignaviae ; nec qui, propter avaritiam, clam depositum non reddidit, quod est injustitiae; nec qui, propter temeritatem, male rem gessit, quod est stultitiae, frugi appellari solet : eo tres virtutes, fortitudinem, justitiam, prudentiam, frugalitas est complexa ; etsi hoc quidem, commune est virtutum : omnes enim inter se nexae, et jugatae sunt. Reliquum igitur est, quarta virtus ut sit ipsa frugalitas. Ejus enim videtur esse proprium, motus animi appetentis regere, et sedare, semperque adversantem libidini, moderatam in omni re servare constantiam; cui contrarium vitium nequitia dicitur. Frugalitas, ut opinor, a fruge : qua nihil melius e terra. Nequitia (etsi hoc erit fortasse durius, sed tentemus; lusisse putemur, si nil sit) ab eo, quod ne quidquam est in tali homine · ex quo idem, nihili dicitur. Qui sit frugi igitur, vel, si mavis, moderatus et temperans, eum necesse est esse constantem ; qui autem constans, quietum ; qui quietus, perturbatione omni vacuum, ergo etiam aegritudine. Et sunt illa sapientis : aberit igitur a sapiente aegritudo.

IX. Itaque non inscite Heracleotes Dionysius ad ea disputat, quae apud Homerum Achilles queritur, hoc, ut opinor, modo,

> Corque meum penitus turgescit tristibus iris ,
> Quum decore atque omni me orbatum laude recordor ².

Num manus affecta recte est, quum in tumore est ? Aut num aliud quodpiam membrum tumidum, ac turgidum, non vitiose se habet? sic igitur inflatus et tumens animus, in vitio est. Sapientis autem animus, semper vacat vitio, numquam turgescit, numquam tumet. At irati animus, ejusmodi est : numquam igitur sapiens irascitur. Nam si irascitur, etiam concupiscit : proprium est enim irati, cupere, a quo laesus videatur, ei quam maximum dolorem inurere. Qui autem id concupierit, eum necesse est, si id consecutus sit, magnopere laetari. Ex quo fit, ut alieno malo gaudeat. Quod quoniam non cadit in sapientem, ne ut irascatur quidem cadit. Sin autem caderet in sapientem ægritudo, caderet etiam iracundia : qua quoniam vacat, ægritudine etiam vacabit.

Etenim si sapiens in ægritudinem incidere posset, posset etiam in misericordiam, posset in invidentiam. Non dixi invidiam, quæ tum est, quum invidetur; ab invidendo autem invidentia recte dici potest, ut effugiamus ambiguum nomen invidiæ; quod verbum ductum est a nimis intuendo fortunam alterius, ut est in Menalippa[1],

Quisnam florem liberum invidit meum?

Male latine videtur. Sed præclare Attius. Ut enim videre, sic invidere florem rectius, quam flori. Nos consuetudine prohibemur : poeta jus suum tenuit, et dixit audacius.

X. Cadit igitur in eumdem et misereri, et invidere. Nam qui dolet rebus alicujus adversis, idem alicujus etiam secundis solet : ut Theophrastus interitum deplorans Callistheni [2] sodalissui, rebus Alexandri prosperis angitur : itaque dicit Callisthenem incidisse in hominem summa potentia, summaque fortuna, sed ignarum, quemadmodum rebus secundis uti conveniret. Atqui quemadmodum misericordia, ægritudo est ex alterius rebus adversis : sic invidentia, ægritudo ex alterius rebus secundis. In quem igitur cadit misereri, in eumdem etiam invidere. Non cadit autem invidere in sapientem : ergo ne misereri quidem [3]. Quod si ægre ferre sapiens soleret, misereri etiam soleret. Abest ergo a sapiente ægritudo.

Hæc sic dicuntur a stoicis, concludunturque contortius. Sed latius aliquanto dicenda sunt, et diffusius : sententiis tamen utendum eorum potissimum, qui maxime forti, et, ut ita dicam, virili utuntur ratione, atque sententia. Nam peripatetici, familiares nostri, quibus nihil est uberius, nihil eruditius, nihil gravius, mediocritates vel perturbationum, vel morborum animi, mihi non sane probant[4]. Omne enim malum, etiam mediocre, malum est. Nos autem id agimus, ut id in sapiente nullum sit omnino. Nam ut corpus, etiam si mediocriter ægrum est, sanum non est : sic in animo ista mediocritas caret sanitate. Itaque præclare nostri, ut alia multa, molestiam, sollicitudinem, angorem, propter similitudinem corporum ægrorum, ægritudinem nominaverunt. Hoc propemodum verbo Græci

omnem animi perturbationem appellant : vocant enim πάθος, id est, morbum, quicumque est motus in animo tur-
bidus. Nos melius : aegris enim corporibus simillima est
animi aegritudo. At non similis aegrotationis est libido,
non immoderata laetitia, quae est voluptas animi elata et
gestiens. Ipse etiam metus non est morbi admodum similis, quamquam aegritudini est finitimus ; sed proprie , ut
aegrotatio in corpore, sic aegritudo in animo, nomen habet non sejunctum a dolore.

Doloris igitur hujus origo nobis explicanda est, id est,
causa efficiens aegritudinem in animo, tamquam aegrota-
tionem in corpore. Nam, ut medici, causa morbi inventa,
curationem esse inventam putant : sic nos, causa aegritu-
dinis reperta, medendi facultatem reperiemus.

XI. Est igitur causa omnis in opinione, nec vero aegri-
tudinis solum, sed etiam reliquarum omnium perturbationum : quae sunt genere quatuor, partibus plures. Nam
quum omnis perturbatio sit animi motus, vel rationis expers, vel rationem aspernans, vel rationi non obediens,
isque motus aut boni, aut mali opinione citetur : bifa-
riam quatuor perturbationes aequaliter distributae sunt.
Nam duae sunt ex opinione boni : quarum altera, voluptas gestiens, id est, praeter modum elata laetitia, opinione
praesentis magni alicujus boni; altera cupiditas, quae
recte vel libido dici potest; quae est immoderata appetitio
opinati magni boni, rationi non obtemperans. Ergo haec
duo genera, voluptas gestiens, et libido, bonorum opinione turbantur, ut duo reliqua, metus et aegritudo, malorum. Nam et metus, opinio magni mali impendentis;
et aegritudo, est opinio magni mali praesentis : et quidem
recens opinio talis mali, ut in eo rectum videatur esse
angi : id autem est, ut is, qui doleat, oportere opinetur
se dolere.

His autem perturbationibus, quas in vitam hominum
stultitia quasi quasdam furias immittit atque incitat, omnibus viribus atque opibus repugnandum est, si volumus
hoc, quod datum est vitae, tranquille placideque traducere. Sed ceteras alias; nunc aegritudinem, si possumus,
depellamus. Id enim sit propositum; quandoquidem eam
tu videri tibi in sapientem cadere dixisti. Quod ego nullo
modo existimo : tetra enim res est, misera, detestabi-

lis , omni contentione, velis, ut ita dicam, remisque fugienda.

XII. Qualis enim tibi ille videtur

Tantalo prognatus [1], Pelope natus, qui quondam a socru
OEnomao rege Hippodamiam raptis nactu'st nuptiis?

Jovis iste quidem pronepos, tamne ergo abjectus, tam
que fractus?

Nolite (inquit) hospites ad me adire illic istic;
Ne contagio mea bonis , umbrave obsit :
Tanta vis sceleris in corpore hæret !

Tu te, Thyesta, damnabis, orbabisque luce propter vim
sceleris alieni [2]? Quid? illum filium Solis nonne patris ipsius
luce indignum putas?

Refugere oculi ; corpus macie extabuit;
Lacrymæ peredere humore exsanguis genas ;
Situ nidoris barba pædore horrida,
Atque intonsa, infuscat pectus illuvie scabrum.

Hæc mala, o stultissime Æeta [3], ipse tibi addidisti ; non
inerant in his, quæ tibi casus invexerat; et quidem inve-
terato malo, quum tumor animi resedisset. Est autem
ægritudo , ut docebo , in opinione mali recentis. Sed mœres videlicet regni desiderio, non filiæ. Illam enim oderas,
et jure fortasse : regno non æquo animo carebas. Est autem impudens luctus mœrore se conficientis, quod impe-
rare non liceat liberis. Dionysius quidem tyrannus [4], Sy-
racusis expulsus, Corinthi pueros docebat : usque eo
imperio carere non poterat! Tarquinio vero quid impu-
dentius, qui bellum gereret cum iis, qui ejus non tulerant superbiam ? Is, quum restitui in regnum nec Veien-
tium, nec Latinorum armis potuisset, Cumas se contulisse
dicitur, inque ea urbe senio et ægritudine esse confectus.

XIII. Hoc tu igitur censes sapienti accidere posse, ut
ægritudine opprimatur, id est, miseria? Nam quum omnis
perturbatio, miseria est, tum carnificina est, ægritudo.
Habet ardorem libido, levitatem lætitia gestiens, humili-
tatem metus; sed ægritudo majora quædam, tabem, cruciatum, afflictationem, fœditatem : lacerat, exest animum,

planeque conficit. Hanc nisi exuimus sic, ut abjiciamus,
miseria carere non possumus.

Atque hoc quidem perspicuum est, tum ægritudinem
exsistere, quum quid ita visum sit, ut magnum quoddam
malum adesse et urgere videatur. Epicuro autem placet,
opinione mali, ægritudinem esse natura, ut quicumque
intueatur in aliquod majùs malum, si id sibi accidisse
opinetur, sit continuo in ægritudine. Cyrenaici' non omni
malo ægritudinem effici censent, sed insperato et nec
opinato malo. Est id quidem non mediocre ad ægritudinem augendam. Videntur enim omnia repentina graviora.
Ex hoc et illa jure laudantur :

> Ego quum genui, tum moriturum scivi, et ei rei sustuli.
> Præterea ad Trojam quum misi ob defendendam Græciam,
> Sciebam me in mortiferum bellum, non in epulas mittere².

XIV. Hæc igitur præmeditatio futurorum malorum,
lenit eorum adventum, quæ venientia longe ante videris. Itaque apud Euripidem a Theseo dicta laudantur : licet enim, ut sæpe facimus, in latinum illa con-
vertere ·

> Nam qui hæc audita a docto meminissem viro,
> Futuras mecum commentabar miserias;
> Aut mortem acerbam, aut exsilii mœstam fugam,
> Aut semper aliquam molem meditabar mali :
> Ut, si qua invecta diritas casu foret,
> Ne me imparatum cura laceraret repens³.

Quod autem Theseus a docto se audisse dicit, id de se ipso
loquitur Euripides. Fuerat enim auditor Anaxagoræ :
quem ferunt, nuntiata morte filii, dixisse, « Sciebam me
genuisse mortalem. » Quæ vox declarat, iis esse hæc
acerba, quibus non fuerint cogitata. Ergo id quidem non
dubium, quin omnia, quæ mala putentur, sint improvisa
graviora. Itaque quamquam non hæc una res efficit maximam ægritudinem : tamen, quoniam multum potest pro-
visio animi, et præparatio ad minuendum dolorem, sint
semper omnia homini humana meditata. Et nimirum hæc
est illa præstans et divina sapientia, et præceptas penitus
et pertractatas humanas res habere; nihil admirari, quum
acciderit; nihil, antequam evenerit, non evenire posse
arbitrari.

Quamobrem omnes, quum secundæ res sunt maxime, tum maxime
Meditari secum oportet, quo pacto advorsam ærumnam ferant :
Pericla, damna, peregre rediens semper secum cogitet,
Aut filii peccatum, aut uxoris mortem, aut morbum filiæ;
Communia esse hæc, ne quid horum unquam accidat animo novum ;
Quidquid præter spem eveniat, omne id deputare esse in lucro .

XV. Ergo hoc Terentius a philosophia sumptum quum tam
commode dixerit, nos, e quorum fontibus id haustum est,
non et dicemus hoc melius, et constantius sentiemus? Hic
est enim ille vultus semper idem, quem dicitur Xanthippe
prædicare solita in viro suo fuisse Socrate : eodem semper
se vidisse exeuntem illum domo, et revertentem. Nec vero
ea frons erat, quæ M. Crassi illius veteris², quem semel ait
in omni vita risisse Lucilius: sed tranquilla, et serena ;
sic enim accepimus. Jure autem erat semper idem vultus,
quum mentis, a qua is fingitur, nulla fieret mutatio.
Quare accipio equidem a Cyrenaicis hæc arma contra casus et eventus, quibus eorum advenientes impetus diuturna præmeditatione frangantur; simulque judico, malum illud, opinionis esse, non naturæ. Si enim in re
essent, cur fierent provisa leviora? Sed est, iisdem de
rebus quod dici possit subtilius, si prius Epicuri sententiam viderimus : qui censet, necesse esse omnes in ægritudine esse, qui se in malis esse arbitrentur, sive illa ante
provisa et exspectata sint, sive inveteraverint. Nam neque vetustate minui mala, nec fieri præmeditata, leviora;
stultamque etiam esse meditationem futuri mali, aut fortasse ne futuri quidem; satis esse odiosum malum omne,
quum venisset; qui autem semper cogitavisset, accidere
posse aliquid adversi, ei fieri illud sempiternum malum ;
si vero ne futurum quidem sit, frustra suscipi miseriam
voluntariam; ita semper angi, aut accipiendo, aut cogi-
tando malo.

Levationem autem ægritudinis in duabus rebus ponit,
avocatione a cogitanda molestia, et revocatione ad contemplandas voluptates. Parere enim censet animum rationi posse, et, quo illa ducat, sequi. Vetat igitur ratio
intueri molestias; abstrahit ab acerbis cogitationibus he-
betem aciem ad miserias contemplandas; a quibus quum
cecinit receptui, impellit rursum, et incitat ad conspi-
ciendas, totaque mente contrectandas varias voluptates,
quibus ille et præteritarum memoria, et spe consequen-

tium, sapientis vitam refertam putat. Hæc nostro more nos diximus: Epicurei dicuut suo. Sed, quæ dicant, videamus; quo modo, negligamus.

XVI. Principio male reprehendunt præmeditationem rerum futurarum. Nihil est enim, quod tam obtundat levetque ægritudinem, quam perpetua in omni vita cogitatio, nihil esse, quod accidere non possit; quam meditatio conditionis humanæ; quam vitæ lex, commentatioque parendi · quæ non hoc affert, ut semper mœreamus, sed ut numquam. Neque enim qui rerum naturam, qui vitæ varietatem, qui imbecillitatem generis humani cogitat, mœret quum hæc cogitat, sed tum vel maxime sapientiæ fungitur munere. Utrumque enim consequitur, ut et considerandis rebus humanis proprio philosophiæ fungatur officio, et adversis casibus triplici consolatione sanetur : primum, quod posse accidere diu cogitavit; quæ cogitatio una maxime molestias omnes extenuat et diluit; deinde, quod humana ferenda intelligit; postremo quod videt malum nullum esse, nisi culpam; culpam autem nullam esse, quum id, quod ab homine non potuerit præstari, evenerit.

Nam revocatio illa, quam affers, quum a contuendis nos malis avocas, nulla est. Non est enim in nostra potestate, fodicantibus iis rebus, quas malas esse opinemur, dissimulatio, vel oblivio. Lacerant, vexant, stimulos admovent, ignes adhibent, respirare non sinunt. Et tu oblivisci jubes, quod contra naturam est? quod a natura datum est, auxilium extorqueas inveterati doloris? Est enim tarda illa quidem medicina, sed tamen magna, quam affert longinquitas et dies. Jubes me bona cogitare, oblivisci malorum. Diceres aliquid, et magno quidem philosopho dignum, si ea bona sentires esse, quæ essent homine dignissima.

XVII. Pythagoras mihi sic diceret, aut Socrates, aut Plato : Quid jaces? aut quid mœres? aut cur succumbis, cedisque fortunæ? quæ pervellere te forsitan potuerit, et pungere, non potuit certe vires frangere. Magna vis est in virtutibus. Eas excita, si forte dormiunt. Jam tibi aderit princeps fortitudo, quæ te animo tanto esse cogat, ut omnia, quæ possint homini evenire, contemnas, et pro nihilo putes. Aderit temperantia, quæ est eadem modera-

tio.(a me quidem paullo ante appellata frugalitas), quæ
te turpiter et nequiter facere nihil patiatur. Quid est autem nequius, aut turpius effeminato viro? Ne justitia quidem sinet te ista facere; cui minimum esse videtur in hac
causa loci : quæ tamen ita dicet, dupliciter esse te injustum, quum et alienum appetas, qui mortalis natus, con-
ditionem postules immortalium, et graviter feras, te,
quod utendum acceperis, reddidisse. Prudentiæ vero
quid respondebis, dicenti, virtutem sese esse contentam,
quo modo ad bene vivendum, sic et ad beate? Quæ si
extrinsecus religata pendeat, et non oriatur a se, et rursus ad se revertatur, et omnia sua complexa nihil quærat
aliunde : non intelligo, cur aut verbis tam vehementer
ornanda, aut re tantopere expetenda videatur. Ad hæc
bona me si revocas, Epicure, pareo, sequor, utor te ipso
duce; obliviscor etiam malorum, ut jubes, eoque facilius, quod ea ne in malis quidem ponenda censeo. Sed
traducis cogitationes meas ad voluptates. Quas? corporis,
credo, aut quæ propter corpus vel recordatione, vel spe
cogitentur. Num quid est aliud? rectene interpretor sententiam tuam? Solent enim isti negare nos intelligere,
quid dicat Epicurus. Hoc dicit, et hoc ille acriculus, me
audiente, Athenis senex Zeno istorum acutissimus ', contendere, et magna voce dicere solebat : eum esse beatum,
qui præsentibus voluptatibus frueretur, consideretque se
fruiturum, aut in omni, aut in magna parte vitæ, dolore
non interveniente; aut si interveniret, si summus foret,
futurum brevem; si productior, plus habiturum jucundi,
quam mali : hæc cogitantem fore beatum, præsertim si et
ante perceptis bonis contentus esset, nec mortem, nec
deos extimesceret.

XVIII. Habes formam Epicuri vitæ beatæ, verbis Zenonis expressam, nihil ut possit negari. Quid ergo? hujusne
vitæ propositio et cogitatio aut Thyesten levare poterit,
aut Æetam, de quo paullo ante dixi, aut Telamonem,
pulsum patria, exsulantem, atque egentem? in quo hæc
admiratio flebat :

Hiccine est Telamo ille, modo quem gloria ad cœlum extulit;
Quem adspectabant; cujus ob os Graii ora obvertebant sua?

Quod si cui, ut ait idem, « simul animus cum re concidit »,

a gravibus illis antiquis philosophis petenda medicina est,
non ab his voluptariis. Quam enim isti bonorum copiam
dicunt? Fac sane esse summum bonum, non dolere :
quamquam id non vocatur voluptas; sed non necesse est
nunc omnia. Idne est, quo traducti luctum levemus?
Sit sane summum malum,. dolere. In eo igitur qui
non est, si malo careat', continuone fi itur summo
bono?

Quid tergiversamur, Epicure, nec fatemur . m nos dicere voluptatem, quam tu idem, quum os perfricuisti,
soles dicere? Sunt hæc tua verba, necne? In eo quidem
libro ', qui continet omnem disciplinam tuam (fungar
enim jam interpretis munere, ne quis me putet fingere),
dicis hæc : « Nec equidem habeo, quod intelligam bonum
illud, detrahens eas voluptates, quæ sapore percipiuntur;
detrahens eas, quæ auditu, et cantibus; detrahens eas
etiam, quæ ex formis percipiuntur oculis, suaves motiones,
sive quæ aliæ voluptates in toto homine gignuntur quoli-
bet sensu. Nec vero ita dici potest, mentis lætitiam solam
esse in bonis. Lætantem enim mentem ita novi, spe eorum
omnium, quæ supra dixi, fore ut natura iis potiens, dolore
careat. » Atque hæc quidem his verbis, quivis ut intelli-
gat, quam voluptatem norit Epicurus. Deinde paullo infra, « Sæpe quæsivi, inquit, et iis, qui appellabantur sapientes, quid haberent, quod in bonis relinquerent, si illa
detraxissent, nisi si vellent voces inanes fundere. Nihil
ab his potui cognoscere : qui si virtutes ebullire nolent,
et sapientias, nihil aliud dicent, nisi eam viam, qua offi-
ciantur eæ voluptates, quas supra dixi. » Quæ sequuntur, in
eadem sententia sunt; totusque liber, qui est de summo
bono, refertus et verbis et sententiis talibus.

Ad hanccine igitur vitam Telamonem illum revocabis,
ut leves ægritudinem? et, si quem tuorum afflictum
mœrore videris, huic acipenserem potius, quam aliquem
Socraticum libellum dabis? hydrauli hortabere ut audiat
voces potius, quam Platonis? expones, quæ spectet, florida
et varia? fasciculum ad nares admovebis? incendes odores? et sertis redimiri jubebis, et osa? Si vero aliquid
etiam..... tum plane luctum omnem absterseris.

XIX. Hæc Epicuro confitenda sunt, aut ea, quæ modo
expressa ad verbum dixi, tollenda de libro, vel totus liber

potius abjiciundus : est enim confertus voluptatibus.
Quærendum igitur, quemadmodum ægritudine privemus
eum, qui ita dicat :

> .... Pol mihi fortuna magis nunc deſit, quam genus
> Namque regnum suppetebat mihi : ut scias quanto e loco,
> Quantis opibus, quibus de rebus lapsa fortuna occidat.

Quid? huic calix mulsi impingendus est, ut plorare desi-
nat, aut aliquid ejusmodi? Ecce tibi ex altera parte ab
eodem poeta ' :

> Ex opibus summis opis egens, Hector, tuæ.

Huic subvenire debemus : quærit enim auxilium.

> Quid petam præsidi, aut exsequar? quove nunc auxilio, aut fuga
> Freta sim? arce, et urbe orba sum. Quo accedam? quo applicem?
> Cui nec aræ patriæ domi stant; fractæ et disjectæ jacent;
> Fana flamma deflagrata, tosti alti stant parietes,
> Deformati, atque abiete crispa.

Scitis, quæ sequantur; et illud in primis :

> O pater, o patria, o Priami domus,
> Septum altisono cardine templum :
> Vidi ego te, adstante ope barbarica,
> Tectis cælatis, laqueatis,
> Auro, ebore instructam regiſice.

O poetam egregium! quamquam ab his cantoribus Eupho-
rionis' contemnitur. Sentit, omnia repentina et nec opinata esse graviora. Exaggeratis igitur regiis opibus, quæ
videbantur sempiternæ fore, quid adjungit?

> Hæc omnia vidi inflammari,
> Priamo vi vitam evitari,
> Jovis aram sanguine turpari.

Præclarum carmen : est enim et rebus, et verbis, et modis
lugubre. Eripiamus huic ægritudinem. Quomodo? Colloce-
mus in culcita plumea; psaltriam adducamus; hedychrum
incendamus; demus scutellam dulciculæ potionis; aliquid
videamus et cibi. Hæc tandem bona sunt, quibus ægritudines gravissimæ detrahantur? Tu enim paullo ante ne
intelligere te quidem alia ulla dicebas. Revocari igitur
oportere a mœrore ad cogitationem bonorum, conve-

niret mihi cum Epicuro , si , quid esset bonum , conveniret,

XX. Dicet aliquis : Quid ergo? tu Epicurum existimas
ista voluisse, aut libidinosas ejus fuisse sententias? Ego
vero minime : video enim ab eo dici multa severe , multa
præclaro. Itaque, ut sæpe dixi, de acumine agitur ejus,
non de moribus; quamvis spernat voluptates eas, quas
modo laudavit, ego tamen meminero, quod videatur ei
summum bonum. Non enim verbo solum posuit voluptatem, sed explanavit quid diceret. « Saporem, inquit, et
corporum complexum, et ludos, atque cantus, et formas
eas, quibus oculi jucunde moveantur. » Num fingo? num
mentior? cupio refelli. Quid enim laboro, nisi ut veritas
in omni quæstione explicetur?

At idem ait, non crescere voluptatem dolore detracto;
summamque voluptatem, nihil dolere. Paucis verbis tria
magna peccata : unum, quod secum ipse pugnat. Modo
enim, ne suspicari quidem se quidquam bonum, nisi sensus quasi titillarentur voluptate; nunc autem, summam
voluptatem esse, dolore carere. Potestne magis secum ipse
puguare? Alterum peccatum, quod, quum in natura tria
sint : unum, gaudere; alterum, dolere; tertium, nec gaudere, nec dolere : hic primum, et tertium putat idem
esse, nec distinguit a non dolendo voluptatem. Tertium
peccatum commune cum quibusdam, quod, quum virtus maxime expetatur, ejusque adipiscendæ causa philosophia quæsita sit, ille a virtute summum bonum sepa-
ravit.

At laudat, et sæpe, virtutem. Et quidem C. Gracchus ¹,
quum largitiones maximas fecisset, et effudisset ærarium,
verbis tamen defendebat ærarium. Quid verba audiam,
quum facta videam? Piso ille Frugi semper contra legem
frumentariam dixerat : is, lege lata, consularis ad frumentum accipiendum' venerat. Animadvertit Gracchus in
concione Pisonem stantem : quærit, audiente populo ro-
mano, qui sibi constet, quum ea lege frumentum petat,
quam dissuaserit. « Nolim, inquit, mea bona, Gracche,
tibi viritim dividere libeat; sed si facias, partem petam. »
Parumne declaravit vir gravis et sapiens, lege Sempronia
patrimonium publicum dissipari? Lege orationes Gracchi;
patronum ærarii esse dices.

Negat Epicurus jucunde posse vivi, nisi cum virtute vivatur; negat ullam in sapientem vim esse fortunæ; tenuem victum antefert copioso; negat ullum esse tempus, quo sapiens non beatus sit. Omnia philosopho digna, sed cum voluptate pugnantia.

Non istam dicit voluptatem. Dicat quamlibet : nempe eam dicit, in qua virtutis nulla pars insit. Age, si voluptatem non intelligimus, ne dolorem quidem? Nego igitur ejus esse, qui dolore summum malum metiatur, mentionem facere virtutis.

XXI. Et queruntur quidam Epicurei, viri optimi (nam nullum genus est minus malitiosum), me studiose dicere contra Epicurum. Ita credo, de honore, aut de dignitate contendimus. Mihi summum in animo bonum videtur, illi autem in corpore; mihi in virtute, illi in voluptate. Et illi pugnant, et quidem vicinorum fidem implorant; multi autem sunt, qui statim convolent. Ego sum is, qui dicam me non laborare, actum habiturum quod egerint. Quid enim? de bello Punico agitur? de quo ipso quum aliud M. Catoni, aliud L. Lentulo videretur ¹, nulla inter eos concertatio umquam fuit. Hi nimis iracunde agunt, præsertim quum ab his non sane animosa defendatur sententia, pro qua non in senatu, non in concione, non apud exercitum, neque apud censores dicere audeant. Sed cum istis alias, et eo quidem animo, nullum ut certamen instituam, verum dicentibus facile cedam. Tantum admonebo : si maxime verum sit, ad corpus omnia referre sapientem, sive, ut honestius dicam, nihil facere, nisi quod expediat, sive omnia referre ad utilitatem suam; quoniam hæc plausibilia non sunt, ut in sinu gaudeant, gloriose loqui desinant.

XXII. Cyrenaicorum restat sententia : qui tum ægritudinem censent exsistere, si nec opinato quid evenerit. Est id quidem magnum, ut supra dixi. Etiam Chrysippo ita videri scio, quod provisum ante non sit, id ferire vehementius. Sed non sunt in hoc omnia : quamquam hostium repens adventus magis aliquanto conturbat, quam exspectatus; et maris subita tempestas, quam ante provisa, terret navigantes vehementius; et ejusmodi sunt pleraque. Sed quum diligenter nec opinatorum naturam consideres, nihil aliud reperias, nisi omnia videri subita majora; et quidem ob duas causas. primum, quod, quanta sint quæ ac-

cidunt, considerandi spatium non datur; deinde quum
videtur præcaveri potuisse, si provisum esset, quasi culpa
contractum malum ægritudinem acriorem facit. Quod ita
esse dies declarat : quæ procedens ita mitigat, ut, iisdem
malis manentibus, non modo leniatur ægritudo, sed in
plerisque tollatur. Carthaginienses multi Romæ servie-
runt; Macedones, rege Perse capto[1]. Vidi etiam in Pelopon-
neso, quum essem adolescens, quosdam Corinthios. Hi
poterant omnes eadem illa de Andromacha deplorare,

> Hæc omnia vidi

Sed jam decantaverant fortasse : eo enim erant vultu,
oratione, omni reliquo motu, et statu, ut eos Argivos,
aut Sicyonios diceres [2]; magisque me moverant Corinthi subito adspectæ parietinæ, quam ipsos Corinthios,
quorum animis diuturna cogitatio callum vetustatis ob-
duxerat. Legimus librum Clitomachi[3], quem ille eversa
Carthagine misit consolandi causa ad captivos cives suos.
In eo est disputatio scripta Carneadis[4]; quam se ait in
commentarium retulisse. Quum ita positum esset, « videri
fore in ægritudine sapientem, patria capta : » quæ Carneades contra dixerit, scripta sunt. Tanta igitur calamitatis
præsentis adhibetur a philosopho medicina, quanta in inveterata ne desideratur quidem. Nec, si aliquot annis post
idem ille liber captivis missus esset, vulneribus mederetur,
sed cicatricibus. Sensim enim, et pedetentim progrediens
extenuatur dolor; non quo ipsa res immutari soleat, aut
possit; sed id, quod ratio debuerat, usus docet, minora
esse ea, quæ sint visa majora[5].

XXIII. Quid ergo opus est, dicet aliquis, oratione, aut
omnino consolatione ulla, qua solemus uti, quum levare
dolorem mœrentium volumus? Hoc enim fere tum habemus in promptu, nihil oportere inopinatum videri. Aut
qui tolerabilius feret incommodum, qui cognoverit, necesse esse homini tale aliquid accidere? Hæc enim oratio de
ipsa summa mali nihil detrahit : tantummodo affert, nihil
evenisse, quod non opinandum fuisset. Neque tamen genus
id orationis in consolando non valet : sed id haud sciam
an plurimum. Ergo ista nec opinata non habent tantam
vim, ut ægritudo ex his omnis oriatur. Feriunt enim fortasse gravius : non id efficiunt, ut ea, quæ accidant, majora

videantur, quia recentia sunt, non quia repentina. Duplex
est igitur ratio veri reperiendi, non in iis solum, quæ
mala, sed in iis etiam, quæ bona videntur. Nam aut ipsius
rei natura, qualis et quanta sit, quærimus, ut de pauper·
tate nonnumquam, cujus onus disputando levamus, do·
centes, quam parva, et quam pauca sint, quæ natura desideret; aut a disputandi subtilitate orationem ad exempla
traducimus. Hic Socrates commemoratur; hic Diogenes;
hic Cæcilianum illud,

> Sæpe est etiam sub palliolo sordido sapientia.

Quum enim paupertatis una, eademque sit vis, quidnam
dici potest, quamobrem C. Fabricio ' tolerabilis ea fuerit,
alii negent se ferre posse. Huic igitur alteri generi similis
est ea ratio consolandi, quæ docet humana esse, quæ acciderint. Non enim solum id continet ea disputatio, ut cognitionem afferat generis humani²; sed significat, tolerabilia esse, quæ et tulerint, et ferant ceteri.

XXIV De paupertate agitur : multi patientes pauperes
commemorantur. De contemnendo honore : multi inhono-
rati proferuntur, et quidem propter id ipsum beatiores;
eorumque, qui privatum otium negotiis publicis antetule-
runt, nominatim vita laudatur; nec siletur illud potentis-
simi regis³ anapæstum, qui laudat senem, et fortunatum
esse dicit, quod inglorius sit, atque ignobilis ad supremum
diem perventurus. Similiter commemorandis exemplis, or·
bitates quoque liberorum prædicantur, eorumque, qui
gravius ferunt, luctus, aliorum exemplis leniuntur. Sic per-
pessio ceterorum facit, ut ea, quæ acciderint, multo minora, quam quanta sint existimata, videantur. Ita fit sensim cogitantibus, ut, quantum sit ementita opinio,
appareat. Atque hoc idem et Telamo ille declarat,

> Ego quum genui.

et Theseus,

> Futuras mecum commentabar miserias;

et Anaxagoras, « Sciebam me genuisse mortalem. » Hi enim
omnes diu cogitantes de rebus humanis, intelligebant, eas
nequaquam pro opinione vulgi esse extimescendas. Et mihi quidem videtur idem fere accidere iis, qui ante medi-
tantur, quod iis, quibus medetur dies : nisi quod ratio

quidem sanat illos, hos ipsa natura, intellecto eo, quod remedium illud continet, malum, quod opinatum sit esse maximum; nequaquam esse tantum, ut vitam beatam possit evertere. Hoc igitur efficitur, ut ex illo nec opinato plaga major sit; non, ut illi putant, ut, quum duobus pares casus evenerint, is modo aegritudine afficiatur, cui ille nec opinato casus evenerit. Itaque dicuntur nonnulli in moerore, quum de hac communi hominum conditione audivissent, ea lege esse nos natos, ut nemo in perpetuum esse posset expers mali, gravius etiam tulisse.

XXV. Quocirca Carneades, ut video nostrum scribere Antiochum[1], reprehendere Chrysippum solebat, laudantem Euripideum carmen illud[2],

Mortalis nemo est, quem non attingat dolor,
Morbusque. Multi sunt humandi liberi,
Rursum creandi; morsque est finita omnibus:
Quæ generi humano angorem nequidquam afferunt.
Reddenda est terræ terra: tum vita omnibus
Metenda, ut fruges. Sic jubet necessitas.

Negabat genus hoc orationis quidquam omnino ad levandam ægritudinem pertinere. Id enim ipsum dolendum esse dicebat, quod in tam crudelem necessitatem incidissemus: nam illam quidem orationem ex commemoratione alienorum malorum ad malivolos consolandos esse accommodatam. Mihi vero longe videtur secus. Nam et necessitas ferendæ conditionis humanæ, quasi cum deo pugnare prohibet, admonetque esse hominem; quæ cogitatio magnopere luctum levat: et enumeratio exemplorum non, ut animum malivolorum oblectet, affertur, sed ut ille, qui moeret, ferendum sibi id censeat, quod videat multos moderate et tranquille tulisse. Omnibus enim modis fulciendi sunt, qui ruunt, nec cohærere possunt propter magnitudinem ægritudinis: ex quo ipsam ægritudinem λύπην Chrysippus[3], quasi solutionem totius hominis, appellatam putat. Quæ tota poterit evelli, explicata, ut principio dixi, causa ægritudinis. Est enim nulla alia, nisi opinio et judicium magni præsentis atque urgentis mali. Itaque et dolor corporis, cujus est morsus acerrimus, perfertur spe proposita boni; et acta ætas honeste, ac splendide, tantam affert consolationem, ut eos, qui ita vixerint, aut non tangat ægritudo, aut perleviter pungat animi dolor.

XXVI. Sed ad hanc opinionem magni mali quum illa etiam opinio accesserit, oportere, rectum esse, ad officium pertinere, ferre illud ægre, quod acciderit : tum denique efficitur illa gravis ægritudinis perturbatio. Ex hac opinione sunt illa varia et detestabilia genera lugendi, pædores, muliebres lacerationes genarum, pectoris, feminum, capitis percussiones. Hinc illo Agamemno Homericus, et idem Attianus,

Scindens dolore identidem intonsam comam [1].

In quo facetum illud Bionis[2], perinde stultissimum regem in luctu capillum sibi evellere, quasi calvitio mœror levaretur. Sed hæc omnia faciunt, opinantes ita fieri oportere. Itaque et Æschines in Demosthenem invehitur[3], quod is septimo die post filiæ mortem hostias immolasset. At quam rhetorice! quam copiose! quas sententias colligit! quæ verba contorquet! ut licere quidvis rhetori intelligas. Quæ nemo probaret, nisi insitum illud in animis haberemus, omnes bonos interitu suorum quam gravissime mœrere oportere. Ex hoc evenit, ut in animi doloribus alii solitudines captent, ut ait Homerus de Bellerophonte,

Qui miser in campis mœrens errabat Aleis,
Ipse suum cor edens, hominum vestigia vitans [4].

Et Nioba fingitur lapidea [5], propter æternum, credo, in luctu silentium. Hecubam autem putant, propter animi acerbitatem quamdam, et rabiem, fingi in canem esse conversam. Sunt autem alii, quos in luctu cum ipsa solitudine loqui sæpe delectat, ut illa apud Ennium [6] nutrix :

Cupido cepit miseram nunc me, proloqui
Cœlo atque terræ Medeæ miserias.

XXVII. Hæc omnia recta, vera, debita putantes faciunt in dolore; maximeque declaratur, hoc quasi officii judicio fieri : quod si qui forte, quum se in luctu esse vellent, aliquid fecerunt humanius, aut si hilarius locuti sunt, revocant se rursus ad mœstitiam, peccatique se insimulant, quod dolere intermiserint; pueros vero matres et magistri castigare etiam solent, nec verbis solum, sed etiam verberibus, si quid in domestico luctu hilarius ab iis factum est, aut dictum, plorare cogunt. Quid? ipsa remissio luctus

quum est consecuta, intellectumque nihil profici mœ-
rendo, nonne res declarat, fuisse totum illud voluntarium?
Quid ille Terentianus ἑαυτὸν τιμωρούμενος¹, id est, ipse se
puniens?

> Decrevi tantisper me minus injuriæ,
> Chremes, meo gnato facere, dum fiam miser

Hic decernit, ut miser sit. Num quis igitur quidquam decernit invitus?

> Malo quidem me quovis dignum deputem.

Malo se dignum deputat, nisi miser sit. Vides ergo opinionis esse, non naturæ malum. Quid, quod res ipsa lugere
prohibet? ut apud Homerum quotidianæ neces, interitus-
que multorum, sedationem mœrendi afferunt; apud quem
ita dicitur².

> Namque nimis multos, atque omni luce cadentes
> Cernimus; ut nemo possit mœrore vacare.
> Quo magis est æquum tumulis mandare peremptos
> Firmo animo, et luctum lacrymis finire diurnis.

Ergo in potestate est abjicere dolorem, quum velis, tem-
pori servientem. An est ullum tempus (quoniam quidem
res in nostra potestate est), cui non ponendæ curæ et ægritudinis causa serviamus? Constabat, eos, qui conciden-
tem vulneribus Cn. Pompeium vidissent, quum in illo ipso
acerbissimo miserrimoque spectaculo sibi timerent, quod
se classe hostium circumfusos viderent, nihil tum aliud
egisse, nisi ut remiges hortarentur, et ut salutem adipi-
scerentur fuga; posteaquam Tyrum venissent, tum afflictari lamentarique cœpisse. Timor igitur ab iis ægritudi
nem potuit repellere, ratio ac sapientia vera non poterit?

XXVIII. Quid est autem, quod plus valeat ad ponen-
dum dolorem, quam quum est intellectum, nihil profici,
et frustra esse susceptum? Si igitur deponi potest, etiam
non suscipi potest. Voluntate igitur et judicio suscipi ægritudinem confitendum est. Idque indicatur eorum patientia,
qui quum multa sint sæpe perpessi, facilius ferunt, quidquid accidit, obduruisseque sese contra fortunam arbitrab
tur : ut ille apud Euripidem³,

> Si mihi nunc tristis primum illuxisset dies,
> Nec tam ærumnoso navigavissem salo:

Esset dolendi causa; ut injecto equulei
Freno repente tactu exagitantur novo.
Sed jam subactus miseriis obtorpui.

Defatigatio igitur miseriarum ægritudines quum faciat
leniores, intelligi necesse est, non rem ipsam atque causam fontem esse mœroris. Philosophi summi, neque dum
tamen sapientiam consecuti, nonne intelligunt, in summo
se malo esse? Sunt enim insipientes : neque insipientia ullum majus malum est : neque tamen lugent. Quid ita?
quia huic generi malorum non affingitur illa opinio, rectum esse et æquum, et ad officium pertinere, ægre ferre,
quod sapiens non sis. Quod idem affingimus huic ægritudini, in qua luctus inest : quæ omnium maxima est.

Itaque Aristoteles[1], veteres philosophos accusans, qui
existimavissent philosophiam suis ingeniis esse perfectam,
ait eos aut stultissimos, aut gloriosissimos fuisse; sed se
videre, quod paucis annis magna accessio facta esset, brevi
tempore philosophiam plane absolutam fore. Theophrastus
autem moriens accusasse naturam dicitur, quod cervis et
cornicibus vitam diuturnam, quorum id nihil interesset,
hominibus, quorum maxime interfuisset, tam exiguam
vitam dedisset : quorum si ætas potuisset esse longin-
quior, futurum fuisse, ut, omnibus perfectis artibus,
omni doctrina hominum vita erudiretur. Querebatur igitur, se tum, quum illa videre cœpisset, exstingui. Quid?
ex ceteris philosophis nonne optimus et gravissimus
quisque confitetur, multa se ignorare, et multa sibi etiam
atque etiam esse discenda? Neque tamen, quum se in media stultitia, qua nihil est pejus, hærere intelligant, ægritudine premuntur : nulla enim admiscetur opinio officiosi
doloris.

Quid, qui non putabant lugendum viris? qualis fuit Q.
Maximus efferens filium consularem; qualis L. Paullus,
duobus paucis diebus amissis filiis; qualis M. Cato, præ-
tore designato mortuo filio[2]; quales reliqui, quos in Consolatione collegimus : quid hos aliud placavit, nisi quod
luctum et mœrorem non putabant viri? Ergo id, quod alii
rectum opinantes, ægritudini se solent dedere, id ii turpe
putantes ægritudinem repulerunt. Ex quo intelligitur, non
in natura, sed in opinione esse ægritudinem.

XXIX. Contra dicuntur hæc. Quis tam demens, ut sua

voluntate mœreat? Natura affert dolorem. Cui quidem (Cantor, inquiunt, noster cedendum putat. Premit enim, atque instat, nec resisti potest. Itaque Oileus ille apud Sophoclem¹, qui Telamonem antea de Ajacis morte consolatus esset, is, quum audisset de suo, fractus est. De cujus commutata mente sic dicitur :

> Nec vero tanta præditus sapientia
> Quisquam est, qui aliorum ærumnam dictis allevans,
> Non idem, quum *fortuna* mutata impetum
> Convertat, clade [ut] subita frangatur sua;
> Ut illa ad alios dicta et præcepta excidant.

Hæc quum disputant, hoc student efficere, naturæ obsisti nullo modo posse : ii tamen fatentur, graviores ægritudines suscipi, quam natura cogat. Quæ est igitur amentia, ut nos quoque idem ab aliis requiramus? Sed plures sunt causæ suscipiendi doloris. Primum illa opinio mali, quo viso atque persuaso ægritudo insequitur necessario. Deinde etiam gratum mortuis se facere, si graviter eos lugeant, arbitrantur. Accedit superstitio muliebris quædam : existimant enim, diis immortalibus se facilius satis facturos, si eorum plaga perculsi, afflictos se, et stratos esse fateantur. Sed hæc inter se quam repugnent, plerique non vident. Laudant enim eos, qui æquo animo moriantur; qui alterius mortem æquo animo ferant, eos putant vituperandos. Quasi fleri ullo modo possit, quod in amatorio sermone dici solet, ut quisquam plus alterum diligat, quam se. Præclarum illud est, et, si quæris, rectum quoque, et verum, ut eos, qui nobis carissimi esse debeant, æque ac nosmet ipsos amemus; ut vero plus, fleri nullo pacto potest. Ne optandum quidem est in amicitia, ut me ille plus, quam se, ego illum plus, quam me : perturbatio vitæ, si ita sit, atque officiorum omnium, consequatur. Sed de hoc alias.

XXX. Nunc illud satis est, non attribuere ad amissionem amicorum, miseriam nostram, ne illos plus, quam ipsi velint, si sentiant; plus certe, quam nosmet ipsos, diligamus. Nam quod aiunt, plerosque consolationibus nihil levari, adjunguntque, consolatores ipsos confiteri se miseros, quum ad eos impetum suum fortuna converterit : utrumque dissolvitur. Sunt enim ista non naturæ vitia, sed culpæ. Stultitiam autem accusare quamvis copiose licet.

Nam et qui non levantur, ipsi ad se miseriam invitant; et qui suos casus aliter ferunt, atque ut auctores aliis ipsi fuerunt, non sunt vitiosiores, quam fere plerique, qui avari avaros, gloriæ cupidos gloriosi reprehendunt. Est enim proprium stultitiæ, aliorum vitia cernere, oblivisci suorum.

Sed nimirum hoc maximum est experimentum, quum constet ægritudinem vetustate tolli, hanc vim non esse in die positam, sed in cogitatione diuturna. Nam si et eadem res est, et idem est homo : qui potest quidquam de dolore mutari, si neque de eo, propter quod dolet, quidquam est mutatum, neque de eo, qui dolet? Cogitatio igitur diuturna, nihil esse in re mali, dolori medetur, non ipsa diuturnitas.

XXXI. Hic mihi afferunt mediocritates [1]. Quæ si naturales sunt, quid opus est consolatione? Natura enim ipsa terminabit modum. Sin opinabiles, opinio tota tollatur. Satis dictum esse arbitror, ægritudinem esse opinionem mali præsentis, in qua opinione illud insit, ut ægritudinem suscipere oporteat.

Additur ad hanc definitionem a Zenone recte, ut illa opinio præsentis mali sit recens. Hoc autem verbum sic interpretatur, ut non tantum illud recens esse velit, quod paullo ante acciderit, sed, quam diu in illo opinato malo vis quædam insit, et vigeat, et habeat quamdam viriditatem, tam diu appelletur recens : ut Artemisia illa, Mausoli, Cariæ regis [2], uxor, quæ nobile illud Halicarnassi fecit sepulcrum, quam diu vixit, vixit in luctu, eodemque etiam confecta contabuit. Huic erat illa opinio quotidie recens : quæ tum denique non appellatur recens, quum vetustate exaruit.

Hæc igitur officia sunt consolantium, tollere ægritudinem funditus, aut sedare, aut detrahere quam plurimum, aut supprimere, nec pati manare longius, aut ad alia mentem traducere. Sunt, qui unum officium consolantis putent, malum illud omnino non esse, ut Cleanthi placet. Sunt, qui non magnum malum, ut peripatetici. Sunt, qui abducant a malis ad bona, ut Epicurus. Sunt, qui satis putent, ostendere, nihil inopinati accidisse, nihil mali. Chrysippus autem caput esse censet in consolando, detrahere illam opinionem mœrenti : si se officio fungi putet justo

atque debito. Sunt etiam, qui hæc omnia genera consolandi colligant: alius enim alio modo movetur. Ut fere
nos omnia in Consolationem unam conjecimus : erat
enim in tumore animus, et omnis in eo tentabatur curatio.

Sed sumendum tempus est non minus in animorum
morbis, quam in corporum : ut Prometheus ille Æschyli;
cui quum dictum esset,

> Atqui, Prometheu, te hoc tenere existimo,
> Mederi posse rationem iracundiæ;

respondit,

> Si quidem qui tempestivam medicinam admovens
> Non ad gravescens vulnus illidat manus.

XXXII. Erit igitur in consolationibus prima medicina,
docere, aut nullum malum esse, aut admodum parvum;
altera, et de communi conditione vitæ, et proprie, si quid
sit de ipsius, qui mœreat, disputandum; tertia, summam
esse stultitiam frustra confici mœrore, quum intelligas, nihil posse profici. Nam Cleanthes quidem sapientem consolatur; qui consolatione non eget. Nihil enim esse malum,
quod turpe non sit, si lugenti persuaseris, non tu illi luctum, sed stultitiam detraxeris. Alienum autem tempus docendi. Et tamen non satis mihi videtur vidisse hoc Cleanthes, suscipi aliquando ægritudinem posse ex eo ipso,
quod esse summum malum Cleanthes ipse fateatur. Quid
enim dicemus, quum Socrates Alcibiadi persuasisset, ut accepimus, eum nihil hominis esse, nec quidquam inter Alcibiadem, summo loco natum, et quemvis bajulum inte-
résse; quum se Alcibiades afflictaret, lacrymansque Socrati
supplex esset, ut sibi virtutem traderet, turpitudinemque
depelleret : quid dicemus, Cleanthe? num in illa re, quæ
ægritudine Alcibiadem afficiebat, mali nihil fuisse? Quid,
illa Lyconis', qualia sunt? qui ægritudinem extenuans,
parvis ait eam rebus moveri, fortunæ et corporis incom-
modis, non animi malis. Quid ergo? illud, quod Alcibiades
dolebat, non ex animi malis vitiisque constabat? Ad Epicuri consolationem satis est ante dictum.

XXXIII. Ne illa quidem consolatio firmissima est, quamquam et usitata est, et sæpe prodest : Non tibi hoc soli.
Prodest hæc quidem, ut dixi, sed nec semper, nec omni-

bus sunt enim, qui respuant · sed refert, quo modo adhibeatur. Ut enim tulerit quisque eorum, qui sapienter
tulerunt, non quo quisque incommodo affectus sit, prædicandum est. Chrÿsippi, ad veritatem firmissima est;
ad tempus ægritudinis, difficilis. Magnum opus est, probare mœrenti, illum suo judicio, et quod se ita putet opor
tere facere, mœrere. Nimirum igitur, ut in causis non
semper utimur eodem statu (sic enim appellamus contro-
versiarum genera); sed ad tempus, ad controversiæ naturam, ad personam accommodamus : sic in ægritudine
lenienda quam quisque curationem recipere possit, videndum est.

Sed nescio quo pacto ab eo, quod erat a te propositum,
aberravit oratio. Tu enim de sapiente quæsieras; cui aut
malum videri nullum potest, quod vacet turpitudine; aut
ita parvum malum, ut id obruatur sapientia, vixque appa
reat : qui nihil opinione affingat, assumatque ad ægritudinem; nec id putet esse rectum, se quam maxime excru-
ciari luctuque confici : quo pravius nihil esse possit. Edocuit
tamen ratio, ut mihi quidem videtur, quum hoc ipsum
proprie non quæreretur hoc tempore, num quod esset
malum, nisi quod idem dici turpe posset, tamen ut videremus, quidquid esset in ægritudine mali, id non naturale
esse, sed voluntario judicio, et opinionis errore contractum.

XXXIV. Tractatum est autem a nobis id genus ægritudinis, quod unum est omnium maximum, ut, eo sub-
lato, reliquorum remedia ne magnopere quærenda ar-
bitraremur. Sunt enim certa, quæ de paupertate; certa,
quæ de vita inhonorata et ingloria dici soleant. Separatim
certæ scholæ sunt de exsilio, de interitu patriæ, de servitute, de debilitate, de cæcitate, et de omni casu : in quo
nomen poni solet calamitatis. Hæc Græci in singulas scholas, et in singulos libros dispertiunt. Opus enim quærunt :
quamquam plenæ disputationes delectationis sunt. Et tamen, ut medici, toto corpore curando, minimæ etiam
parti, si condoluit, medentur : sic philosophia, quum universam ægritudinem sustulit, tamen, si quis error aliunde
exstitit, si paupertas momordit, si ignominia pupugit, si
quid tenebrarum offudit exsilium, aut eorum, quæ modo
dixi, si quid exstitit; et si singularum rerum sunt propriæ

consolationes : de quibus audies tu quidem, quum voles. Sed ad eumdem fontem revertendum est, ægritudinem omnem procul abesse a sapiente, quod inanis sit, quod frustra suscipiatur, quod non natura exoriatur, sed judicio, sed opinione, sed quadam invitatione ad dolendum, quum id decreverimus ita fieri oportere. Hoc detracto, quod totum est voluntarium, ægritudo erit sublata illa mœrens; morsus tamen, et contractiunculæ quædam animi relinquentur. Hanc dicant sane naturalem, dum ægritudinis nomen absit, grave, tetrum, funestum ; quod cum sapientia esse , atque, ut ita dicam , habitare nullo modo possit. Atqui stirpes sunt ægritudinis, quam multæ, quam amaræ! Quæ, ipso trunco everso, omnes eligendæ sunt, et, si necesse erit, singulis disputationibus. Superest enim nobis hoc, cuicuimodi est, otium.

Sed ratio una omnium est ægritudinum, plura nomina. Nam et invidere, ægritudinis est, et æmulari, et obtrectare, et misereri, angi, lugere, mœrere, ærumna affici, lamentari, sollicitari, dolere, in molestia esse, afflictari, desperare. Hæc omnia definiunt stoici; eaque verba, quæ dixi, singularum rerum sunt; non, ut videntur, easdem res significant, sed aliquid differunt : quod alio loco fortasse tractabimus. Hæ sunt illæ fibræ stirpium, quas initio dixi, persequendæ, et omnes eligendæ, ne ulla umquam possit exsistere. Magnum opus, et difficile : quis negat? Quid autem præclarum, non idem arduum? Sed tamen id se effecturam philosophia profitetur. Nos modo curationem ejus recipiamus. Verum quidem hæc hactenus. Cetera, quotiescumque voletis, et hoc loco, et aliis, parata vobis erunt.

TUSCULANARUM QUÆSTIONUM

LIBER QUARTUS.

DE RELIQUIS ANIMI PERTURBATIONIBUS.

Cicéron trace en commençant l'histoire des débuts de la philosophie romaine(1-4). — Il continue ensuite à parler des passions, et à montrer que le sage en est exempt. Définitions et classification que les stoïciens en ont données (5-9). Elles ont leur source dans l'intempérance (9). — Elles produisent toutes les maladies de l'âme (10-14). — Il est nécessaire de leur opposer les efforts constants de la vertu (15, 16). — Critique de la doctrine des péripatéticiens sur l'utilité et la nécessité des passions (17-26). — Moyens de les extirper; se persuader que les biens qu'on poursuit ne sont pas de vrais biens, et surtout qu'il n'y a pas une passion qui ne soit essentiellement mauvaise (27-29). — Remèdes particuliers pour la crainte, la joie, l'amour, la colère (31-36). — Cicéron termine en rappelant que nos passions viennent toutes de nos préjugés et n'ont d'empire que celui qu'on leur donne (37, 38).

I. Quum multis locis nostrorum hominum ingenia virtutesque, Brute, soleo mirari, tum maxime his in studiis, quæ sero admodum expetita, in hanc civitatem e Græcia transtulerunt. Nam quum a primo urbis ortu, regiis institutis, partim etiam legibus, auspicia, cærimoniæ, comitia, provocationes, patrum consilium, equitum peditumque descriptio, tota res militaris, divinitus esset constituta; tum progressio admirabilis, incredibilisque cursus ad omnem excellentiam factus est, dominatu regio republica liberata. Nec vero hic locus est, ut de moribus institutisque majorum, et disciplina ac temperatione civitatis loquamur. Aliis hæc locis satis accurate a nobis dicta sunt, maximeque in iis sex libris, quos de Republica scripsimus. Hoc autem loco consideranti mihi studia doctrinæ, multa sane occurrunt, cur ea quoque arcessita aliunde, neque solum expetita, sed etiam conservata et culta videantur. Erat enim illis pæne in conspectu præstanti sapientia et nobili-

tate Pythagoras, qui fuit in Italia temporibus iisdem,
quibus L. Brutus patriam liberavit, præclarus auctor no-
bilitatis tuæ. Pythagoræ autem doctrina quum longe lateque flueret, permanavisse mihi videtur in hanc civitatem;
idque quum conjectura probabile est, tum quibusdam
etiam vestigiis indicatur. Quis est enim, qui putet, quum
floreret in Italia Græcia potentissimis et maximis urbibus,
ea, quæ magna dicta est; in hisque primum ipsius Pythagoræ, deinde postea Pythagoreorum tantum nomen esset,
nostrorum hominum ad eorum doctissimas voces aures
clausas fuisse? Quin etiam arbitror, propter Pythagoreorum admirationem, Numam quoque regem, Pythagoreum
a posterioribus existimatum. Nam quum Pythagoræ disciplinam et instituta cognoscerent, regisque ejus æquitatem
et sapientiam a majoribus suis accepissent, ætates autem
et tempora ignorarent propter vetustatem, cum, qui sapientia excelleret, Pythagoræ auditorem fuisse crediderunt.

II. Et de conjectura quidem hactenus. Vestigia autem
Pythagoreorum quamquam multa colligi possunt, paucis
tamen utemur, quoniam non id agitur hoc tempore. Nam
quum carminibus soliti illi esse dicantur et præcepta quædam occultius tradere, et mentes suas a cogitationum intentione, cantu, fidibusque ad tranquillitatem traducere,
gravissimus auctor in Originibus dixit Cato, morem apud
majores hunc epularum fuisse, ut deinceps, qui accuba-
rent, canerent ad tibiam clarorum virorum laudes atque
virtutes. Ex quo perspicuum est, et cantus tum fuisse
rescriptos vocum sonis, et carmina. Quamquam id quidem etiam xii Tabulæ declarant [1], condi jam tum solitum
esse carmen; quod ne liceret fieri ad alterius injuriam,
lege sanxerant. Nec vero illud non eruditorum temporum
argumentum est, quod et deorum pulvinaribus, et epulis
magistratuum, fides præcinunt : quod proprium ejus fuit,
de qua loquor, disciplinæ. Mihi quidem Appii Cæci [2] carmen, quod valde Panætius laudat epistola quadam, quæ
est ad Q. Tuberonem [3], Pythagoreum videtur. Multa etiam
sunt in nostris institutis ducta ab illis : quæ prætereo, ne
ea, quæ peperisse ipsi putamur, aliunde didicisse videamur. Sed, ut ad propositum redeat oratio : quam brevi
tempore, quot, et quanti poetæ, qui autem oratores exstite-

runt? facile ut appareat, nostros omnia consequi potuisse, simul ut velle cœpissent. Sed de ceteris studiis alio loco et dicemus, si usus fuerit, et sæpe diximus.

III. Sapientiæ studium vetus id quidem in nostris : sed tamen, ante Lælii ætatem, et Scipionis, non reperio, quos appellare possim nominatim. Quibus adolescentibus, stoicum Diogenem, et academicum Carneadem video ad senatum ab Atheniensibus missos esse legatos : qui quum reipublicæ nullam umquam partem attigissent, essetque eorum alter Cyrenæus, alter Babylonius, numquam profecto scholis essent excitati, neque ad illud munus electi, nisi in quibusdam principibus, temporibus illis, fuissent studia doctrinæ [1]. Qui quum cetera litteris mandarent, alii jus civile, alii orationes suas, alii monumenta majorum · hanc amplissimam omnium artium bene vivendi disciplinam vita magis, quam litteris persecuti sunt. Itaque illius veræ elegantisque philosophiæ, quæ ducta a Socrate in peripateticis adhuc permansit, et idem alio modo dicentibus stoicis, quum academici eorum controversias disceptarent, nulla fere sunt, aut pauca admodum latina monumenta, sive propter magnitudinem rerum, occupationemque hominum, sive etiam, quod imperitis ea probari posse non arbitrabantur : quum interim, illis silentibus, C. Amafinius exstitit dicens; cujus libris editis, commota multitudo contulit se ad eamdem potissimum disciplinam, sive quod erat cognitu perfacilis, sive quod invitabat illecebris blandæ voluptatis, sive etiam, quia nihil prolatum erat melius, illud, quod erat, tenebant. Post Amafinium autem multi ejusdem æmuli rationis multa quum scripsissent, Italiam totam occupaverunt : quodque maximum argumentum est, non dici illa subtiliter, quod et facile ediscantur, et ab indoctis probentur, id illi firmamentum esse disciplinæ putant.

IV. Sed defendat quod quisque sentit, sunt enim judicia libera : nos institutum tenebimus, nulliusque unius disciplinæ legibus adstricti, quibus in philosophia necessario pareamus, quid sit in quaque re maxime probabile, semper requiremus. Quod quum sæpe alias, tum nuper in Tusculano studiose egimus. Itaque expositis tridui disputationibus, quartus dies hoc libro concludetur. Ut enim in inferiorem ambulationem descendimus [1], quod feceramus idem superioribus diebus, acta res est sic.

Cicero. Dicat, si quis vult, qua de re disputari velit. — Auditor. Non mihi videtur omni animi perturbatione posse sapiens vacare. — Cic. Ægritudine quidem hesterna disputatione videbatur, nisi forte temporis causa assentiebare. — Aud. Minime vero; nam mihi egregie probata est oratio tua.—Cic. Non igitur existimas cadere in sapientem ægritudinem?—Aud. Prorsus non arbitror.—Cic. Atqui, si ista perturbare animum sapientis non potest, nulla poterit. Quid enim? metusne conturbet? At earum rerum est absentium metus, quarum præsentium est ægritudo. Sublata igitur ægritudine, sublatus est metus. Restant duæ perturbationes, lætitia gestiens, et libido : quæ si non cadent in sapientem, semper mens erit tranquilla sapientis. — Aud. Sic prorsus intelligo. — Cic. Utrum igitur mavis statimne nos vela facere, an quasi e portu egredientes paullulum remigare? — Aud. Quidnam est istuc? non enim intelligo.

V. Cic. Quia Chrysippus, et stoici, quum de animi perturbationibus disputant, magnam partem in his partiendis et definiendis occupati sunt : illa eorum perexigua oratio [2] est, qua medeantur animis, nec eos turbulentos esse patiantur. Peripatetici autem ad placandos animos multa afferunt : spinas partiendi et definiendi prætermittunt. Quærebam igitur, utrum panderem vela orationis statim, an eam ante paullulum dialecticorum remis propellerem. — Aud. Isto modo vero : erit enim hoc totum, quod quæro, ex utroque perfectius. — Cic. Est id quidem rectius; sed post requires, si quid fuerit obscurius.—Aud. Faciam equidem. Tu tamen, ut soles, dices ista ipsa obscura planius, quam dicuntur a Græcis. — Cic. Enitar equidem; sed intento opus est animo, ne omnia dilabantur, si unum aliquod effugerit. Quoniam quæ Græci πάθη vocant, nobis perturbationes appellari magis placet, quam morbos : in his explicandis veterem illam equidem Pythagoræ primum, deinde Platonis descriptionem sequar; qui animum in duas partes dividunt; alteram rationis participem faciunt, alteram expertem. In participe rationis ponunt tranquillitatem, id est, placidam quietamque constantiam; in illa altera motus turbidos tum iræ, tum

cupiditatis, contrarios inimicosque rationi. Sit igitur hic
fons. Utamur tamen, in his perturbationibus describendis,
stoicorum definitionibus et partitionibus : qui mihi videntur in hac quæstione versari acutissime.

VI. Est igitur Zenonis hæc definitio, ut perturbatio sit,
quod πάθος ille dicit, aversa a recta ratione, contra naturam, animi commotio. Quidam brevius, perturbationem,
esse appetitum vehementiorem ; sed vehementiorem eum
volunt esse, qui longius discesserit a naturæ constantia.
Partes autem perturbationum volunt ex duobus opinatis
bonis nasci, et ex duobus opinatis malis ; ita esse quatuor.
Ex bonis libidinem, et lætitiam : ut sit lætitia, præsentium
bonorum ; libido, futurorum. Ex malis metum, et ægritudinem nasci censent : metum, futuris ; ægritudinem, præsentibus'.Quæ enim venientia metuuntur, eadem afficiunt
ægritudine instantia.

Lætitia autem et libido in bonorum opinione versantur,
quum libido ad id, quod videtur bonum, injecta, et inflammata rapiatur ; lætitia, ut adepta jam aliquid concupitum, efferatur et gestiat. Natura enim omnes ea, quæ
bona videntur, sequuntur, fugiuntque contraria. Quamobrem simul objecta species cujuspiam est, quod bonum
videatur, ad id adipiscendum impellit ipsa natura. Id
quum constanter prudenterque fit, ejusmodi appetitionem
stoici βούλησιν appellant, nos appellamus voluntatem. Eam
illi putant in solo esse sapiente ; quam sic definiunt. Voluntas est, quæ quid cum ratione desiderat. Quæ autem,
ratione adversa, incitata est vehementius, ea libido est,
vel cupiditas effrenata ; quæ in omnibus stultis invenitur :
itemque, quum ita movemur, ut in bono simus aliquo, dupliciter id contingit. Nam quum ratione animus movetur
placide atque constanter, tum illud gaudium dicitur,
quum autem inaniter et effuse animus exsultat, tum illa
lætitia gestiens, vel nimia dici potest ; quam ita definiunt,
sine ratione animi elationem.

Quoniamque, ut bona natura appetimus, sic a malis
natura declinamus : quæ declinatio, quum ratione fiet,
cautio appelletur, eaque intelligatur in solo esse sapiente ;
quæ autem sine ratione, et cum exanimatione humili atque
fracta, nominetur metus. Est igitur metus, ratione adversa, cautio Præsentis utenmal' sapientis affectio,

1

nulla est. Stulti autem ægritudo est ea, qua afficiuntur in malis opinatis, animosque demittunt et contrahunt, rationi non obtemperantes. Itaque hæc prima definitio est, ut ægritudo sit animi, adversante ratione, contractio. Sic quatuor perturbationes sunt, tres constantiæ, quoniam ægritudini nulla constantia opponitur.

VII. Sed omnes perturbationes judicio censent fieri et opinione. Itaque eas definiunt pressius, ut intelligatur non modo quam vitiosæ, sed etiam quam in nostra sint potestate. Est igitur ægritudo, opinio recens mali præsentis, in quo demitti contrahique animo rectum esse videatur. Lætitia, opinio recens boni præsentis, in quo efferri rectum esse videatur. Metus, opinio impendentis mali, quod intolerabile esse videatur. Libido, opinio venturi boni, quod sit ex usu, jam præsens esse atque adesse. Sed quæ judicia, quasque opiniones perturbationum esse dixi, non in eis perturbationes solum positas esse dicunt, verum illa etiam, quæ efficiuntur perturbationibus : ut ægritudo quasi morsum aliquem doloris efficiat; metus, recessum quemdam animi et fugam; lætitia, profusam hilaritatem; libido, effrenatam appetentiam Opinationem autem, quam in omnes definitiones superiores inclusimus, volunt esse imbecillam assensionem.

Sed singulis perturbationibus partes ejusdem generis plures subjiciuntur : ut ægritudini, invidentia (utendum est enim, docendi causa, verbo minus usitato; quoniam invidia non in eo, qui invidet, solum dicitur, sed etiam in eo, cui invidetur), æmulatio, obtrectatio, misericordia, angor, luctus, mœror, ærumna, dolor, lamentatio, sollicitudo, molestia, afflictatio, desperatio, et si quæ sunt de genere eodem. Sub metum autem subjecta sunt pigritia, pudor, terror, timor, pavor, exanimatio, conturbatio, formido. Voluptati malivolentia [lætans malo alieno], delectatio, jactatio, et similia. Libidini ira, excandescentia, odium, inimicitia, discordia, indigentia, desiderium, et cetera ejusmodi. Hæc autem definiunt hoc modo.

VIII. Invidentiam esse dicunt ægritudinem susceptam propter alterius res secundas, quæ nihil noceant invidenti. Nam si quis doleat ejus rebus secundis, a quo ipse lædatur, non recte dicitur invidere; ut si Hectori Agamemno. Qui autem, cui alterius commoda nihil noceant, tamen eum doleat his frui, is invidet profecto. Æmulatio autem dupliciter illa quidem dicitur, ut et in laude, et in vitio nomen hoc sit. Nam et imitatio virtutis, æmulatio dicitur; sed ea nihil hoc loco utimur; est enim laudis: et est æmulatio, ægritudo, si eo, quod concupierit, alius potiatur, ipse careat. Obtrectatio autem est ea, quam intelligi zelotypiam volo, ægritudo ex eo, quod alter quoque potiatur eo, quod ipse concupiverit'. Misericordia est ægritudo ex miseria alterius injuria laborantis : nemo enim parricidæ aut proditoris supplicio misericordia commovetur. Angor, ægritudo premens. Luctus, ægritudo ex ejus, qui carus fuerit, interitu acerbo. Mœror, ægritudo flebilis. Ærumna, ægritudo laboriosa. Dolor, ægritudo crucians. Lamentatio, ægritudo cum ejulatu. Sollicitudo, ægritudo cum cogitatione. Molestia, ægritudo permanens. Afflictatio, ægritudo cum vexatione corporis. Desperatio, ægritudo sine ulla rerum exspectatione meliorum. Quæ autem subjecta sunt sub metu, ea sic definiunt: Pigritiam, metum consequentis laboris; Pudorem et terrorem, metum concutientem, ex quo fit, ut pudorem rubor, terrorem pallor, et tremor, et dentium crepitus consequatur; Timorem, metum mali appropinquantis; Pavorem, metum mentem loco moventem, ex quo illud Ennii,

　　Tum pavor sapientiam omnem mihi ex animo expectorat;

Exanimationem, metum subsequentem, et quasi comitem pavoris; Conturbationem, metum excutientem cogitata; Formidinem, metum permanentem.

IX. Voluptatis autem partes hoc modo describunt, ut Malivolentia sit voluptas ex malo alterius sine emolumento suo; Delectatio, voluptas suavitate auditus animum deleniens. Et, qualis est hæc aurium, tales sunt oculorum, et tactionum, et odorationum, et saporum : quæ sunt omnes unius generis, ad perfundendum animum tamquam illiquefactæ voluptates. Jactatio est voluptas gestiens, et se efferens insolentius. Quæ autem libidini subjecta sunt, ea sic definiuntur, ut Ira sit libido pœniendi ejus, qui videatur læsisse injuria; Excandescentia autem sit ira nascens, et modo exsistens, quæ θύμωσι græce dicitur; Odium, ira inveterata; Inimicitia, ira ulciscendi tempus observans; Discordia, ira acerbior, intimo odio et corde concepta;

Indigentia, libido inexplebilis; Desiderium, libido ejus, qui nondum adsit, videndi. Distinguunt illud etiam, ut sit libido earum rerum, quæ dicuntur de quodam, aut quibusdam : quæ κατηγορήματα dialectici appellant; ut habere divitias, capere honores. Indigentia, libido rerum ipsarum est, ut honorum, ut pecuniæ.

Omnium autem perturbationum fontem esse dicunt, intemperantiam : quæ est a tota mente, et a recta ratione defectio, sic aversa a præscriptione rationis, ut nullo modo appetitiones animi nec regi, nec contineri queant. Quemadmodum igitur temperantia sedat appetitiones, et efficit, ut eæ rectæ rationi pareant, conservatque considerata judicia mentis : sic huic inimica intemperantia, omnem animi statum inflammat, conturbat, incitat. Itaque et ægritudines, et metus, et reliquæ perturbationes omnes gignuntur ex ea.

X. Quemadmodum quum sanguis corruptus est, aut pituita redundat, aut bilis, in corpore morbi ægrotationesque nascuntur; sic pravarum opinionum conturbatio, et ipsarum inter se repugnantia, sanitate spoliat animum, morbisque perturbat. Ex perturbationibus autem primum morbi conficiuntur, quæ vocant illi νοσήματα, eaque, quæ sunt eis morbis contraria; quæ habent ad res certas vitiosam offensionem atque fastidium : deinde ægrotationes, quæ appellantur a stoicis ἀῤῥωστήματα, hisque item oppositæ contrariæ offensiones. Hoc loco nimium operæ consumitur a stoicis, maxime a Chrysippo, dum morbis corporum comparatur morborum animi similitudo. Qua oratione prætermissa minime necessaria, ea, quæ rem continent, pertractemus. Intelligatur igitur, perturbationem, jactantibus se opinionibus inconstanter et turbide, in motu esse semper : quum autem hic fervor concitatioque animi inveteraverit, et tamquam in venis medullisque insederit, tum exsistit et morbus, et ægrotatio, et offensiones eæ, quæ sunt eis morbis ægrotationibusque contrariæ.

XI. Hæc, quæ dico, cogitatione inter se differunt; re quidem copulata sunt; eaque oriuntur ex libidine et lætitia. Nam quum est concupita pecunia, nec adhibita continuo ratio, quasi quædam Socratica medicina, quæ sanaret eam cupiditatem : permanat in venas, et inhæret in visceribus illud malum, exsistitque morbus, et ægrotatio,

quæ avelli inveterata non possit : eique morbo nomen est
avaritia. Similiterque ceteri morbi, ut gloriæ cupiditas,
at mulierositas, ut ita appellem eam, quæ græce φιλογύ-
νεια dicitur, ceterique similiter morbi ægrotationesque nascuntur. Quæ autem sunt his contraria, ea nasci putantur
a metu; ut odium mulierum, quale in μισογύνῳ Attilii est[1];
ut in hominum universum genus, quod accepimus de Ti-
mone[2], qui μισάνθρωπος appellatur; ut inhospitalitas est.
Quæ omnes ægrotationes animi ex quodam metu nascuntur earum rerum, quas fugiunt et oderunt. Definiunt autem animi ægrotationem, opinationem vehementem de re
non expetenda, tamquam valde expetenda, inhærentem et
penitus insitam. Quod autem nascitur ex offensione, ita
definiunt, opinionem vehementem de re non fugienda,
inhærentem et penitus insitam, tamquam fugienda. Hæc
autem opinatio est judicare se scire, quod nesciat. Ægro-
tationi autem talia quædam subjecta sunt, avaritia, am-
bitio, mulierositas, pervicacia, ligurritio, vinolentia,
cupedia, et si qua similia. Est autem avaritia, opinatio
vehemens de pecunia, quasi valde expetenda, inhærens et
penitus insita : similisque est ejusdem generis definitio reliquarum. Offensionum autem definitiones sunt ejusmodi,
ut inhospitalitas sit opinio vehemens, valde fugiendum esse
hospitem, eaque inhærens et penitus insita. Similiterque
definitur et mulierum odium, ut Hippolyti; et, ut Time-
nis, generis humani.

XII. Atque ut ad valitudinis similitudinem veniamus,
eaque collatione utamur aliquando, sed parcius, quam
solent stoici : ut sunt alii ad alios morbos procliviores
(itaque dicimus gravedinosos quosdam, quosdam tormino-
sos, non quia jam sint, sed quia sæpe sint); sic alii ad
metum, alii ad aliam perturbationem. Ex quo in aliis
anxietas, unde anxii; in aliis iracundia dicitur, quæ ab
ira differt : estque aliud iracundum esse, aliud iratum; ut
differt anxietas ab angore. Neque enim omnes anxii, qui
anguntur aliquando; nec qui anxii, semper anguntur : ut
inter ebrietatem, et ebriositatem interest; aliudque est
amatorem esse, aliud amantem. Atque hæc aliorum ad
alios morbos proclivitas late patet : nam pertinet ad omnes
perturbationes. In multis etiam vitiis apparet, sed nomen
res non habet. Ergo et invidi, et malivoli, et lividi, et

timidi, et misericordes, quia proclives ad eas perturbationes, non quia semper feruntur. Hæc igitur proclivitas ad
suum quodque genus, a similitudine corporis ægrotatio
dicatur, dum ea intelligatur ad ægrotandum proclivitas.
Sed hæc in bonis rebus, quod alii ad alia bona sunt aptio-
res, facilitas nominetur; in malis proclivitas, ut significet
lapsionem · in neutris habeat superius nomen.

XIII. Quo modo autem in corpore est morbus, est ægrotatio et vitium; sic in animo. Morbum appellant totius
corporis corruptionem; ægrotationem, morbum cum imbecillitate; vitium, quum partes corporis inter se dissident :
ex quo pravitas membrorum, distortio, deformitas. Itaque illa duo, morbus, et ægrotatio, ex totius valitudinis
corporis conquassatione et perturbatione gignuntur; vitium autem, integra valitudine, ipsum ex se cernitur.
Sed in animo tantummodo cogitatione possumus morbum
ab ægrotatione sejungere. Vitiositas autem est habitus, aut
affectio in tota vita inconstans, et a se ipsa dissentiens.
Ita fit, ut in altera, corruptione opinionum morbus efficiatur et ægrotatio; in altera, inconstantia et repugnantia.
Non enim omne vitium partes habet dissentientes; ut eorum, qui non longe a sapientia absunt, affectio est illa
quidem discrepans sibi ipsa, dum est insipiens, sed non
distorta, nec prava'. Morbi autem, et ægrotationes, partes
sunt vitiositatis; sed perturbationes sintne ejusdem partes,
quæstio est. Vitia enim, affectiones sunt manentes ; perturbationes autem, moventes, ut non possint affectionum
manentium partes esse.

Atque ut in malis attingit animi naturam corporis similitudo, sic in bonis. Sunt enim in corpore præcipua²,
pulchritudo, vires, valitudo, firmitas, velocitas : sunt
item in animo. Ut enim corporis temperatio, quum ea con-
gruunt inter se, e quibus constamus : sanitas sic animi dicitur, quum ejus judicia opinionesque concordant, eaque
animi est virtus; quam alii ipsam temperantiam dicunt esse,
alii obtemperantem temperantiæ præceptis, et eam subsequentem, nec habentem ullam speciem suam : sed sive
hoc, sive illud sit, in solo esse sapiente. Est autem quædam animi sanitas, quæ in insipientem etiam cadat, quum
curatione medicorum turbatio mentis aufertur. Et, ut corporis est quædam apta figura membrorum, cum coloris

quadam suavitate; eaque dicitur pulchritudo : sic in animo, opinionum judiciorumque æquabilitas et constantia, cum firmitate quadam et stabilitate virtutem subsequens, aut virtutis vim ipsam continens, pulchritudo vocatur. Itemque viribus corporis, et nervis, et efficacitati similes, similibus verbis animi vires nominantur. Velocitas autem corporis, celeritas appellatur : quæ eadem ingenii etiam laus habetur propter animi multarum rerum brevi tempore percussionem.

XIV. Illud animorum corporumque dissimile, quod animi valentes morbo tentari non possunt; corpora possunt '. Sed corporum offensiones sine culpa accidere possunt, animorum non item : quorum omnes morbi et perturbationes ex aspernatione rationis eveniunt. Itaque in hominibus solum exsistunt. Nam bestiæ simile quiddam faciunt, sed in perturbationes non incidunt. Inter acutos autem, et inter hebetes interest, quod ingeniosi, ut æs Corinthium in æruginem, sic illi in morbum et incidunt tardius, et recreantur ocius ; hebetes non item. Nec vero in omnem morbum ac perturbationem animus ingeniosi cadit. Non enim multa efferata, et immania : quædam autem humanitatis quoque habent primam speciem, ut misericordia, ægritudo, metus. Ægrotationes autem morbique animorum difficilius evelli posse putantur, quam summa illa vitia, quæ virtutibus sunt contraria. Morbis enim manentibus, vitia sublata esse possunt, qui non tam celeriter sanantur, quam illa tolluntur.

Habes ea, quæ de perturbationibus enucleate disputant stoici, quæ logica appellant, quia disseruntur subtilius. Ex quibus quoniam tamquam e scrupulosis cotibus enavigavit oratio, reliquæ disputationis cursum teneamus : modo satis illa ·dilucide dixerimus, pro rerum obscuritate. — Aud. Prorsus satis : sed si qua diligentius erunt cognoscenda, quæremus alias ; nunc vela, quæ modo dicebas, exspectamus et cursum.

XV. Cic. Quando et aliis locis de virtute diximus, et sæpe dicendum erit (pleræque enim quæstiones, quæ ad vitam moresque pertinent, a virtutis fonte ducuntur), quando igitur virtus est affectio animi constans convenicusque, laudabiles efficiens eos, in quibus est, et ipsa per se, sua sponte, separata etiam utilitate, laudabilis;

ex ' ea proficiscuntur honestæ voluntates, sententiæ, actiones, omnisque recta ratio : quamquam ipsa virtus brevissime recta ratio dici potest. Hujus igitur virtutis contraria est vitiositas. Sic enim malo, quam malitiam appellare eam, quam Græci κακίαν appellant : nam malitia, certi cujusdam vitii nomen est; vitiositas, omnium. Ex qua concitantur perturbationes, quæ sunt, ut paullo ante diximus, turbidi animorum concitatique motus, aversi a ratione, et inimicissimi mentis vitæque tranquillæ. Important enim ægritudines anxias atque acerbas, animosque affligunt et debilitant metu. Iidem inflammant appetitione nimia; quam tum cupiditatem, tum libidinem dicimus, impotentiam quamdam animi, a temperantia et moderatione plurimum dissidentem. Quæ si quando adepta est id, quod ei fuerat concupitum, tum fert alacritatem, ut nihil esse constet, quod agat : ut ille, qui voluptatem animi nimiam, summum esse errorem arbitratur. Eorum igitur malorum in una virtute posita sanatio est.

XVI. Quid autem est non miserius solum, sed fœdius etiam, et deformius, quam ægritudine quis afflictus, debilitatus, jacens? Cui miseriæ proximus est is, qui appropinquans aliquod malum metuit, exanimatusque pendet animi. Quam vim mali significantes poetæ, impendere apud inferos saxum Tantalo ' faciunt, « ob scelera, animique impotentiam, et superbiloquentiam ; » ea communis pœna stultitiæ est. Omnibus enim, quorum mens abhorret a ratione, semper aliquis talis terror impendet. Atque ut hæ tabificæ mentis perturbationes sunt, ægritudinem dico et metum : sic hilariores illæ, cupiditas, avide semper aliquid expetens, et inanis alacritas, id est, lætitia gestiens, non multum differunt ab amentia. Ex quo intelligitur, qualis ille sit, quem tum moderatum, alias modestum, temperantem, alias constantem continentemque dicimus. Nonnumquam hæc eadem vocabula ad frugalitatis nomen, tamquam ad caput, referre volumus. Quod nisi eo nomine virtutes continerentur, numquam ita per illud vulgatum esset, ut jam proverbii locum obtineret, hominem frugi omnia recte facere. Quod idem quum stoici de sapiente dicunt, nimis admirabiliter, nimisque magnifice dicere videntur.

XVII. Ergo is, quisquis est, qui moderatione et constantia quietus animo est, sibique ipse placatus, ut nec tabescat molestiis, nec frangatur timore, nec sitienter quid expetens ardeat desiderio, nec alacritate futili gestiens deliquescat, is est sapiens, quem quærimus, is est beatus: cui nihil humanarum rerum aut intolerabile ad demittendum animum, aut nimis lætabile ad efferendum videri potest. Quid enim videatur ei magnum in rebus humanis, cui æternitas omnis, totiusque mundi nota sit magnitudo? Nam quid aut in studiis humanis, aut in tam exigua brevitate vitæ magnum sapienti videri potest, qui semper animo sic excubat, ut ei nihil improvisum accidere possit, nihil inopinatum, nihil omnino novum? Atque idem ita acrem in omnes partes aciem intendit, ut semper videat sedem sibi ac locum sine molestia atque angore vivendi, ut quemcumque casum fortuna invexerit, hunc apte et quiete ferat. Quod qui faciet, non ægritudine solum vacabit, sed etiam perturbationibus reliquis omnibus. His autem vacuus animus, perfecte atque absolute beatos efficit; idemque concitatus, et abstractus ab integra certaque ratione, non constantiam solum amittit, verum etiam sanitatem. Quocirca mollis et enervata putanda est peripateticorum ratio et oratio, qui perturbari animos necesse esse dicunt, sed adhibent modum quemdam, quem ultra progredi non oporteat[1]. Modum tu adhibes vitio? an vitium nullum est, non parere rationi? an ratio parum præcipit, nec bonum illud esse, quod aut cupias ardenter, aut adeptus efferas te insolenter? nec porro malum, quo aut oppressus jaceas, aut, ne opprimare, mente vix constes? eaque omnia aut nimis tristia, aut nimis læta errore fieri? qui si error stultis extenuetur die, ut, quum res eadem maneat, aliter ferant inveterata, aliter recentia; sapientes ne attingat quidem omnino. Etenim quis erit tandem modus iste? Quæramus enim modum ægritudinis; in quo operæ plurimum ponitur. Ægre tulisse P. Rupilium fratris[2] repulsam consulatus, scriptum apud Fannium est. Sed tamen transisse videtur modum, quippe qui ob eam causam a vita recesserit: moderatius igitur ferre debuit. Quid si, quum id ferret modice, mors liberorum accessisset? Nata esset ægritudo nova; sed ea modica: magna tamen facta esset accessio. Quid si deinde dolores graves corporis, si bonorum amissio, si cæcitas, si exsilium, si pro singulis malis ægritudines accederent? Summa ea fieret, quæ non sustineretur.

XVIII. Qui modum igitur vitio quærit, similiter facit, ut si posse putet eum, qui se e Leucata præcipitaverit, sustinere se, quum velit. Ut enim id non potest; sic animus perturbatus et incitatus nec cohibere se potest, nec, quo loco vult, insistere omnino : quæque crescentia perniciosa sunt, eadem sunt vitiosa nascentia. Ægritudo autem, ceteræque perturbationes, amplificatæ certe pestiferæ sunt. Igitur etiam susceptæ, continuo in magna pestis parte versantur. Etenim ipsæ se impellunt, ubi semel a ratione discessum est; ipsaque sibi imbecillitas indulget, in altumque provehitur imprudens, nec reperit locum consistendi. Quamobrem nihil interest, utrum moderatas perturbationes approbent, an moderatam injustitiam, moderatam ignaviam, moderatam intemperantiam. Qui enim vitiis modum apponit, is partem suscipit vitiorum. Quod quum ipsum per se odiosum est, tum eo molestius, quia sunt in lubrico, incitataque semel proclive labuntur, sustinerique nullo modo possunt.

XIX. Quid? quod iidem peripatetici perturbationes istas, quas nos exstirpandas putamus, non modo naturales esse dicunt, sed etiam utiliter a natura datas? Quorum est talis oratio. Primum multis verbis iracundiam laudant; cotem fortitudinis esse dicunt; multoque et in hostem, et in improbum civem vehementiores iratorum impetus esse; leves autem ratiunculas eorum, qui ita cogitarent : « Prœlium rectum est hoc fieri; convenit dimicare pro legibus, pro libertate, pro patria ». Hæc nullam habent vim, nisi ira excanduit fortitudo. Nec vero de bellatoribus solum disputant : imperia severiora nulla esse putant sine aliqua acerbitate iracundiæ. Oratorem denique non modo accusantem, sed ne defendentem quidem probant sine aculeis iracundiæ : quæ etiam si non adsit, tamen verbis atque motu simulandam arbitrantur, ut auditoris iram oratoris incendat actio. Virum denique videri negant, qui irasci nesciat; eamque, quam lenitatem nos dicimus, vitioso lentitudinis nomine appellant.

Nec vero solum hanc libidinem laudant (est enim ira, ut modo definivi ulciscendi libido), sed ipsum illud ge-

nus vel libidinis, vel cupiditatis ad summam utilitatem
esse dicunt a natura datum : nihil enim quemquam, nisi
quod libeat, præclare facere posse. Noctu ambulabat in
publico Themistocles, quod somnum capere non posset;
quærentibusque respondebat, Miltiadis tropæis se e somno
suscitari. Cui non sunt auditæ Demosthenis vigiliæ ? qui
dolere se aiebat, si quando opificum antelucana victus
esset industria. Philosophiæ denique ipsius principes numquam in suis studiis tantos progressus sine flagranti cupiditate facere potuissent. Ultimas terras lustrasse Pythagoram, Democritum, Platonem accepimus. Ubi enim quid
esset, quod disci posset, eo veniendum judicaverunt [1].
Num putamus hæc fieri sine summo cupiditatis ardore potuisse?

XX. Ipsam ægritudinem, quam nos ut tetram et immanem belluam, fugiendam esse diximus, non sine
magna utilitate a natura dicunt constitutam, ut homines
castigationibus, reprehensionibus, ignominiis affici se in
delicto dolerent. Impunitas enim peccatorum data videtur
eis, qui ignominiam et infamiam ferunt sine dolore. Mor-
deri est melius conscientia. Ex quo est illud e vita ductum
ab Afranio [2]. Nam quum dissolutus filius,

Heu me miserum!

tum severus pater,

Dummodo doleat aliquid, doleat quod lubet.

Reliquas quoque partes ægritudinis, utiles esse dicunt,
misericordiam ad opem ferendam, et calamitates hominum
indiguorum sublevandas ; ipsum illud æmulari, obtrectare,
non esse inutile, quum aut se non idem videat consecu-
tum, quod alium, aut alium idem, quod se ; metum vero
si quis sustulisset, omnem vitæ diligentiam sublatam fore,
quæ summa esset in eis, qui leges, qui magistratus, qui
paupertatem, qui ignominiam, qui mortem, qui dolorem
timerent. Hæc tamen ita disputant, ut resecanda esse
fateantur, evelli penitus dicant nec posse, nec opus esse :
ut in omnibus fere rebus mediocritatem esse optimam
existiment. Quæ quum exponunt, nihilne tibi videntur,

an aliquid dicere?—Aud. Mihi vero dicero aliquid; itaque exspecto, quid ad ista.

XXI. Cic. Reperiam fortasse : sed illud ante. Videsne, quanta fuerit apud academicos verecundia? Plane enim dicunt, quod ad rem pertineat. Peripateticis respondetur a stoicis. Digladientur illi, per me licet : cui nihil est necesse, nisi ubi sit illud, quod verisimillimum videatur, anquirere. Quid est igitur, quod occurrat in hac quæstione, quo possit attingi aliquid verisimile, quo longius mens humana progredi non potest? Definitio perturbationis : qua recte Zenonem usum puto. Ita enim definit, ut perturbatio sit adversa ratione, contra naturam, animi commotio; vel brevius, ut perturbatio sit appetitus vehementior; vehementior autem intelligatur is, qui procul absit a naturæ constantiâ. Quid ad has definitiones possim dicere? Atqui hæc pleraque sunt prudenter acuteque disserentium : illa quidem ex rhetorum pompa, « ardores animorum cotesque virtutum. » An vero vir fortis, nisi stomachari cœperit, non potest fortis esse? Gladiatorum id quidem. Quamquam in eis ipsis videmus sæpe constantiam. Colloquuntur, congrediuntur, queruntur, aliquid postulant, ut magis placati, quam irati esse videantur. Sed in illo genere sit sane l'acideianus [1] aliquis hoc animo, ut narrat Lucilius :

> Occidam illum equidem, et vincam, si id quæritis, inquit :
> Verum illud credo fore, in os prius accipiam ipse,
> Quam gladium in stomacho, sura, ac pulmonibu' sisto.
> Odi hominem; iratus pugno; nec longiu' quidquam
> Nobis, quam dextræ gladium dum accommodet alter :
> Usque adeo studio atque odio illius efferor ira.

XXII. At sine hac gladiatoria iracundia videmus progredientem apud Homerum [2] Ajacem multa cum hilaritate, quum depugnaturus esset cum Hectore : cujus, ut arma sumpsit, ingressio lætitiam attulit sociis, terrorem autem hostibus : ut ipsum Hectorem, quemadmodum est apud Homerum, toto pectore trementem provocasse ad pugnam pœniteret. Atque hi collocuti inter se, priusquam manum consererent, leniter et quiete, nihil ne in ipsa quidem pugna iracunde, rabioseve fecerunt. Ego ne Torquatum quidem illum, qui hoc cognomen invenit, iratum existimo Gallo torquem detraxisse; nec Marcellum apud Clastidium ideo fortem fuisse, quia fuerit iratus. De Africano quidem,

quia notior est nobis propter recentem memoriam, vel
jurare possum, non illum iracundia tum inflammatum
fuisse, quum in acie M. Halienum Pelignum scuto pro
texerit, gladiumque hosti in pectus infixerit. De L. Bruto
fortasse dubitarim, an propter infinitum odium tyranni
effrenatius in Aruntem invaserit: video enim utrumque
cominus ictu cecidisse contrario '. Quid igitur huc adhi-
betis iram? an fortitudo, nisi insanire c . perit, impetus
suos non habet? Quid? Herculem, quem in cœlum ista
ipsa, quam vos iracundiam esse vultis, sustulit fortitudo,
iratumne censes conflixisse cum Erymanthio apro, aut
leone Nemeæo? an etiam Theseus Marathonii tauri cornua
comprehendit iratus? Vide, ne fortitudo minime sit rabiosa,
sitque iracundia tota levitatis. Neque enim est illa fortitudo, quæ rationis est expers.

XXIII. Contemnendæ res sunt humanæ; negligenda
mors est; patibiles et dolores, et labores putandi. Hæc
quum constituta sunt judicio atque sententia, tum est
robusta illa, et stabilis fortitudo : nisi forte quæ vehementer, acriter, animose fiunt, iracunde fieri suspicamur.
Mihi ne Scipio quidem ille, pontifex maximus ', qui hoc
stoicorum verum esse declaravit, « numquam privatum
esse sapientem, » iratus videtur fuisse Tib. Graccho, tum,
quum consulem languentem reliquit, atque ipse privatus,
ut si consul esset, qui rempublicam salvam esse vellet, se
sequi jussit. Nescio, ecquid ipsi nos fortiter in republica
fecerimus : si quid fecimus, certe irati non fecimus. An
est quidquam similius insaniæ, quam ira? quam bene Ennius initium dixit insaniæ. Color, vox, oculi, spiritus, im-
potentia dictorum atque factorum, quam partem habent sa-
nitatis? Quid Achille Homerico fœdius? quid Agamemnone,
in jurgio? Nam Ajacem quidem ira ad furorem mortemque
perduxit. Non igitur desiderat fortitudo advocatam iracundiam : satis est instructa, armata, parata per sese.
Nam isto modo quidem licet dicere, utilem vinolentiam
ad fortitudinem, utilem etiam dementiam, quod et in-
sani, et ebrii multa faciunt sæpe vehementius. Semper
Ajax fortis; fortissimus tamen in furore ·

Nam facinus fecit maximum, quum, Danais inclinantibus,
Summam rem perfecit manus, prœlium restituit insaniens ³.

Dicamus igitur utilem insaniam. Tracta definitionem fortitudinis; intelliges, eam stomacho non egero.

XXIV. Fortitudo est igitur, affectio animi legi summæ in perpetiendis rebus obtemperans; vel conservatio stabilis judicii in eis rebus, quæ formidolosæ videntur, subeundis, et repellendis; vel scientia rerum formidolosarum, contrariarumque, perferendarum, aut omnino negligendarum, conservans earum rerum stabile judicium; vel brevius, ut Chrysippus. Nam superiores definitiones erant Sphæri[1], hominis in primis bene definientis, ut putant stoici : sunt enim omnino omnes fere similes; sed declarant communes notiones, alia magis alia. Quo modo igitur Chrysippus? Fortitudo est, inquit, scientia perferendarum rerum, vel affectio animi, in patiendo ac perferendo, summæ legi parens sine timore. Quamvis licet insectemur istos, ut Carneades solebat : metuo, ne soli philosophi sint. Quæ enim istarum definitionum non aperit notionem nostram, quam habemus omnes de fortitudine, tectam, atque involutam? Qua aperta, quis est, qui aut bellatori, aut imperatori, aut oratori quærat aliquid, neque eos existimet sine rabie quidquam fortiter facere posse?. Quid? stoici, qui omnes insipientes insanos esse dicunt, nonne ista colligunt? Remove perturbationes, maximeque iracundiam : jam videbuntur monstra dicere. Nunc autem ita disserunt, sic se dicere, omnes stultos insanire, ut male olere omne cœnum. At non semper. Commove : senties. Sic iracundus non semper iratus est. Lacesse : jam videbis furentem. Quid? ista bellatrix iracundia, quum domum rediit, qualis est cum uxore? cum liberis? cum familia? an tum quoque est utilis? Est igitur aliquid, quod perturbata mens melius possit facere, quam constans? An quisquam potest sine perturbatione mentis irasci? Bene igitur nostri, quum omnia essent in moribus vitia, quod nullum erat iracundia fœdius, iracundos solos, morosos nominaverunt.

XXV. Oratorem vero irasci minime decet; simulare non dedecet. An tibi irasci tum videmur, quum quid in causis acrius et vehementius dicimus? Quid? quum jam rebus transactis et præteritis orationes scribimus, num irati scribimus?

Et quis hoc animadvertit? Vincite,

num aut egisse umquam iratum Æsopum, aut scripsisse existimamus iratum Attium? Aguntur ista præclare, et ab oratore quidem melius, si modo est orator, quam ab ullo histrione, sed aguntur leniter, et mente tranquilla.

Libidinem vero laudare, cujus est libidinis? Themistoclem mihi et Demosthenem profertis; additis Pythagoram, Democritum, Platonem. Quid? vos studia libidinem vocatis? quæ vel optimarum rerum, ut ea sunt, quæ profertis, sedata tamen et tranquilla esse debent. Jam ægritudinem laudare, unam rem maxime detestabilem, quorum est tandem philosophorum? At commode dixit Afranius,

Dummodo doleat aliquid, doleat quod lubet.

Dixit enim de adolescente perdito ac dissoluto ; nos autem de constanti viro ac sapienti quærimus. Et quidem ipsam illam iram centurio habeat, aut signifer, vel ceteri, de quibus dici non necesse est, ne rhetorum aperiamus mysteria. Utile est enim uti motu animi, qui uti ratione non potest ; nos autem, ut testificor sæpe, de sapiente quærimus.

XXVI. At etiam æmulari utile est, obtrectare, misereri. Cur misereare potius, quam feras opem, si id facere possis? An sine misericordia liberales esse non possumus? Non enim suscipere ipsi ægritudines propter alios debemus, sed alios, si possumus, levare ægritudine. Obtrectare vero alteri, aut illa vitiosa æmulatione, quæ rivalitati similis est, æmulari, quid habet utilitatis, quum sit æmulantis, angi alieno bono, quod ipse non habeat ; obtrectantis autem, angi alieno bono, quod id etiam alius habeat? Qui id approbari possit, te ægritudinem suscipere pro experientia, si quid habere velis? Nam solum habere velle, summa dementia est.

Mediocritates autem malorum quis laudare recte possit? Quis enim potest, in quo libido cupiditasve sit, non libidinosus et cupidus esse? in quo ira, non iracundus? in quo angor, non anxius? in quo timor, non timidus? Libidinosum igitur, et cupidum, et iracundum, et anxium, et timidum censemus esse sapientem? De cujus excellentia multa quidem dici quamvis fuse lateque possint; sed brevissime illo modo, sapientiam esse rerum divinarum et humana-

rum scientiam, cognitionemque, quæ cujusque rei causa
sit. Ex quo efficitur, ut divina imitetur, humana omnia
inferiora virtute ducat. In hanc tu igitur, tamquam in
mare, quod est ventis subjectum, perturbationem cadere
tibi dixisti videri? Quid est, quod tantam gravitatem
constantiamque perturbet? an improvisum aliquid, aut
repentinum? Quid potest accidere tale, et cui nihil, quod
homini evenire possit? Nam quod aiunt, nimia resecari
oportere, naturalia relinqui : quid tandem potest esse naturale, quod idem nimium esse possit? Sunt enim omnia
ista ex errorum orta radicibus : quæ evellenda et extra
henda penitus, non circumcidenda, nec amputanda sunt.

XXVII. Sed quoniam suspicor, te non tam de sapiente,
quam de te ipso quærere (illum enim putas omni perturbatione esse liberum, te vis); videamus, quanta sint,
quæ a philosophia remedia morbis animorum adhibean-
tur. Est enim quædam medicina certe : nec tam fuit hominum generi infensa atque inimica natura, ut corporibus
tot res salutares, animis nullam invenerit. De quibus hoc
etiam est merita melius, quod corporum adjumenta adhi-
bentur extrinsecus, animorum salus inclusa in his ipsis
est. Sed quo major est in eis præstantia, et divinior, eo
majore indigent diligentia. Itaque bene adhibita ratio cernit, quid optimum sit; neglecta, multis implicatur erroribus. Ad te igitur mihi jam convertenda omnis oratio
est. Simulas enim quærere te de sapiente ; quæris autem
fortasse de te.

Earum igitur perturbationum, quas exposui, variæ
sunt curationes. Nam neque omnis ægritudo una ratione
sedatur : alia est enim lugenti, alia miseranti, alia invidenti adhibenda medicina. Est etiam in omnibus quatuor
perturbationibus illa distinctio : utrum ad universam perturbationem, quæ est aspernatio rationis, aut appetitus
vehementior ; an ad singula, ut ad metum, libidinem,
reliquasque melius adhibeatur oratio : et, utrum illudne
non videatur ægre ferendum, ex quo suscepta sit ægritudo, an omnium rerum tollenda omnino ægritudo : ut,
si quis ægre ferat, se pauperem esse, idne disputes, paupertatem malum non esse, an hominem ægre ferre nihil
oportere. Nimirum hoc melius : ne, si forte de paupertate non persuaseris, sit ægritudini concedendum : ægri-

tudine autem sublata propriis rationibus, quibus heri usi sumus, quodam modo etiam paupertatis malum tollitur.

XXVIII. Sed omnis ejusmodi perturbatio, animi placatione abluatur illa quidem, quum doceas, nec bonum illud esse, ex quo lætitia, aut libido oriatur; nec malum, ex quo aut metus, aut ægritudo : verumtamen hæc est certa et propria sanatio, si doceas, ipsas perturbationes per se esse vitiosas, nec habere quidquam aut naturale, aut necessarium : ut ipsam ægritudinem leniri videmus, quum objicimus mœrentibus imbecillitatem animi effeminati, quumque eorum gravitatem constantiamque laudamus, qui non turbulente humana patiantur. Quod quidem solet eis etiam accidere, qui illa mala esse censent, ferenda tamen æquo animo arbitrantur. Putat aliquis, esse voluptatem bonum; alius autem, pecuniam : tamen et ille ab intemperantia, et hic ab avaritia avocari potest Illa autem altera ratio et oratio, quæ simul et opinionem falsam tollit, et ægritudinem detrahit, est ea quidem subtilior ; sed raro proficit, neque est ad vulgus adhibenda. Quædam autem sunt ægritudines, quas levare illa medicina nullo modo possit : ut si quis ægre ferat, nihil in se esse virtutis, nihil animi, nihil officii, nihil honestatis ; propter mala is quidem angatur, sed alia quædam sit ad eum admovenda curatio, et talis quidem, quæ possit esse omnium, etiam de ceteris rebus discrepantium, philosophorum. Inter omnes enim convenire oportet, commotiones animorum, a recta ratione aversas, esse vitiosas : ut, etiam si mala sint illa, quæ metum, ægritudinemve ; bona, quæ cupiditatem, lætitiamve moveant, tamen sit vitiosa ipsa commotio. Constantem enim quemdam volumus, sedatum, gravem, humana omnia prementem, illum esse, quem magnanimum et fortem virum dicimus. Talis autem nec mœrens, nec timens, nec cupiens, nec gestiens esse quisquam potest : eorum enim hæc sunt, qui eventus humanos superiores, quam suos animos esse ducunt.

XXIX. Quare omnium philosophorum, ut ante dixi, una ratio est medendi, ut nihil, quale sit illud, quod perturbet animum, sed de ipsa sit perturbatione dicendum. Itaque primum in ipsa cupiditate, quum id solum agitur, ut ea tollatur, non est quærendum, bonum illud, necne sit, quod libidinem moveat : sed libido ipsa tollenda est ; ut, sive, quod honestum est, id sit summum bonum, sive voluptas, sive horum utrumque conjunctum, sive illa tria genera bonorum; tamen, etiam si virtutis ipsius vehementior appetitus sit, eadem sit omnibus ad deterrendum adhibenda oratio. Continet autem omnem sedationem animi, humana in conspectu posita natura : quæ quo facilius expressa cernatur, explicanda est oratione communis conditio, lexque vitæ. Itaque non sine causa, quum Orestem fabulam doceret Euripides, primos tres versus revocasse dicitur Socrates :

Neque tam terribilis ulla fando oratio est,
Nec sors, nec ira cœlitum invectum malum,
Quod non natura humana patiendo efferat [1].

Est autem utilis ad persuadendum, ea, quæ acciderint, ferri et posse, et oportere, enumeratio eorum qui tulerunt. Etsi ægritudinis sedatio et hesterna disputatione explicata est, et in Consolationis libro, quem in medio (non enim sapientes eramus) mœrore et dolore conscripsimus : quodque vetat Chrysippus, ad recentes quasi tumores animi, remedium adhibere, id nos fecimus, naturæque vim attulimus, ut magnitudini medicinæ doloris magnitudo concederet.

XXX. Sed ægritudini, de qua satis est disputatum, finitimus est metus; de quo pauca dicenda sunt. Est enim metus, ut ægritudo, præsentis; sic ille, futuri mali. Itaque nonnulli ægritudinis partem quamdam metum esse dicebant. Alii autem metum, præmolestiam appellabant, quod esset quasi dux consequentis molestiæ. Quibus igitur rationibus instantia feruntur, eisdem contemnuntur sequentia. Nam videndum est in utrisque, ne quid humile, summissum, molle, effeminatum, fractum, abjectumque faciamus. Sed quamquam de ipsius metus inconstantia, imbecillitate, levitate dicendum est : tamen multum prodest, ea, quæ metuuntur, ipsa contemnere. Itaque, sive casu accidit, sive consilio, percommode factum est, quod eis de rebus, quæ maxime metuuntur, de morte et de dolore, primo et proximo die disputatum est. Quæ si probata sunt, metu magna ex parte liberati sumus.

XXXI. Ac de malorum opinione, hactenus : videamus nunc de bonorum, id est, de lætitia et de cupiditate. Mihi quidem in tota ratione ea, quæ pertinet ad animi perturbationes, una res videtur causam continere, omnes eas esse in nostra potestate, omnes judicio susceptas, omnes voluntarias. Ilic igitur error est eripiendus, hæc detrahenda opinio : atque, ut, in malis opinatis tolerabilia; sic, in bonis, sedatiora sunt efficienda ea, quæ magna et lætabilia dicuntur. Atque hoc quidem commune malorum et bonorum : ut, si jam difficile sit persuadere, nihil earum rerum, quæ perturbent animum, aut in bonis, aut in malis esse habendum, tamen alia ad alium motum curatio sit adhibenda, aliaque ratione malivolus, alia amator, alia rursus anxius, alia timidus, corrigendus. Atque erat facile, sequentem eam rationem, quæ maxime probatur de bonis et malis, negare umquam lætitia affici posse insipientem, quod nihil umquam haberet boni. Sed loquimur nunc more communi. Sint sane ista bona, quæ putantur, honores, divitiæ, voluptates, cetera : tamen in eis ipsis potiundis exsultans gestiensque lætitia turpis est : ut, si ridere concessum sit, vituperetur tamen cachinnatio. Eodem enim vitio est effusio animi in lætitia, quo, in dolore, contractio; eademque levitate cupiditas est in appetendo, qua lætitia in fruendo; et ut nimis afflicti molestia, sic nimis elati lætitia jure judicantur leves. Et quum invidere, ægritudinis sit; malis autem alienis voluptatem capere, lætitiæ : utrumque immanitate, et feritate quadam proponenda, castigari solet. Atque ut confidere decet, timere non decet: sic gaudere decet, lætari non decet; quoniam docendi causa, a gaudio lætitiam distinguimus. Illud jam supra diximus, contractionem animi recte fieri numquam posse, elationem posse. Aliter enim Nævianus ille gaudet Hector :

Lætu' sum
Laudari me abs te, pater, a laudato viro.

Aliter ille apud Trabeam :

Læna delenita argento nutum observavit meum,
Quid velim, quid studeam : adveniens digito impellam januam :
Foies patebunt. De improviso Chrysis ubi me adspexerit,
Alacris obviam mihi veniet, complexum exoptans meum,
Mihi se dedet.

Quam hæc pulchra putet, ipso jam dicet :

Fortunam ipsam anteibo fortunis meis.

XXXII. Hæc lætitia quam turpis sit, satis est diligenter attendentem penitus videre. Et ut turpes sunt, qui efferunt se lætitia tum, quum fruuntur venereis voluptatibus: sic flagitiosi, qui eas inflammato animo concupiscunt. Totus vero iste, qui vulgo appellatur amor (nec, hercule, invenio, quo nomine alio possit appellari), tantæ levitatis est, ut nihil videam, quod putem conferendum. Quem Cæcilius,

.... Deum qui non summum putet,
Aut stultum, aut rerum esse imperitum. existimet :
Cui in manu sit, quem esse dementem velit,
Quem sapere, quem sanari, quem in morbum injici ;
Quem contra amari, quem arcessiri, quem expeli.

O præclaram emendatricem vitæ, poeticam! quæ amorem, flagitii et levitatis auctorem, in concilio deorum collocandum putet. De comœdia loquor, quæ, si hæc flagitia non probaremus, nulla esset omnino. Quid ait ex tragœdia princeps ille Argonautarum?

Tu me amoris magi', quam honoris servavisti gratia.

Quid ergo? hic amor Medeæ quanta miseriarum excitavit incendia! Atque ea tamen apud alium poetam patri dicere audet, se conjugem habuisse

Illum, amor quem dederat, qui plus pollet, potiorque est patre.

XXXIII. Sed poetas ludere sinamus, quorum fabulis in hoc flagitio versari ipsum videmus Jovem. Ad magistros virtutis, philosophos veniamus : qui amorem negant stupri esse, et in eo litigant cum Epicuro, non multum, ut opinio mea fert, mentiente. Quis est enim iste amor amicitiæ? Cur neque deformem adolescentem quisquam amat, neque formosum senem ? Mihi quidem hæc in Græcorum gymnasiis nata consuetudo videtur; in quibus isti liberi, et concessi sunt amores. Bene ergo Ennius :

Flagitii principium est nudare inter civis corpora.

Qui ut sint, quod fieri posse video, pudici, solliciti tamen et anxii sunt; eoque magis, quod se ipsi continent et coercent. Atque, ut muliebres amores omittam, quibus majorem licentiam natura concessit : quis aut de Ganymedis raptu dubitat, quid poetæ velint; aut non intelli-

git, quid apud Euripidem et loquatur, et cupiat Laius?
quid denique homines doctissimi et summi poetæ de se
ipsi et carminibus edant, et cantibus? Fortis vir in sua
republica cognitus, quæ de juvenum amore scripsit Al-
cæus? Nam Anacreontis quidem tota poesis est amatoria.
Maxime vero omnium flagrasse amore Rheginum Ibycum,
apparet ex scriptis. Atque horum omnium libidinosos esse
amores videmus.

XXXIV. Philosophi sumus exorti, et auctore quidem
nostro Platone, quem non injuria Dicæarchus accusat,
qui amori auctoritatem tribueremus. Stoici vero et sapientem amaturum esse dicunt; et amorem ipsum, cona-
tum amicitiæ faciundæ ex pulchritudinis specie definiunt.
Qui si quis est in rerum natura sine sollicitudine, sine
desiderio, sine cura, sine suspirio : sit sane. Vacat enim
omni libidine. Hæc autem de libidine oratio est. Sin autem est aliquis amor, ut est certe, qui nihil absit, aut non
multum, ab insania, qualis in Leucadia est ' :

Si quidem sit quisquam deus, cui ego sim curæ.

At id erat deis omnibus curandum, quemadmodum hi?
frueretur voluptate amatoria.

Heu me infelicem!

Nihil verius. Probe et ille ,

Sanusne es, qui temere lamentare?

Sic insanus videtur etiam suis. At quas tragœdias efficit?

Te, Apollo sancte, fer opem ; teque, omnipotens Neptune, invoco ;
Vosque adeo, venti.

Mundum totum se ad amorem suum sublevandum con-
versurum putat; Venerem unam excludit, ut iniquam :

Nam quid ego te appellem, Venus?

Eam præ libidine negat curare quidquam. Quasi vero ipse
non propter libidinem tanta flagitia et faciat, et dicat.

XXXV. Sic igitur affecto hæc adhibenda curatio est, ut
et illud, quod cupiat, ostendat quam leve, quam con-
temnendum, quam nihil sit omnino ; quam facile vel
aliunde, vel alio modo perfici, vel omnino negligi possit.

Abducendus est etiam nonnumquam ad alia studia, sollicitudines, curas, negotia; loci denique mutatione, tamquam ægroti non convalescentes, sæpe curandus est.
Etiam novo quodam amore veterem amorem tamquam
clavo clavum ejiciundum putant. Maxime autem admo-
nendus, quantus sit furor amoris. Omnibus enim ex
animi perturbationibus est profecto nulla vehementior :
ut, si jam ipsa illa accusare nolis, stupra dico, et cor-
ruptelas, et adulteria, incesta denique, quorum omnium
accusabilis est turpitudo : sed ut hæc omittas, perturbatio
ipsa mentis in amore, fœda per se est. Nam ut illa præ-
teream, quæ sunt furoris : hæc ipsa per sese quam habent
levitatem, quæ videntur esse mediocria?

> ·················· ·········· ··· Injuriæ,
> Suspiciones, inimicitiæ, induciæ,
> Bellum, pax rursum. Incerta hæc si tu postules
> Ratione certa facere, nihilo plus agas,
> Quam si des operam, ut cum ratione insanias [1].

Hæc inconstantia, mutabilitasque mentis, quem non ipsa
pravitate deterreat? Est enim illud, quod in omni perturbatione dicitur, demonstrandum, nullam esse nisi
opinabilem, nisi judicio susceptam, nisi voluntariam. Etenim si naturalis amor esset; et amarent omnes, et semper amarent, et idem amarent, neque alium pudor, alium
cogitatio, alium satietas deterreret.

XXXVI. Ira vero, quum diu perturbat animum, dubitationem insaniæ non habet ; cujus impulsu exsistit
etiam inter fratres tale jurgium :

> Quis homo te exsuperavit umquam gentium impudentia? —
> — Quis autem malitia te?

Nosti quæ sequuntur. Alternis enim versibus intorquen-
tur inter fratres gravissimæ contumeliæ : ut facile appareat, Atrei filios esse, ejus, qui meditatur pœnam in fra-
trem novam.

> Major mihi moles, majus miscendum malum,
> Qui illius acerbum cor contundam et comprimam.

Quæ igitur hæ erunt moles? audi Thyestem ipsum :

> Impius hortatur me frater, ut meos malis miser
> Manderem natos.

Eorum viscera apponit : quid est enim, quo non progre-
diatur eodem ira, quo furor? Itaque iratos proprie dicimus
exisse de potestate, id est, de consilio, de ratione, de
mente. Horum enim potestas in totum animum esse debet.
His aut subtrahendi sunt ii, in quos impetum conantur
facere, dum se ipsi colligant (quid est autem se ipsum
colligere, nisi dissipatas animi partes rursum in suum
locum cogere?), aut rogandi orandique sunt, ut, si quam
habent ulciscendi vim, differant in tempus aliud, dum
defervescat ira. Defervescere autem certe siginficat ardorem animi invita ratione excitatum. Ex quo illud laudatur Archytæ; qui quum villico factus esset iratior, « Quo
te modo, inquit, accepissem, nisi iratus essem ' ? »

XXXVII. Ubi sunt ergo isti, qui iracundiam utilem
dicunt? potest utilis esse insania? aut naturalem? an quidquam esse potest secundum naturam, quod sit repugnante
ratione? Quo modo autem, si naturalis esset ira, aut alius
alio magis iracundus esset, aut finem haberet prius, quam
esset ulla ulciscendi libido; aut quemquam pœniteret,
quod fecisset per iram? Ut Alexandrum regem videmus,
qui quum interemisset Clitum, familiarem suum, vix a
se manus abstinuit : tanta vis fuit pœnitendi! Quibus
cognitis, quis est, qui dubitet, quin hic quoque motus
animi sit totus opinabilis ac voluntarius? Quis enim dubi-
tarit, quin ægrotationes animi, qualis est avaritia, gloriæ
cupiditas, ex eo, quod magni æstimetur ea res, ex qua
animus ægrotat, oriantur? Unde intelligi debet, perturbationem quoque omnem, esse in opinione. Et si fidentia,
id est, firma animi confisio, scientia quædam est, et opinio gravis, non temere assentiens; diffidentia quoque est
metus exspectati et impendentis mali. Et, si spes est exspectatio boni; mali exspectationem esse necesse est metum. Ut igitur metus, sic reliquæ perturbationes sunt in
malo. Ergo ut constantia, scientiæ; sic perturbatio, erroris
est. Qui autem natura dicuntur iracundi, aut misericordes,
aut invidi, aut tale quid, ii sunt constituti, quasi mala
valitudine animi : sanabiles tamen. Ut Socrates dicitur,
quum multa in conventu vitia collegisset in eum Zopyrus,
qui se naturam cujusque ex forma perspicere profitebatur,
derisus est a ceteris, qui illa in Socrate vitia non agnosce-
rent; ab ipso autem Socrate sublevatus, quum illa sibi

insita, sed ratione a se dejecta diceret[1]. Ergo ut optima quisque valitudine affectus potest videri, aut natura ad aliquem morbum proclivior : sic animus alius ad alia vitia propensior. Qui autem non natura, sed culpa vitiosi esse dicuntur, eorum vitia constant e falsis opinionibus rerum bonarum ac malarum, ut sit alius ad alios motus perturbationesque proclivior. Inveteratio autem, ut in corporibus, ægrius depellitur, quam perturbatio; citiusque repentinus oculorum tumor sanatur, quam diuturna lippitudo depellitur.

XXXVIII. Sed cognita jam causa perturbationum, quæ omnes oriuntur ex judiciis opinionum et voluntatibus, sit jam hujus disputationis modus. Scire autem vos oportet, cognitis, quoad possunt ab homine cognosci, bonorum et malorum finibus, nihil a philosophia posse aut majus, aut utilius optari, quam hæc, quæ a nobis hoc quatriduo disputata sunt. Morte enim contempta, et dolore ad patiendum levato, adjunximus sedationem ægritudinis; qua nullum homini malum majus est. Etsi enim omnis animi perturbatio gravis est, nec multum differt ab amentia, tamen ita ceteros, quum sint in aliqua perturbatione aut metus, aut lætitiæ, aut cupiditatis, commotos modo et perturbatos dicere solemus : at eos, qui se ægritudini dediderunt, miseros, afflictos, ærumnosos, calamitosos. Itaque non fortuito factum videtur, sed a te ratione propositum, ut separatim de ægritudine, et de ceteris perturbationibus disputaremus. In ea est enim fons miseriarum et caput. Sed et ægritudinis, et reliquorum animi morborum una sanatio est : omnes opinabiles esse et voluntarios, ea reque suscipi, quod ita rectum esse videatur. Hunc errorem, quasi radicem malorum omnium, stirpitus philosophia se extracturam pollicetur. Demus ergo nos huic excolendos, patiamurque nos sanari : his enim malis insidentibus, non modo beati, sed ne sani quidem esse possumus. Aut igitur negemus, quidquam ratione confici, quum contra nihil sine ratione recte fieri possit; aut quum philosophia ex rationum collatione constet, ab ea, si et boni, et beati volumus esse, omnia adjumenta et auxilia petamus bene beateque vivendi.

TUSCULANARUM QUÆSTIONUM

LIBER QUINTUS.

VIRTUTEM AD BEATE VIVENDUM SE IPSA ESSE CONTENTAM.

Cicéron se propose d'établir, dans cette dernière Tusculane, que la vertu suffit à l'homme pour être heureux (1). — Nouvel éloge de la philosophie et coup d'œil rapide sur son ancienne histoire (2-4). — La vertu nous rend heureux : 1° parce qu'elle nous permet de vivre d'une manière honnête et louable ; 2° parce qu'elle nous délivre de la crainte, de la tristesse, des joies insensées, en un mot, des passions (3, 6). — Développement de ces idées et critique du sentiment de ceux qui pensent que la félicité parfaite ne se trouve que dans l'union de la vertu et des autres biens (8-18). — Comparaison du sort de l'homme vertueux avec celui du coupable, entouré de tous les dons de la fortune, comme Denys le Tyran (19-23). — Portrait du sage (21-28). — La plupart des philosophes, et Epicure lui-même, s'accordent à reconnaître la vanité des biens qui ne sont pas la vertu (29-31). — Jugement sur la pauvreté, le déshonneur, l'exil, les infirmités corporelles, la douleur (32-40). — Si ces moralistes les moins rigides craignent peu ces maux, à plus forte raison, les disciples d'une philosophie plus austère devront-ils les mépriser. Conclusion (41).

I. Quintus hic dies, Brute, finem faciet Tusculanarum disputationum, quo die est a nobis ea de re, quam tu ex omnibus maxime probas, disputatum. Placere enim tibi admodum sensi, et ex eo libro, quem ad me accuratissime scripsisti ', et ex multis sermonibus tuis, virtutem ad beate vivendum se ipsa esse contentam. Quod etsi difficile est probatu, propter tam varia, et tam multa tormenta fortunæ; tale tamen est, ut elaborandum sit, quo facilius probetur; nihil est enim omnium, quæ in philosophia tractantur, quod gravius magnificentiusque dicatur. Nam, quum ea causa impulerit eos, qui primi se ad philosophiæ studium contulerunt, ut, omnibus rebus posthabitis, totos se in optimo vitæ statu exquirendo collocarent; profecto spe beate vivendi tantam in eo studio curam operamque posuerunt. Quod si ab iis inventa et perfecta virtus est, et, si præsidii ad beate vivendum in virtute satis est : quis est, qui non præclare et ab illis positam, et a nobis

susceptam operam philosophandi arbitretur? Sin autem
virtus subjecta sub varios incertosque casus, famula fortunæ est, nec tantarum virium est, ut se ipsa tueatur :
vereor, ne non tam virtutis fiducia nitendum nobis ad
spem beate vivendi, quam vota facienda videantur. Equidem eos casus, in quibus me fortuna vehementer exercuit,
mecum ipse considerans, huic incipio sententiæ diffidere;
interdum et humani generis imbecillitatem fragilitatem-
que extimescere. Vereor enim, ne natura, quum corpora
nobis infirma dedisset, iisque et morbos insanabiles, et
dolores intolerabiles adjunxisset, animos quoque dederit
et corporum doloribus congruentes, et separatim suis an-
goribus et molestiis implicatos. Sed in hoc me ipse castigo,
quod ex aliorum, et ex nostra fortasse mollitia, non ex
ipsa virtute de virtutis robore existimo. Illa enim, si modo
est ulla virtus (quam dubitationem avunculus tuus [1], Brute,
sustulit), omnia, quæ cadere in hominem possunt, subter se habet; eaque despiciens, casus contemnit humanos;
culpaque omni carens, præter se ipsam, nihil censet ad se
pertinere. Nos autem omnia adversa tum venientia metu
augentes, tum mœrore præsentia, rerum naturam, quam
errorem nostrum, damnare malumus.

II. Sed et hujus culpæ, et ceterorum vitiorum peccato-
rumque nostrorum, omnis a philosophia petenda corre-
ctio est. Cujus in sinum quum a primis temporibus ætatis
nostræ voluntas studiumque nos compulisset, his gravissimis casibus in eumdem portum, ex quo eramus egressi,
magna jactati tempestate confugimus. O vitæ philosophia
dux! o virtutis indagatrix, expultrixque vitiorum! quid
non modo nos, sed omnino vita hominum sine te esse potuisset? Tu urbes peperisti; tu dissipatos homines in societatem vitæ convocasti; tu eos inter se primo domiciliis,
deinde conjugiis, tum litterarum et vocum communione
junxisti; tu inventrix legum, tu magistra morum et disciplinæ fuisti. Ad te confugimus; a te opem petimus; tibi
nos, ut antea magna ex parte, sic nunc penitus, totosque
tradimus. Est autem unus dies bene, et ex præceptis tuis
actus, peccanti immortalitati anteponendus. Cujus igitur
potius opibus utamur, quam tuis? quæ et vitæ tranquillitatem largita nobis es, et terrorem mortis sustulisti [2].

Ac philosophia quidem tantum abest, ut proinde, ac de

hominum est vita merita, laudetur; ut a plerisque neglecta, a multis etiam vituperetur. Vituperare quisquam vitæ
parentem, et hoc parricidio se inquinare audet? et tam
impie ingratus esse, ut eam accuset, quam vereri deberet,
etiam si minus percipere potuisset? Sed, ut opinor, hic
error, et hæc indoctorum animis offusa caligo est, quod
tam longe retro respicere non possunt; nec eos, a quibus
vita hominum instructa primis sit, fuisse philosophos arbitrantur. Quam rem antiquissimam quum videamus, nomen tamen confitemur esse recens.

III. Nam sapientiam quidem ipsam quis negare potest
non modo re esse antiquam, verum etiam nomine? quæ
divinarum humanarumque rerum, tum initiorum cau-
sarumque cujusque rei cognitione, hoc pulcherrimum
nomen apud antiquos assequebatur. Itaque et illos septem, qui a Græcis σοφοί, sapientes a nostris et habebantur, et nominabantur ¹, et multis ante sæculis Lycurgum, cujus temporibus Homerus etiam fuisse ante hanc
urbem conditam traditur, etiam heroicis ætatibus Ulys-
sem, et Nestorem accepimus et fuisse, et habitos esse sapientes. Nec vero Atlas sustinere cœlum, nec Prometheus
affixus Caucaso, nec stellatus Cepheus² cum uxore, genero,
filia traderetur, nisi cœlestium divina cognitio nomen eorum ad errorem fabulæ traduxisset.

A quibus ducti deinceps omnes, qui in rerum contempla-
tione studia ponebant, sapientes et habebantur, et nominabantur; idque eorum nomen usque ad Pythagoræ manavit ætatem, quem, ut scribit auditor Platonis Ponticus
Heraclides³, vir doctus in primis, Phliuntem ferunt venisse, eumque cum Leonte, principe Phliasiorum, docte
et copiose disseruisse quædam. Cujus ingenium et eloquentiam quum admiratus esset Leon, quæsivisse ex eo, qua
maxime arte confideret. At illum, artem quidem se scire
nullam, sed esse philosophum. Admiratum Leontem novitatem nominis, quæsisse, Quinam essent philosophi, et
quid inter eos et reliquos interesset? Pythagoram autem
respondisse : « Similem sibi videri vitam hominum, et
mercatum eum, qui haberetur maximo ludorum apparatu
totius Græciæ celebritate. Nam ut illic alii corporibus
exercitatis gloriam et nobilitatem coronæ peterent; alii
emendi, aut vendendi quæstu et lucro ducerentur; esset

autem quoddam genus eorum, idque vel maxime inge-
nuum, qui nec plausum, nec lucrum quærerent, sed vi-
sendi causa venirent, studioseque perspicerent, quid ageretur, et quo modo : ita nos quasi in mercatus quamdam
celebritatem ex urbe aliqua, sic in hanc vitam ex alia vita
et natura profectos, alios gloriæ servire, alios pecuniæ;
raros esse quosdam, qui, ceteris omnibus pro nihilo ha-
bitis, rerum naturam studiose intuerentur; hos se appellare sapientiæ studiosos, id est enim philosophos; et ut
illic liberalissimum esset, spectare, nihil sibi acquirentem,
sic in vita longe omnibus studiis contemplationem rerum
cognitionemque præstare. »

IV. Nec vero Pythagoras nominis solum inventor, sed
rerum etiam ipsarum amplificator fuit. Qui quum post
hunc Phliasium sermonem in Italiam venisset, exornavit
eam Græciam, quæ Magna dicta est, et privatim, et publice, præstantissimis et institutis, et artibus. Cujus de
disciplina aliud tempus fuerit fortasse dicendi. Sed ab an
tiqua philosophia usque ad Socratem, qui Archelaum,
Anaxagoræ discipulum, audierat, numeri motusque tra-
ctabantur, et unde omnia orirentur, quove recederent;
studioseque ab his siderum magnitudines, intervalla, cursus anquirebantur, et cuncta coelestia. Socrates autem primus philosophiam devocavit e coelo, et in urbibus collo-
cavit, et in domos etiam introduxit, et coegit de vita, et
moribus, rebusque bonis et malis quærere. Cujus multi-
plex ratio disputandi, rerumque varietas, et ingenii magnitudo, Platonis memoria et litteris consecrata, plura genera effecit dissentientium philosophorum. E quibus nos
id potissimum consecuti sumus, quo Socratem usum ar-
bitrabamur, ut nostram ipsi sententiam tegeremus, errore
alios levaremus, et in omni disputatione, quid esset simil-
limum veri, quæreremus. Quem morem quum Carneades
acutissime copiosissimeque tenuisset, fecimus et alias sæpe,
et nuper in Tusculano, ut ad eam consuetudinem disputaremus. Et quatridui quidem sermonem superioribus ad
te perscriptum libris misimus : quinto autem die, quum
eodem loco consedissemus, sic est propositum, de quo
disputaremus.

V. AUDITOR. Non mihi videtur, ad beate vivendum satis
posse virtutem. — CICERO. At hercule Bruto meo videtur;

cujus ego judicium, pace tua dixerim, longe antepono tuo.
— Aud. Non dubito. Nec id nunc agitur, tu illum quantum ames : sed hoc, quod mihi dixi videri, quale sit; de
eo a te disputari volo. — Cic. Nempe negas ad beate vivendum satis posse virtutem? — Aud. Prorsus nego. —
Cic. Quid? ad recte, honeste, laudabiliter, postremo ad
bene vivendum satisne est præsidii in virtute? — Aud.
Certe satis. — Cic. Potes igitur, aut qui male vivat, non
eum miserum dicere, aut, quem bene fateare, eum negare beate vivere? — Aud. Quidni possim? nam etiam in
tormentis recte, honeste, laudabiliter, et ob eam rem
bene vivi potest, dummodo intelligas, quid nunc dicam
bene : dico enim, constanter, graviter, sapienter, fortiter.
Hæc etiam in equuleum ' conjiciuntur, quo vita non ad-
spirat beata. — Cic. Quid igitur? solane beata vita, quæso,
relinquitur extra ostium limenque carceris, quum constantia, gravitas, fortitudo, sapientia, reliquæque virtutes rapiantur ad tortorem, nullumque recusent nec supplicium, nec dolorem? — Aud. Tu, si quid es facturus,
nova aliqua conquiras oportet. Ista me minime movent,
non solum quia pervulgata sunt, sed multo magis, quia,
tamquam levia quædam vina nihil valent in aqua, sic stoicorum ista magis gustata, quam potata delectant. Velut
iste chorus virtutum, in equuleum impositus, imagines
constituit ante oculos cum amplissima dignitate, ut ad eas
cursim perrectura beata vita, nec eas a se desertas passura
videatur. Quum autem animum ab ista pictura imagini-
busque virtutum, ad rem veritatemque traduxeris, hoc
nudum relinquitur, possitne quis beatus esse, quamdiu
torqueatur. Quamobrem hoc nunc quæramus : virtutes
autem, noli vereri, ne expostulent, et querantur se a
beata vita esse relictas. Si enim nulla virtus prudentia
vacat, prudentia ipsa hoc videt, non omnes bonos esse
etiam beatos; multaque de M. Attilio, Q. Cæpione, M'.
Aquillio ² recordatur; beatamque vitam, si imaginibus
potius uti, quam rebus ipsis placet, conantem ire in equuleum, retinet ipsa prudentia, negatque ei cum dolore et
cruciatu quidquam esse commune.

VI. Cic. Facile patior, te isto modo agere : etsi iniquum
est præscribere mihi te, quemadmodum a me disputari
velis. Sed quæro, utrum aliquid actum superioribus die-

bus,, an nihil arbitremur? — Aud. Actum vero, et ali-
quantum quidem. — Cic. Atqui, si ita est, profligata jam
hæc, et pæne ad exitum adducta quæstio est. — Aud. Quo
tandem modo? — Cic. Quia motus turbulenti, jactationes-
que animorum incitatæ, et impetu inconsiderato elatæ,
rationem omnem repellentes, vitæ beatæ nullam partem
relinquunt. Quis enim potest, mortem aut dolorem me-
tuens, quorum alterum sæpe adest, alterum semper impendet, esse non miser? Quid, si idem (quod plerumque
fit) paupertatem, ignominiam, infamiam timet, si debili-
tatem, cæcitatem, si denique, quod non singulis hominibus, sed potentibus populis sæpe contigit, servitutem;
potest ea timens esse quisquam beatus? Quid, qui non modo
ea futura timet, verum etiam fert sustinetque præsentia?
Adde eodem exsilia, luctus, orbitates. Qui rebus his fractus ægritudine eliditur, potest tandem esse non miserrimus? Quid vero? illum, quem libidinibus inflammatum et
furentem videmus, omnia rabide appetentem cum inex-
plebili cupiditate, quoque affluentius voluptates undique
hauriat, eo gravius ardentiusque sitientem, nonne recte
miserrimum dixeris? Quid? elatus ille levitate, inanique
lætitia exsultans, et temere gestiens, nonne tanto mise-
rior, quanto sibi videtur beatior? Ergo, ut hi miseri, sic
contra illi beati, quos nulli metus terrent, nullæ ægritudines exedunt, nullæ libidines incitant, nullæ futiles lætitiæ, exsultantes languidis liquefaciunt voluptatibus. Ut
maris igitur tranquillitas intelligitur, nulla ne minima
quidem aura fluctus commovente : sic animi quietus et
placatus status cernitur, quum perturbatio nulla est, qua
moveri queat. Quod si est, qui vim fortunæ, qui omnia
humana, quæ cuique accidere possunt, tolerabilia ducat,
ex quo nec timor eum, nec angor attingat; idemque, si
nihil concupiscat, nulla efferatur animi inani voluptate ;
quid est, cur is non ,beatus sit; et si hæc virtute efficiuntur, quid est, cur virtus ipsa per se non efficiat beatos?

VII. Aud. Atqui alterum dici non potest, quin ii, qui
nihil metuant, nihil angantur, nihil concupiscant, nulla
impotenti lætitia efferantur, beati sint; itaque id tibi concedo : alterum autem jam integrum non est. Superioribus
enim disputationibus effectum est, vacare omni animi perturbatione sapientem. — Cic. Nimirum igitur confecta res

est : videtur enim ad exitum venisse quæstio. — Aud. Propemodum id quidem. — Cic. Verumtamen mathematico-
rum iste mos est, non est philosophorum. Nam geometræ
quum aliquid docere volunt, si quid ad eam rem pertinet
eorum, quæ ante docuerunt, id sumunt pro concesso et
probato ; illud modo explicant, de quo ante nihil scriptum
est. Philosophi, quamcumque rem habent in manibus, in
eam, quæ conveniunt, congerunt omnia, etsi alio loco
disputata sunt. Quod ni ita esset, cur stoicus, si esset
quæsitum, satisne ad beate vivendum virtus posset, multa
diceret? cui satis esset, respondere, se ante docuisse, nihil
bonum esse, nisi quod honestum esset ; hoc probato, consequens esse, beatam vitam virtute esse contentam ; et,
quo modo hoc sit consequens illi, sic illud huic : ut, si
beata vita virtute contenta sit ; nisi honestum quod sit,
nihil aliud sit bonum. Sed tamen non agunt sic. Nam et
de honesto, et de summo bono separatim libri sunt : et
quum ex eo efficiatur, satis magnam in virtute ad beate
vivendum esse vim, nihilo minus hoc agunt separatim.
Propriis enim et suis argumentis et admonitionibus tra-
ctanda quæque res est, tanta præsertim. Cave enim putes,
ullam a philosophia vocem emissam clariorem, ullumve
esse philosophiæ promissum uberius, aut majus. Nam
quid profitetur? o dii boni! perfecturam se, qui legibus
suis paruisset, ut esset contra fortunam semper armatus;
ut omnia præsidia haberet in se bene beateque vivendi; ut
esset semper denique beatus. Sed videro, quid efficiat : tantis-
per hoc ipsum magni æstimo, quod pollicetur. Nam Xerxes
quidem refertus omnibus præmiis donisque fortunæ, non
equitatu, non pedestribus copiis, non navium multitudine, non infinito pondere auri contentus, præmium pro-
posuit ei, qui invenisset novam voluptatem'. Qua ipsa
non fuisset contentus : neque enim umquam finem inve-
niet libido. Nos vellem præmio elicere possemus, qui nobis
aliquid attulisset, quo hoc firmius crederemus '.

VIII. Aud. Vellem id quidem ; sed habeo paullulum,
quod requiram. Ego enim assentior, eorum quæ posuisti,
alterum alteri consequens esse, ut, quemadmodum, si
quod honestum sit, id solum sit bonum, sequatur, vitam
beatam virtute confici ; sic, si vita beata in virtute sit,
nihil esse, nisi virtutem, bonum. Sed Brutus tuus, au-

ctore Aristo et Antiocho [1], ñon sentit·hoc : putat enim,
etiam si sit bonum aliquod præter virtutem. — Cic. Quid
igitur? contra Brutumne me dicturum putas? — Aud. Tu
vero, ut videtur : nam·præfinire non est meum. — Cic.
Quid cuique igitur consentaneum sit, alio·loco. Nam ista
mihi cum Antiocho sæpe, et cum Aristo nuper, quum
Athenis imperator [2] apud eum deversarer, dissensio fuit.
Mihi enim non videbatur quisquam esse beatus posse,
quum in malis esset ; in malis autem sapientem esse posse,
si essent ulla corporis, aut fortunæ mala. Dicebantur hæc,
quæ scripsit etiam Antiochus locis pluribus : virtutem ipsam per se beatam vitam efficere posse, neque tamen beatissimam ; deinde ex majore parte plerasque res nominari,
etiam si qua pars abesset, ut vires, ut valitudinem, ut divitias, ut honorem, ut gloriam ; quæ genere, non numero
cernerentur : item beatam vitam, etiam si ex aliqua parte
clauderet, tamen ex multo majore parte obtinere nomen
suum.

Hæc nunc enucleare non ita necesse est ; quamquam
non constantissime dici mihi videntur. Nam et qui beatus
est, non intelligo, quid requirat, ut si beatior (si est enim
quod desit, ne beatus quidem est); et, quod ex majore
parte unamquamque rem appellari spectarique dicunt, est,
ubi id isto modo valeat. Quum vero tria genera malorum
esse dicant, qui duorum generum malis omnibus urgea-
tur, ut omnia adversa sint in fortuna, omnibus oppressum
corpus et confectum doloribus, huic paullumne ad beatam
vitam deesse dicemus, non modo ad beatissimam? Hoc
illud est, quod Theophrastus sustinere non potuit. Nam
quum statuisset, verbera, tormenta, cruciatus, patriæ
eversiones, exsilia, orbitates magnam vim habere ad male
misereque vivendum, non est ausus elato et ample loqui,
quum humiliter demisseque sentiret.

IX. Quam bene, non quæritur : constanter quidem
certe [3]. Itaque mihi placere non solet, consequentia reprehendere, quum prima concesseris. Hic autem, elegantissi-
mus omnium philosophorum et eruditissimus, non magnopere reprehenditur, quum tria genera dicit bonorum ;
vexatur autem ab omnibus, primum in eo libro, quem
scripsit de vita beata, in quo multa disputat, quamobrem
is, qui torqueatur, qui crucietur, beatus esset non possit.

in eo etiam putatur dicere, in rotam, beatam vitam non
escendere. Non usquam id quidem dicit omnino; sed,
quæ dicit, idem valent. Possum igitur, cui concesserim,
in malis esse dolores corporis, in malis naufragia fortunæ,
huic succensere dicenti, non omnes bonos esse beatos,
quum in omnes bonos ea, quæ ille in malis numerat, cadere possint? Vexatur idem Theophrastus et libris et scholis omnium philosophorum, quod in Callisthene suo lau-
darit illam sententiam :

Vitam regit fortuna, non sapientia.

Negant ab ullo philosopho quidquam dictum esse langui-
dius. Recte id quidem; sed nihil intelligo dici potuisse
constantius. Si enim tot sunt in corpore bona, tot extra
corpus in casu atque fortuna; nonne consentaneum est,
plus fortunam, quæ domina rerum sit et externarum et ad
corpus pertinentium, quam consilium, valere? An malumus Epicurum imitari? qui multa præclare sæpe dicit :
quam enim sibi constanter convenienterque dicat, non
laborat. Laudat tenuem victum. Philosophi id quidem;
sed si Socrates, aut Antisthenes diceret, non is, qui finem
bonorum voluptatem esse dixerit. Negat, quemquam jucunde posse vivere, nisi idem honeste, sapienter, juste-
que vivat. Nihil gravius, nihil philosophia dignius; nisi
idem hoc ipsum, honeste, sapienter, juste, ad voluptatem
referret. Quid melius, quam, fortunam exiguam interve-
nire sapienti? Sed hoc isne dicit, qui, quum dolorem non
modo maximum malum, sed solum malum etiam dixerit,
toto corpore opprimi possit doloribus acerrimis tum, quum
maxime contra fortunam glorietur? Quod idem melioribus etiam verbis Metrodorus, « Occupavi te, inquit, fortuna, atque cepi; omnesque aditus tuos interclusi, ut ad
me adspirare non posses. » Præclare, si Aristo Chius, aut
si stoicus Zeno diceret, qui, nisi quod turpe esset, nihil
malum duceret. Tu vero, Metrodore, qui omne bonum in
visceribus medullisque condideris, et definieris, summum
bonum firma corporis affectione, explorataque spe contineri, fortunæ aditus interclusisti? Quo modo? Isto enim
bono jam exspoliari potes.

X. Atqui his capiuntur imperiti; et propter hujusmodi
sententias, istorum hominum est multitudo. Acute autem

disputantis illud est, non, quid quisque dicat, sed quid cuique dicendum sit, videre. Velut in ea ipsa sententia, quam in hac disputatione suscepimus, omnes bonos semper beatos volumus esse : quid dicam bonos, perspicuum est. Omnibus enim virtutibus instructos et ornatos, quum sapientes, tum viros bonos dicimus. Videamus, qui dicendi sint beati. Equidem hos existimo, qui sint in bonis, nullo adjuncto malo. Neque ulla alia huic verbo, quum beatum dicimus, subjecta notio est, nisi, secretis malis omnibus, cumulata bonorum complexio. Hanc assequi virtus, si quidquam praeter ipsam boni est, non potest. Aderit enim malorum, si mala illa ducimus, turba quaedam, paupertas, ignobilitas, humilitas, solitudo, amissio suorum, graves dolores, corporis perdita valitudo, debilitas, caecitas, interitus patriae, exsilium, servitus denique. In his tot et tantis, atque etiam quae plura possunt accidere, potest esse sapiens : nam haec casus importat, qui in sapientem potest incurrere. At si ea mala sunt, quis potest praestare, sapientem semper beatum fore, quum vel in omnibus his uno tempore esse possit?

Non igitur facile concedo, neque Bruto meo, neque communibus magistris', neque veteribus illis, Aristoteli, Speusippo, Xenocrati, Polemoni, ut quum ea, quae supra enumeravi, in malis numerent, iidem dicant, semper beatum esse sapientem. Quos si titulus hic delectat insignis et pulcher, Pythagora, Socrate, Platone dignissimus, inducant animum, illa, quorum splendore capiuntur, vires, valitudinem, pulchritudinem, divitias, honores, opes contemnere, eaque, quae his contraria sint, pro nihilo ducere : tum poterunt clarissima voce profiteri, se neque fortunae impetu, nec multitudinis opinione, nec dolore, neque paupertate terreri, omniaque sibi in sese esse posita, neque esse quidquam extra suam potestatem, quod ducant in bonis. Namque et haec loqui, quae sunt magni cujusdam et alti viri, et eadem, quae vulgus, in malis et bonis numerare, concedi nullo modo potest : qua gloria commotus Epicurus exoritur, cui etiam, si diis placet, videtur semper sapiens beatus. Hic dignitate hujus sententiae capitur; sed numquam id diceret, si ipse se audiret. Quid est enim, quod minus conveniat, quam ut is, qui vel summum, vel solum malum dolorem esse dicat, idem censeat,

« Quam hoc suave est! » tum, quum dolore crucietur, dicturum esse sapientem? Non igitur ex singulis vocibus philosophi spectandi sunt, sed ex perpetuitate atque constantia.

XI. AUD. Adducis me, ut tibi assentiar. Sed tua quoque, vide, ne desideretur constantia. — CIC. Quonam modo? — AUD. Quia legi tuum nuper quartum de Finibus. In eo mihi videbare, contra Catonem disserens, hoc velle ostendere, quod mihi quidem probatur, inter Zenonem et peripateticos nihil præter verborum novitatem interesse. Quod si ita est, quid est causæ, quin, si Zenonis rationi consentaneum sit, satis magnam vim in virtute esse ad beate vivendum, liceat idem peripateticis dicere? Rem enim opinor spectari oportere, non verba.

CIC. Tu quidem tabellis obsignatis agis mecum[1], et testificaris, quid dixerim aliquando, aut scripserim. Cum aliis isto modo, qui legibus impositis disputant. Nos in diem vivimus. Quodcumque nostros animos probabilitate percussit, id dicimus. Itaque soli sumus liberi. Verumtamen, quoniam de constantia paullo ante diximus, non ego hoc loco id quærendum puto, verumne sit, quod Zenoni placuerit, quodque ejus auditori, Aristoni, bonum esse solum, quod honestum esset; sed, si ita esset, tum ut hoc totum, beate vivere, in una virtute poneret[2]. Quare demus hoc sane Bruto, ut sit beatus semper sapiens. Quam sibi conveniat, ipse viderit. Gloria quidem hujus sententiæ quis est illo viro dignior? Nos tamen teneamus, ut sit idem beatissimus.

XII. Etsi Zeno Cittieus, advena quidem, et ignobilis verborum opifex, insinuasse se in antiquam philosophiam videtur : hujus sententiæ gravitas a Platonis auctoritate repetatur; apud quem sæpe hæc oratio usurpata est, ut nihil præter virtutem diceretur bonum : velut in Gorgia Socrates, quum esset ex eo quæsitum, Archelaum, Perdiccæ filium[3], qui tum fortunatissimus haberetur, nonne beatum putaret? « Haud scio, inquit. Numquam enim cum eo collocutus sum. — Ain' tu? an tu aliter id scire non potes? — Nullo modo. — Tu igitur ne de Persarum quidem rege magno potes dicere, beatusne sit? — An ego possim, quum ignorem, quam sit doctus, quam vir bonus?— Quid? tu in eo sitam vitam beatam putas? — Ita prorsus

existimo, bonos, beatos; improbos, miseros.—Miser ergo
Archelaus? — Certe, si injustus. » Videturne omnem hic
beatam vitam in una virtute ponere? Quid vero? in Epita-
phio¹ quo modo idem? « Nam cui viro, inquit, ex se ipso
apta sunt omnia, quæ ad beate vivendum ferunt, nec sus-
pensa aliorum aut bono casu, aut contrario, pendere ex alterius eventis et errare coguntur: huic optime vivendi ratio
comparata est. Hic est ille moderatus, hic fortis, hic sapiens;
hic, et nascentibus, et cadentibus quum reliquis commodis,
tum maxime liberis, parebit et obediet præcepto illi veteri :

> Neque enim lætabitur umquam, nec mœrebit nimis,
> Quod semper in se ipso omnem spem reponet sui. »

XIII. Ex hoc igitur Platonis quasi quodam sancto au-
gustoque fonte nostra omnis manabit oratio.

Unde igitur rectius ordiri possumus, quam a communi
parente natura? Quæ quidquid genuit, non modo animal,
sed etiam quod ita ortum esset e terra, ut stirpibus suis
niteretur, in suo quodque genere perfectum esse voluit.
Itaque et arbores, et vites, et ea, quæ sunt humiliora,
neque se tollere a terra altius possunt, alia semper virent,
alia hieme nudata, verno tempore tepefacta frondescunt;
neque est ullum, quod non ita vigeat interiore quodam
motu, et suis in quoque seminibus inclusis, ut aut flores,
aut fruges fundat, aut baccas, omniaque in omnibus,
quantum in ipsis sit, nulla vi impediente, perfecta sint.
Facilius vero etiam in bestiis, quod his sensus a natura est
datus, vis ipsius naturæ perspici potest. Namque alias
bestias, nantes, aquarum incolas esse voluit; alias volu-
cres, cœlo frui libero; serpentes quasdam, quasdam
esse gradientes; earum ipsarum partim solivagas, partim
congregatas; immanes alias, quasdam autem cicures;
nonnullas abditas, terraque tectas. Atque earum quæque
suum tenens munus, quum in disparis animantis vitam
transire non possit, manet in lege naturæ. Et ut bestiis
aliud alii præcipui a natura datum est, quod suum quæque retinet, nec discedit ab eo : sic homini multo quiddam præstantius; etsi præstantia debent ea dici, quæ
habent aliquam comparationem. Humanus autem animus,
decerptus ex mente divina², cum alio nullo, nisi cum
ipso Deo, si hoc fas est dictu, comparari potest. Hic igitur,

si est excultus, et si ejus acies ita curata est, ut ne cæca-
retur erroribus, fit perfecta mens, id est, absoluta ratio :
quod est idem virtus. Et, si omne beatum est, cui nihil
deest, et quod in suo genere expletum atque cumulatum
est, idque virtutis est proprium : certe omnes virtutis
compotes, beati sunt. Et hoc quidem mihi cum Bruto
convenit, item cum Aristotele, Xenocrate, Speusippo,
Polemone.

XIV. Sed mihi videntur etiam beatissimi. Quid enim
deest ad beate vivendum ei, qui confidit suis bonis? Aut,
qui diffidit, beatus esse qui potest? At diffidat necesse est,
qui bona dividit tripertito. Qui enim poterit aut corporis
firmitate, aut fortunæ stabilitate confidere? Atqui, nisi
stabili, et fixo, et permanente bono, beatus esse nemo
potest. Quid ergo ejusmodi istorum est? Ut mihi Laconis
illud dictum in hos cadere videatur : qui glorianti cuidam
mercatori, quod multas naves in'omnem oram maritimam
dimisisset, « Non sane optabilis quidem ista, inquit, ru-
dentibus apta fortuna. »

An dubium est, quin nihil sit habendum in eo genere,
quo vita beata completur, si id possit amitti? Nihil enim
interarescere, nihil exstingui, nihil cadere debet eorum,
in quibus vita beata consistit. Nam qui timebit, ne quid
ex his deperdat, beatus esse non poterit. Volumus enim,
eum, qui beatus sit, tutum esse, inexpugnabilem, septum
atque munitum; non ut parvo metu præditus sit, sed ut
nullo. Ut enim innocens is dicitur, non qui leviter nocet,
sed qui nihil nocet : sic sine metu is habendus est, non
qui parum metuit, sed qui omnino metu vacat. Quæ est
enim alia fortitudo, nisi animi affectio quum in adeundo
periculo, et in labore ac dolore patiens, tum procul ab
omni metu? Atque hæc certe non ita se haberent, nisi
omne bonum in una honestate consisteret. Qui autem
illam maxime optatam et expetitam securitatem (securitatem autem nunc appello, vacuitatem ægritudinis, in qua
vita beata posita est) habere quisquam potest, cui aut
adsit, aut adesse possit multitudo malorum? Qui autem
poterit esse celsus, et erectus, et ea, quæ homini accidere
possunt, omnia parva ducens, qualem sapientem esse
volumus, nisi omnia sibi in se posita censebit? An Lace-
dæmonii, Philippo minitante' per litteras, se omnia, quæ

conarentur, prohibiturum, quæsiverunt, num se esset etiam mori prohibiturus : vir is, quem quærimus, non multô facilius tali animo reperietur, quam civitas uni. versa? Quid? ad hanc fortitudinem, de qua loquimur, temperantia adjuncta, quæ sit moderatrix omnium commotionum, quid potest ad beate vivendum deesse ei, quem fortitudo ab ægritudine et a metu vindicet; temperantia tum a libidine avocet, tum insolenti alacritate gestire non sinat? Hæc efficere virtutem ostenderem, nisi superioribus diebus essent explicata.

XV. Atque quum perturbationes animi, miseram; sedationes autem, vitam efficiant beatam; duplexque ratio perturbationis sit, quod ægritudo et metus, in malis opinatis, in bonorum autem errore, lætitia gestiens libidoque versetur; quum hæc omnia cum consilio et ratione pugneut; his tu tam gravibus concitationibus, tamque ipsis inter se dissentientibus atque distractis, quem vacuum, solutum, liberum videris, hunc dubitabis beatum dicere? Atqui sapiens semper ita affectus est. Semper igitur sapiens beatus est.

Atque etiam omne bonum, lætabile est; quod autem lætabile, id prædicandum, et præ se ferendum; quod tale autem, id etiam gloriosum. Si vero gloriosum, certe laudabile; quod autem laudabile, profecto etiam honestum; quod bonum igitur, id honestum. At quæ isti bona numerant, ne ipsi quidem honesta dicunt. Solum igitur bonum, quod honestum. Ex quo efficitur, honestate una vitam contineri beatam. Non sunt igitur ea bona dicenda, nec habenda, quibus abundantem licet esse miserrimum. An dubitas, quin præstans valitudine, viribus, forma, acerrimis integerrimisque sensibus (adde etiam, si libet, pernicitatem, et velocitatem ; da divitias, honores, imperia, opes, gloriam), si fuerit is, qui hæc habet, injustus, intemperans, timidus, hebeti ingenio, atque nullo; dubitabisne eum miserum dicere? Qualia igitur ista bona sunt, quæ qui habeat, miserrimus esse possit? Videamus, ne, ut acervus ex sui generis granis, sic beata vita ex sui similibus partibus effici debeat. Quod si ita est, ex bonis, quæ sola honesta sunt, efficiendus est beatus. Ea mixta ex dissimilibus si erunt, honestum ex his effici nihil poterit. Quo detracto, quid poterit beatum intelligi?

Etenim quidquid est, quod bonum sit, id expetendum
est; quod autem expetendum, id certe approbandum;
quod vero approbaris, id gratum acceptumque habendum. Ergo etiam dignitas ei tribuenda est. Quod si ita est,
laudabile sit necesse est. Bonum igitur omne laudabile.
Ex quo efficitur, ut, quod sit honestum, id sit solum
bonum. Quod ni ita tenebimus, multa erunt, quæ nobis
bona dicenda sint.

XVI. Omitto divitias : quas quum quivis, quamvis in-
dignus, habere possit, in bonis non numero. Quod enim
est bonum, id non quivis habere potest. Omitto nobilitatem, famamque popularem, stultorum improborumque
consensu excitatam. Hæc, quæ sunt minima, tamen
bona dicantur necesse est : candiduli dentes, venusti
oculi, color suavis, et ea, quæ Euryclea laudat Ulyssi
pedes abluens,

Lenitudo orationis, mollitudo corporis [1].

Ea si bona ducemus, quid erit in philosophi gravitate,
quam in vulgi opinione, sultorumque turba, quod dicatur aut gravius, aut grandius? At enim eadem Stoici præ-
cipua, vel producta [2] dicunt, quæ bona isti. Dicunt illi
quidem; sed his vitam beatam compleri negant : hi autem sine iis esse nullam putant; aut, si sit beata, beatissimam certe negant. Nos autem volumus beatissimam;
idque nobis Socratica illa conclusione confirmatur. Sic
enim princeps ille philosophiæ disserebat : « Qualis cujusque animi affectus esset, talem esse hominem; qualis
autem ipse homo esset, talem ejus esse orationem [3]; orationi autem facta similia, factis vitam. Affectus autem
animi in bono viro laudabilis : et vita igitur laudabilis
boni viri; et honesta ergo, quoniam laudabilis. Ex quibus, bonorum beatam vitam esse, concluditur. » Etenim,
proh deorum atque hominum fidem! parumne cognitum
est superioribus nostris disputationibus, an delectationis,
et otii consumendi causa locuti sumus, sapientem ab
omni concitatione animi, quam perturbationem voco,
semper vacare? semper in animo ejus esse placidissimam
pacem? Vir igitur temperatus, constans, sine metu, sine
ægritudine, sine alacritate ulla, sine libidine, nonne
beatus? At semper sapiens talis; semper igitur beatus.

Jam vero qui potest vir bonus non ad id, quod laudabile
sit, omnia referre, quæ agit, quæque sentit? Refert autem omnia ad beate vivendum. Beata igitur vita laudabilis : nec quidquam sine virtute laudabile. Beata igitur
vita virtute conficitur.

XVII. Atque hoc sic etiam concluditur. Nec in misera
vita quidquam est prædicabile, aut gloriandum ; nec in
ea, quæ nec ᾽ ᾽ra sit, nec beata. Et est in aliqua vita
prædicabile aliquid, et gloriandum, ac præ se ferendum :
ut Epaminondas,

Consiliis nostris laus est attonsa Laconum[1] ;

ut Africanus,

A sole exoriente, supra Mæoti' paludes,
Nemo est qui factis me æquiperare queat [2].

Quod si beata vita, glorianda et prædicanda, et præ se
ferenda est : nihil est enim aliud, quod prædicandum, et
præ se ferendum sit. Quibus positis, intelligis quid sequatur. Et quidem, nisi ea vita beata est, quæ est eadem honesta : sit aliud necesse est melius vita beata. Quod erit
enim honestum, certe fatebuntur esse melius. Ita erit
beata vita melius aliquid ; quo quid potest dici perver-
sius? Quid? quum fatentur satis magnam vim esse in vitiis
ad miseram vitam, nonne fatendum est, camdem vim in
virtute esse ad beatam vitam? Contrariorum enim contraria sunt consequentia. Quo loco quæro, quam vim habeat libra illa Critolai : qui quum in alteram lancem
animi bona imponat, in alteram corporis, et externa,
tantum propendere illam bonorum animi lancem putet,
ut terram et maria deprimat.

XVIII. Quid ergo aut hunc prohibet, aut etiam Xenocratem illum gravissimum philosophorum exaggerantem
tantopere virtutem, extenuantem cetera et abjicientem,
in virtute non beatam modo vitam, sed etiam beatissimam ponere? quod quidem nisi sit, virtutum interitus
consequetur. Nam in quem cadit ægritudo, in eumdem
metum cadere necesse est : est enim metus futuræ agritu-
dinis sollicita exspectatio. In quem autem metus, in eumdem formido, timiditas, pavor, ignavia. Ergo ut idem

vincatur interdum, nec putet ad se præceptum illud Atrei pertinere

Proinde ita parent se in vita, ut vinci nesciant [1].

Hic autem vincetur, ut dixi : nec modo vincetur, sed etiam serviet. At nos virtutem semper liberam volumus, semper invictam. Quæ nisi sunt, sublata virtus est. Atqui si in virtute satis est præsidii ad bene vivendum, satis est etiam ad beate. Satis est enim certe in virtute, ut fortiter vivamus. Si fortiter, etiam ut magno animo, et quidem ut nulla re umquam terreamur, semperque simus invicti. Sequitur, ut nihil pœniteat, nihil desit, nihil obstet. Ergo omnia profluenter, absolute, prospere. Igitur beate. Satis autem ad fortiter vivendum virtus potest : satis ergo etiam ad beate. Etenim ut stultitia, etsi adepta est, quod concupivit, numquam se tamen satis consecutam putat : sic sapientia semper eo contenta est, quod adest, neque eam umquam sui pœnitet.

XIX. Similemne putas C. Lælii unum consulatum fuisse, et eum quidem cum repulsa [2], cum L. Cinnæ quatuor [3] (si quum sapiens et bonus vir, qualis ille fuit, suffragiis præteritur, non populus a bono consule potius, quam ille a malo populo repulsam fert); sed tamen utrum malles, te, si potestas esset, semel, ut Lælium, consulem, an, ut Cinnam, quater? Non dubito, tu quid responsurus sis · itaque video, cui committam. Non quemvis hoc idem interrogarem : responderet enim alius fortasse, se non modo quatuor consulatus uni anteponere, sed unum diem Cinnæ multorum et clarorum virorum totis ætatibus. Lælius, si digito quem attigisset, pœnas dedisset. Et Cinna collegæ sui, consulis Cn. Octavii, præcidi caput jussit, P. Crassi, L. Cæsaris, nobilissimorum hominum, quorum virtus fuerat domi militiæque cognita ; M. Antonii, omnium eloquentissimi, quos ego audierim ; C. Cæsaris, in quo mihi videtur fuisse specimen humanitatis, salis, suavitatis, leporis [4]. Beatusneigitur, quia hos interfecit? Mihi contra non solum eo videtur miser, quod ea fecit, sed etiam quod ita se gessit, ut ea facere ei liceret. Etsi peccare nemini licet ; sed sermonis errore labimur : id enim licere dicimus, quod cui conceditur. Utrum tandem beatior C. Marius tum, quum Cimbricæ victoriæ gloriam cum collega Catulo communicavit, pæne altero Lælio (nam hunc illi duco ·simillimum), an quum civili bello victor, iratus, necessariis Catuli deprecantibus, non semel respondit, sed sæpe, Moriatur? In quo beatior ille, qui huic nefariæ voci paruit, quam is, qui tam scelerate imperavit? Nam quum accipere, quam facere præstat injuriam, tum morti jam ipsi adventanti paullum procedere obviam, quod fecit Catulus, quam, quod Marius, talis viri interitu sex suos obruere consulatus, et contaminare extremum tempus ætatis.

XX. Duodequadraginta annos tyrannûs Syracusanorum fuit Dionysius¹, quum v et xx natus annos dominatum occupavisset. Qua pulchritudine urbem, quibus autem opibus præditam servitute oppressam tenuit civitatem? Atqui de hoc homine a bonis auctoribus sic scriptum accepimus, summam fuisse ejus in victu temperantiam, in rebusque gerendis virum acrem et industrium, eumdem tamen maleficum natura et injustum : ex quo omnibus, bene veritatem intuentibus, videri necesse est miserrimum. Ea enim ipsa, quæ concupierat, ne tum quidem, quum omnia se posse censebat, consequebatur.

Qui quum esset bonis parentibus atque honesto loco natus (etsi id quidem alius alio modo tradidit), abundaretque æqualium familiaritatibus, et consuetudine propinquorum, haberet etiam, more Græciæ, quosdam adolescentes amore conjunctos : credebat se eorum nemini; sed his, quos ex familiis locupletum servos delegerat, quibus nomen servitutis ipse detraxerat, et quibusdam convenis et feris barbaris corporis custodiam committebat. Ita propter injustam dominatus cupiditatem in carcerem quodam modo ipse se incluserat. Quin etiam, ne tonsori collum committeret, tondere filias suas docuit. Ita sordido ancillarique artificio regiæ virgines, ut tonstriculæ, tondebant barbam et capillum patris. Et tamen ab his ipsis, quum jam essent adultæ, ferrum removit; instituitque, ut candentibus juglandium putaminibus barbam sibi et capillum adurerent. Quumque duas uxores haberet, Aristomachen, civem suam, Doridem autem Locrensem, sic noctu ad eas ventitabat, ut omnia specularetur et perscrutaretur ante : et, quum fossam latam cubiculari lecto circumdedisset, ejusque fossæ transitum ponticulo ligneo conjunxisset, eum ipsum, quum forem cubiculi clauserat, detorquebat : idemque quum in communibus suggestis

consistere non auderet, concionari ex turri alta solebat.
Atque is quum pila ludere vellet (studiose enim id factita-
bat), tunicamque poneret, adolescentulo, quem amabat,
tradidisse gladium dicitur. Hic quum quidam familiaris
jocans dixisset : « Huic quidem certe vitam tuam commit-
tis, » arrisissetque adolescens ; utrumque jussit interfici :
alterum, quia viam demonstravisset interimendi sui ; alterum, quia dictum risu approbavisset. Atque eo facto sic
doluit, ut nihil gravius tulerit in vita : quem enim vehementer amarat, occiderat. Sic distrahuntur in contrarias
partes impotentium cupiditates : quum huic obsecutus
sis, illi est repugnandum. Quamquam hic quidem tyrannus ipse judicavit, quam esset beatus[1].

XXI. Nam quum quidam ex ejus assentatoribus Damocles commemoraret in sermone copias ejus, opes, majesta-
tem dominatus, rerum abundantiam, magnificentiam
ædium regiarum, negaretque umquam beatiorem quemquam fuisse : « Visne igitur, inquit, Damocle, quoniam
hæc te vita delectat, ipse eamdem degustare, et fortunam
experiri meam? » Quum se ille cupere dixisset, collocari
jussit hominem in aureo lecto, strato pulcherrimo textili
stragulo, magnificis operibus picto ; abacosque complures
ornavit argento, auroque cælato. Tum ad mensam eximia
forma pueros delectos jussit consistere, eosque nutum ejus
intuentes diligenter ministrare. Aderant unguenta, coronæ ; incendebantur odores ; mensæ conquisitissimis epulis
exstruebantur. Fortunatus sibi Damocles videbatur. In
hoc medio apparatu fulgentem gladium, e lacunari seta
equina aptum, demitti jussit, ut impenderet illius beati
cervicibus. Itaque nec pulchros illos ministratores adspi-
ciebat, nec plenum artis argentum ; nec manum porrige-
bat in mensam ; jam ipsæ defluebant coronæ : denique ex-
oravit tyrannum, ut abire liceret, quod jam beatus nollet
esse[2]. Satisne videtur declarasse Dionysius, nihil esse ei
beatum, cui semper aliquis terror impendeat? Atque ei ne
integrum quidem erat, ut ad justitiam remigraret, civibus
libertatem et jura redderet : iis enim se adolescens impro-
vida ætate irretierat erratis, eaque commiserat, ut salvus
esse non posset, si sanus esse cœpisset.

XXII. Quantopere vero amicitias desideraret, quarum
infidelitatem extimescebat, declaravit in Pythagoreis duo-

bus illis ' : quorum quum alterum vadem mortis accepis-
set ; alter, ut vadem suum liberaret, præsto fuisset ad ho-
ram mortis destinatam : « Utinam ego, inquit, tertius vobis amicus adscriberer ! » Quam huic erat miserum, carere
consuetudine amicorum, societate victus, sermone omnino familiari ! homini præsertim docto a puero, et artibus
ingenuis erudito! Musicorum vero perstudiosum accepimus, poetam etiam tragicum : quam bonum, nihil ad
rem. In hoc enim genere nescio quo pacto magis, quam
in aliis, suum cuique pulchrum est. Adhuc neminem co-
gnovi poetam (et mihi fuit cum Aquinio amicitia²), qui sibi
non optimus videretur. Sic se res habet : te tua, me delectant mea. Sed, ut ad Dionysium redeamus ; omni cultu et
victu humano carebat : vivebat cum fugitivis, cum faci-
norosis, cum barbaris; neminem, qui aut libertate dignus
esset, aut vellet omnino liber esse, sibi amicum arbitrabatur.

XXIII. Non ego jam cum hujus vita, qua tetrius, miserius, detestabilius excogitare nihil possum, Platonis aut
Archytæ vitam comparabo, doctorum hominum et plane
sapientium : ex eadem urbe humilem homunculum ³ a
pulvere et radio excitabo, qui multis annis post fuit, Ar-
chimedem. Cujus ego quæstor ignoratum ab Syracusanis, quum esse omnino negarent, septum undique et vestitum vepribus et dumetis, indagavi sepulcrum. Tenebam
enim quosdam senariolos, quos ejus monumento esse in-
scriptos acceperam : qui declarabant in summo sepulcro
sphæram esse positam cum cylindro. Ego autem, quum
omnia collustrarem oculis (est enim ad portas Acragia-
nas⁴ magna frequentia sepulcrorum), animadverti colu-
mellam non multum e dumis eminentem : in qua inerat
sphæræ figura, et cylindri. Atque ego statim Syracusanis
(erant autem principes mecum) dixi, me illud ipsum arbitrari esse, quod quærerem. Immissi cum falcibus multi
purgarunt et aperuerunt locum. Quo quum patefactus
esset aditus, ad adversam basim accessimus. Apparebat
epigramma, exesis posterioribus partibus versiculorum,
dimidiatis fere. Ita nobilissima Græciæ civitas, quondam
vero etiam doctissima, sui civis unius acutissimi monu-
mentum ignorasset, nisi ab homine Arpinate⁵ didicisset. Sed redeat, unde aberravit, oratio. Quis est omnium,

qui modo cum Musis, id est, cum humanitate, et cum doctrina habeat aliquod commercium, qui se non hunc mathematicum malit, quam illum tyrannum? Si vitæ modum, actionemque quærimus : alterius mens rationibus agitandis exquirendisque alebatur, cum oblectatione solertiæ; qui est unus suavissimus pastus animorum : alterius in cæde et injuriis, cum et diurno, et nocturno metu. Age, confer Democritum, Pythagoram, Anaxagoram. Quæ regna, quas opes studiis eorum et delectationibus anteponies[1]? Etenim quæ pars optima est in homine, in ea situm esse necesse est illud, quod quæris, optimum. Quid est autem in homine sagaci ac bona mente melius? Ejus bono fruendum est igitur, si beati esse volumus. Bonum autem mentis est virtus. Ergo hac beatam vitam contineri necesse est. Hinc omnia, quæ pulchra, honesta, præclara sunt (ut supra dixi; sed dicendum idem illud paullo uberius videtur), plena gaudiorum sunt. Ex perpetuis autem, plenisque gaudiis, quum perspicuum sit vitam beatam exsistere, sequitur, ut ea exsistat ex honestate.

XXIV. Sed, ne verbis solum attingamus ea, quæ volumus ostendere, proponenda quædam quasi moventia sunt, quæ nos magis ad cognitionem intelligentiamque convertant. Sumatur enim nobis quidam præstans vir optimis artibus, isque animo parumper et cogitatione fingatur. Primum ingenio eximio sit, necesse est; tardis enim mentibus virtus non facile comitatur : deinde ad investigandam veritatem studio incitato. Ex quo triplex ille animi fœtus exsistet[2] : unus in cognitione rerum positus, et in explicatione naturæ; alter in descriptione expetendarum fugiendarumve rerum; tertius in judicando, quid cuique rei sit consequens, quid repugnans : in quo inest omnis tum subtilitas disserendi, tum veritas judicandi. Quo tandem igitur gaudio affici necesse est sapientis animum, cum his habitantem pernoctantemque curis? ut, quum totius mundi motus conversionesque perspexerit, sideraque viderit innumerabilia cœlo inhærentia[3] cum ejus ipsius motu congruere certis infixa sedibus; septem alia suos quæque tenere cursus, multum inter se aut altitudine, aut humilitate distantia, quorum vagi motus rata tamen et certa sui cursus spatia definiant? Horum nimirum adspectus impulit illos veteres, et admonuit, ut plura quærerent. Inde est

indagatio nata initiorum, et tamquam seminum, unde essent omnia orta, generata, concreta; quæque cujusque
generis vel inanimi, vel animantis, vel muti, vel loquen-
tis origo, quæ vita, qui interitus, quæque ex alio in aliud
ficissitudo atque mutatio; unde terra, et quibus librata
ponderibus, quibus cavernis maria sustineantur ¹ ; in qua
omnia, delata gravitate, medium mundi locum semper
expetant ², qui est idem infimus in rotundo.

XXV. Hæc tractanti animo, et noctes et dies cogitanti,
exsistit illa a deo Delphis præcepta cognitio, ut ipsa se
mens agnoscat, conjunctamque cum divina mente se sentiat; ex quo insatiabili gaudio completur. Ipsa enim cogitatio de vi et natura deorum, studium incendit illius
æternitatis imitandæ, neque se in brevitate vitæ colloca-
tam putat, quum rerum causas alias ex aliis aptas, et necessitate nexas videt; quibus ab æterno tempore fluenti-
bus in æternum, ratio tamen mensque moderatur. Hæc
ille intuens atque suspiciens, vel potius omnes partes oras-
que circumspiciens, quanta rursus animi tranquillitate
humana et citeriora considerat ³ ! Hinc illa cognitio virtutis exsistit; efflorescunt genera partesque virtutum; invenitur, quid sit, quod natura spectet extremum in bonis,
quid in malis ultimum, quo referenda sint officia, quæ
degendæ ætatis ratio deligenda. Quibus et talibus rebus
exquisitis, hoc vel maxime efficitur, quod hoc disputatione agimus, ut virtus ad beate vivendum sit se ipsa contenta. Sequitur tertia, quæ per omnes partes sapientiæ
manat et funditur, quæ rem definit, genera dispertit, sequentia adjungit, perfecta concludit, vera et falsa dijudi-
cat, disserendi ratio et scientia. Ex qua quum summa utilitas exsistit ad res ponderandas, tum maxime ingenua
delectatio, et digna sapientia. Sed hæc otii. Transeat idem
iste sapiens ad rempublicam tuendam. Quid eo possit esse
præstantius, quum [contineri] prudentia utilitatem civium cernat, justitia nihil in suam domum inde derivet,
reliquis utatur tot tam variisque virtutibus? Adjunge
fructum amicitiarum: in quo a doctis positum est quum
consilium omnis vitæ, consentiens, et pæne conspirans,
tum summa jucunditas e quotidiano cultu atque victu.
Quid hæc tandem vita desiderat, quo sit beatior? cui [rei]
refertæ tot tantisque gaudiis, fortuna ipsa cedat necesse

est. Quod si gaudere talibus bonis animi, id est, virtutibus, beatum est, omnesque sapientes iis gaudiis perfruun-
tur : omnes eos confiteri beatos esse, necesse est.

XXVI. Aud. Etiamne in cruciatu atque tormentis? —
Cic. An tu me in viola putabas, aut in rosa dicere? An Epicuro, qui tantummodo induit personam philosophi, et
sibi ipse hoc nomen inscripsit, dicere licebit (quod quidem, ut habet se res, me tamen plaudente dicit) : nullum sapienti esse tempus, etsi uratur, torqueatur, secetur, quin possit exclamare, Quam pro nihilo puto ! quum
præsertim omne malum dolore definiat, bonum voluptate ; hæc nostra honesta, turpia, irrideat; dicatque, nos
in vocibus occupatos, inanes sonos fundere; neque quidquam ad nos pertinere, nisi quod aut læve, aut asperum
in corpore sentiatur. Huic ergo, ut dixi, non multum dif-
ferenti a judicio ferarum, oblivisci licebit sui? et tum fortunam contemnere, quum sit omne et bonum ejus, et malum in potestate fortunæ? tum dicere, se beatum in summo
cruciatu atque tormentis, quum constituerit, non modo
summum malum esse dolorem, sed etiam solum? Nec vero
illa sibi remedia comparavit ad tolerandum dolorem, firmitatem animi, turpitudinis verecundiam, exercitationem
consuetudinemque patiendi, præcepta fortitudinis, duri-
tiam virilem ; sed una se dicit recordatione acquiescere
præteritarum voluptatum : ut, si quis æstuans, quum vim
caloris non facile patiatur, recordari velit, se aliquando
in Arpinati nostro gelidis fluminibus circumfusum fuisse.
Non enim video, quo modo sedare possint mala præsentia
præteritæ voluptates. Sed quum is dicat, semper beatum
esse sapientem, cui dicere hoc, si sibi constare vellet, non
liceret : quidnam faciendum est his, qui nihil expeten
dum, in bonis ducendum, quod honestate careat, existimant? Me quidem auctore, etiam peripatetici, veteresque
academici balbutire desinant aliquando, aperteque et
clara voce audeant dicere, beatam vitam in Phalaridi
taurum descensuram.

XXVII. Sint enim tria genera bonorum, ut jam a la-
queis stoicorum, quibus usum me pluribus, quam soleo,
intelligo, recedamus : sint sane illa genera bonorum, dum
corporis, et externa jaceant humi, et tantummodo, quia
sumenda sint, appellentur bona ; alia autem illa divina

longè latèque se pandant, cœlumque contingant, ut, ea qui adeptus sit, cur eum beatum modo, et non beatissimum etiam dixerim? Dolorem vero sapiens extimescet? Is enim huic maxime sententiæ repugnat. Nam contra mortem nostram atque nostrorum, contraque ægritudinem, et reliquas animi perturbationes satis esse videmur superiorum dierum disputationibus armati et parati.

Dolor esse videtur acerrimus virtuti adversarius. Is ardentes faces intentat; is fortitudinem, magnitudinem animi, patientiam se debilitaturum minatur. Huic igitur succumbet virtus? huic beata sapientis et constantis viri vita cedet? Quam turpe! o dii boni! Pueri Spartiatæ non ingemiscunt verberum dolore laniati. Adólescentium greges Lacedæmone vidimus ipsi, incredibili contentione certantes pugnis, calcibus, unguibus, morsu denique, ut exanimarentur prius, quam se victos faterentur. Quæ barbaria India vastior, aut agrestior? In ea tamen gente primum ii, qui sapientes habentur, nudi ætatem agunt, et Caucasi nives, hiemalemque vim perferunt sine dolore; quumque ad flammam se applicaverunt, sine gemitu aduruntur [1]. Mulieres vero in India, quum est cujusvis earum vir mortuus, in certamen judiciumque veniunt, quam plurimum ille dilexerit: plures enim singulis solent esse nuptæ. Quæ est victrix, ea læta, prosequentibus suis, una cum viro in rogum imponitur: illa victa mœsta discedit [2]. Numquam naturam mos vinceret; est enim ea semper invicta. Sed nos umbris, deliciis, otio, languore, desidia animum infecimus; opinionibus, maloque more delenitum mollivimus. Ægyptiorum morem quis ignorat? quorum imbutæ mentes pravitatis erroribus, quamvis carnificinam prius subierint, quam ibim, aut aspidem, aut felem, aut canem, aut crocodilum [3] violent; quorum etiam si imprudentes quippiam fecerint, pœnam nullam recusent.

De hominibus loquor. Quid bestiæ? non frigus, non famem, non montivagos atque silvestres cursus lustrationesque patiuntur? non pro suo partu ita propugnant, ut vulnera excipiant; nullos impetus, nullos ictus reformident?

Omitto, quæ perferant, quæque patiantur ambitiosi, honoris causa; laudis studiosi, gloriæ gratia; amore incensi, cupiditatis. Plena vita exemplorum est.

XXVIII Sed adhibeat oratio modum, et redeat illuc,

unde defluxit. Dabit, dabit, inquam, se in tormenta vita
beata; nec justitiam, temperantiam, in primisque fortitudinem, magnitudinem animi, patientiam prosecuta,
quum tortoris os viderit, consistet; virtutibusque omnibus
sine ullo animi terrore ad cruciatum profectis, resistet
extra fores (ut ante dixi), limenque carceris. Quid enim
ea fœdius, quid deformius sola relicta, comi' tu pulcherrimo segregata? Quod tamen fieri nullo pacto potest. Nec
enim virtutes sine beata vita cohærere possunt, nec illa
sine virtutibus[1]. Itaque eam tergiversari non sinent, se-
cumque rapient ad quemcumque ipsæ dolorem cruciatum-
que ducentur. Sapientis est enim proprium, nihil, quod
pœnitere possit, facere, nihil invitum; splendide, constanter, graviter, honeste omnia; nihil ita exspectare, quasi
certo futurum; nihil, quum acciderit, admirari, ut inopinatum ac novum accidisse videatur; omnia ad suum
arbitrium referre; suis stare judiciis. Quo quid sit beatius,
mihi certe in mentem venire non potest. Stoicorum quidem
facilis conclusio est : qui quum finem bonorum esse sense-
rint, congruere naturæ[2], cumque ea convenienter vivere;
quum id sit in sapiente situm, non officio solum, verum
etiam potestate; sequatur necesse est, ut, cujus in potestate
summum bonum, in ejusdem vita beata sit. Ita fit semper
vita beata sapientis. Habes, quæ fortissime de beata vita
dici putem, et, quo modo nunc est, nisi quid tu melius
attuleris, etiam verissime.

XXIX. Aud. Melius equidem afferre nihil possum; sed a
te impetrarim libenter, nisi molestum sit, quoniam te
nulla vincula impediunt ullius certæ disciplinæ, libasque
ex omnibus, quodcumque te maxime specie veritatis movet: quod paullo ante peripateticos, veteremque academiam hortari videbare, ut sine retractatione libere dicere
auderent, sapientes esse semper beatissimos, id velim
audire, quemadmodum his putes consentaneum esse id
dicere. Multa enim a te contra istam sententiam dicta
sunt, et stoicorum ratione conclusa.

Cic. Utamur igitur libertate, qua nobis solis in philosophia licet uti; quorum oratio nihil ipsa judicat, sed habetur in omnes partes, ut ab aliis possit ipsa per sese,
nullius auctoritate adjuncta, judicari. Et quoniam videris
hoc velle, ut, quæcumque dissentientium philosophorum

sententia sit de finibus, tamen virtus satis habeat ad vitam
beatam præsidii, quod quidem Carneadem disputare solitum accepimus; sed is, ut contra stoicos, quos studiosissime semper refellebat, et contra quorum disciplinam ingenium ejus exarserat: nos illud quidem cum pace agemus.
Si enim stoici fines bonorum recte posuerunt; confecta
res est: necesse est semper beatum esse sapientem. Sed
quæramus unamquamque reliquorum sententiam, si fieri
potest, ut hoc præclarum quasi decretum beatæ vitæ possit omnium sententiis et disciplinis convenire.

XXX. Sunt autem hæ de finibus, ut opinor, retentæ,
defensæque sententiæ: primum simplices quatuor: Nihil
bonum, nisi honestum, ut stoici; Nihil bonum, nisi voluptas, ut Epicurus; Nihil bonum, nisi vacuitas doloris,
ut Hieronymus; Nihil bonum, nisi naturæ primis bonis
aut omnibus, aut maximis frui, ut Carneades contra
stoicos disserebat. Hæc igitur simplicia; illa mixta. Tria
genera bonorum, maxima animi, secunda corporis, externa
tertia, ut peripatetici, nec multo veteres academici secus;
voluptatem cum honestate Dinomachus, et Callipho copu-
lavit; indolentiam autem honestati peripateticus Diodorus
adjunxit. Hæ sunt sententiæ, quæ stabilitatis aliquid habeant: nam Aristonis, Pyrrhonis, Herilli, nonnullorum-
que aliorum evanuerunt'. Hi quid possint obtinere, videamus, omissis stoicis: quorum satis videor defendisse
sententiam.

Et peripateticorum quidem explicata causa est: præter
Theophrastum, et si qui illum secuti, imbecillius horrent
dolorem, et reformidant. Reliquis quidem licet facere id,
quod fere faciunt, ut gravitatem dignitatemque virtutis
exaggerent. Quam quum ad cœlum extulerint, quod facere eloquentes homines copiose solent: reliqua ex collatione facile est conterere atque contemnere. Nec enim licet
iis, qui laudem cum dolore petendam esse dicant, negare,
eos esse beatos, qui illam adepti sint. Quamquam enim
sint in quibusdam malis; tamen hoc nomen beati longe et
late patet.

XXXI. Nam ut quæstuosa mercatura, fructuosa aratio
dicitur, non si altera semper omni damno, altera omni
tempestatis calamitate semper vacat; sed si multo majore
ex parte exstat in utraque felicitas: sic vita, non solum si

undique referta bonis est, sed si multo majore et graviore
ex parte bona propendent, beata recte dici potest. Seque-
tur igitur horum ratione vel ad supplicium beata vita virtutem, cumque ea descendet in taurum, Aristotele, Xenocrate, Speusippo, Polemone auctoribus, nec eam minis
aut blandimentis corrupta deseret.

Eadem Calliphontis erit Diodorique sententia : quorum
uterque honestatem sic complectitur, ut omnia, quæ sine
ea sint, longe et retro ponenda censeat. Reliqui habere se
videntur angustius; enatant tamen : Epicurus, Hieronymus, et si qui sunt, qui desertum illum Carneadem curent
defendere. Nemo est enim, quin eorum bonorum animum
putet esse judicem, eumque condocefaciat, ut ea, quæ bona malave videantur, possit contemnere. Nam quæ tibi
Epicuri videtur, eadem erit Hieronymi et Carneadis causa,
et hercle omnium reliquorum. Quis enim parum est contra mortem, aut dolorem paratus? Ordiamur ab eo, si
placet, quem mollem, quem voluptarium dicimus.

Quid? is tibi mortemne videtur, an dolorem timere?
qui eum diem, quo moritur, beatum appellat, maximis-
que doloribus affectus, eos ipsos inventorum suorum memoria et recordatione confutat ' : nec hæc sit agit, ut ex
tempore quasi effutire videatur. De morte enim ita sentit,
ut, dissoluto animante, sensum exstinctum putet; quod
autem sensu careat, nihil ad nos id judicet pertinere. Item
de dolore certa habet, quæ sequatur ; quorum magnitudinem brevitate consolatur, longinquitatem levitate. Quid
tandem isti grandiloqui contra hæc duo, quæ maxime an
gunt, melius habent, quam Epicurus?

XXXII. An ad cetera, quæ mala putantur, non et Epicurus, et reliqui philosophi satis parati videntur? Quis
non paupertatem extimescit? Neque tamen quisquam
philosophorum. Hic vero ipse quam parvo est contentus?
Nemo de tenui victu plura dixit. Etenim quæ res pecuniæ
cupiditatem afferunt, ut amori, ut ambitioni, ut quotidia
nis sumptibus copiæ suppetant : quum procul ab iis omnibus rebus absit, cur pecuniam magnopere desideret, vel
potius curet omnino? An Scythes Anacharsis potuit pro
nihilo pecuniam ducere; nostrates philosophi facere non
poterunt? Illius epistola fertur his verbis : « Anacharsis
Hannoni salutem. Mihi amictui est, Scythicum tegmen ;

calciamentum, solorum callum; cubile, terra; pulpamen-
tum, fames : lacte, caseo, carne vescor. Quare ut ad
quietum me licet venias. Munera autem ista, quibus es
delectatus, vel civibus tuis, vel diis immortalibus dona. »

Omnes fere philosophi omnium disciplinarum, nisi quos
a recta ratione natura vitiosa detorsisset, eodem hoc animo esse potuerunt. Socrates, in pompa quum magna vis
auri argentique ferretur, « Quam multa non desidero! »
inquit. Xenocrates, quum legati ab Alexandro quinquaginta ei talenta attulissent, quæ erat pecunia temporibus
illis, Athenis præsertim, maxima, abduxit legatos ad cœ-
nam in Academiam; iis apposuit tantum, quod satis esset,
nullo apparatu. Quum postridie rogarent eum, cui nume-
rari juberet : « Quid? vos hesterna, inquit, cœnula non
intellexistis, me pecunia non egere? » Quos quum tristio-
res vidisset, xxx minas accepit, ne aspernari regis liberali-
tatem videretur¹. At vero Diogenes liberius, ut cynicus,
Alexandro roganti, ut diceret, si quid opus esset, « Nunc
quidem paullulum, inquit, a sole. » Offecerat videlicet
apricanti. Et hic quidem disputare solebat, quanto regem
Persarum vita fortunaque superaret. Sibi nihil deesse ;
illi nihil satis umquam fore: se ejus voluptates non deside-
rare, quibus numquam satiari ille posset; suas eum consequi nullo modo posse.

XXXIII. Vides, credo, ut Epicurus cupiditatum genera
diviserit, non nimis fortasse subtiliter, utiliter tamen :
partim esse naturales et necessarias; partim naturales, et
non necessarias; partim neutrum : necessarias satiari posse
pæne nihilo; divitias enim naturæ, parabiles esse; secundum autem genus cupiditatum, nec ad potiendum difficile
esse censet, nec vero ad carendum : tertias, quod essent
plane inanes, neque necessitatem modo, sed ne naturam
quidem attingerent, funditus ejiciendas putavit. Hoc loco
multa ab Epicureis disputantur, eæque voluptates singil-
latim extenuantur; quarum genera non contemnunt; non
quærunt tamen copiam. Nam et obscœnas voluptates, de
quibus multa ab illis habetur oratio, faciles, communes,
in medio sitas esse dicunt : easque si natura requirat, non
genere, aut loco, aut ordine, sed forma, ætate, figura me-
tiendas putant; ab iisque abstinere minime esse difficile,
si aut valitudo, aut officium, aut fama postulet; omnino-

que genus hoc voluptatum optabile esse, si non obsit; prodesse numquam: totumque hoc de voluptate sic ille præcipit, ut voluptatem ipsam per se, quia voluptas sit, semper optandam expetendamque putet; eademque ratione
dolorem ob id ipsum, quia dolor sit, semper esse fugiendum. Itaque hac usurum compensatione sapientem, ut
voluptatem fugiat, si ea majorem dolorem effectura sit, et
dolorem suscipiat, majorem efficientem voluptatem; omniaque jucunda, quamquam sensu corporis judicentur, ad
animum referri tamen. Quocirca corpus gaudere tam diu,
dum præsentem sentiat voluptatem; animum et præsentem percipere pariter cum corpore, et prospicere venien-
tem, nec præteritum præterfluere sinere. Ita perpetuas et
contextas voluptates in sapiente fore semper, quum exspectatio speratarum voluptatum, perceptarum memoriæ jun-
geretur.

XXXIV. Atque iis similia ad victum etiam transferun-
tur, extenuanturque magnificentia et sumptus epularum,
quod parvo cultu natura contenta sit. Etenim quis hoc
non videt, desideriis ista condiri omnia? Darius in fuga [1],
quum aquam turbidam, et cadaveribus inquinatam bibis-
set, negavit umquam se bibisse jucundius : numquam
videlicet sitiens biberat. Nec esuriens Ptolemæus ederat :
cui quum peragranti Ægyptum, comitibus non conse-
cutis, cibarius in casa panis [2] datus esset, nihil visum
est illo pane jucundius. Socratem ferunt, quum usque ad
vesperum contentius ambularet, quæsitumque esset ex
eo, quare id faceret, respondisse, se, quo melius cœnaret,
opsonare ambulando famen. Quid? victum Lacedæmoniorum in phiditiis [3] nonne videmus? Ubi quum tyrannus
cœnavisset Dionysius, negavit se jure illo nigro, quod
cœnæ caput erat, delectatum. Tum is, qui illa coxerat :
Minime mirum; condimenta enim defuerunt. Quæ tandem, inquit ille? Labor in venatu, sudor, cursus ab Eurota, fames, sitis : his enim rebus Lacedæmoniorum epulæ
condiuntur.

Atque hoc non ex hominum more solum, sed etiam
ex bestiis intelligi potest, quæ, ut quidquid objectum est,
quod modo a natura non sit alienum, eo contentæ non
quærunt amplius. Civitates quædam universæ, more doctæ,
parcimonia delectantur, ut de Lacedæmoniis paullo ante

diximus, Persarum a Xenophonte¹ victus exponitur : quos negat ad panem adhibere quidquam, præter nasturtium. Quamquam, si quædam etiam suaviora natura desideret, quam multa ex terra arboribusque gignuntur, quum copia facili, tum suavitate præstantia?

Adde siccitatem, quæ consequitur hanc continentiam in victu; adde integritatem valitudinis. Confer sudantes, ructantes, refertos epulis, tamquam opimos boves : tum intelliges, qui voluptatem maxime sequantur, eos minime consequi; jucunditatemque victus esse in desiderio, non in satietate.

XXXV. Timotheum ², clarum hominem Athenis, et principem civitatis, ferunt, quum cœnavisset apud Platonem, eoque convivio admodum delectatus esset, vidissetque eum postridie, dixisse : « Vestræ quidem cœnæ non solum in præsentia, sed etiam postero die jucundæ sunt.» Quid, quod ne mente quidem recte uti possumus, multo cibo, et potione completi? Est præclara epistola Platonis ad Dionis³ propinquos; in qua scriptum est his fere verbis : « Quo quum venissem, vita illa beata, quæ ferebatur, plena Italicarum Syracusiarumque mensarum, nullo modo mihi placuit; bis in die saturum fieri, nec umquam pernoctare solum; ceteraque, quæ comitantur huic vitæ, in qua sapiens nemo efficietur umquam, moderatus vero multo minus. Quæ enim natura tam mirabiliter temperari potest?» Quo modo igitur jucunda vita potest esse, a qua absit prudentia, absit moderatio? Ex quo Sardanapali⁴, opulentissimi Syriæ regis, error agnoscitur, qui incidi jussit in busto,

> Hæc habeo, quæ edi, quæque exsaturata libido
> Hausit : at illa jacent multa, et præclara relicta.

« Quid aliud, inquit Aristoteles, in bovis, non in regis sepulcro inscriberes? » Hæc habere se mortuum dicit, quæ ne vivus quidem diutius habebat, quam fruebatur. Cur igitur divitiæ desiderentur? aut ubi paupertas beatos esse non sinat? Signis, credo, tabulis, ludis. Si quis est, qui his delectetur, nonne melius tenues homines fruuntur, quam illi, qui his abundant? Est enim earum omnium rerum nostra in urbe summa in publico copia. Quæ qui privati habent, nec tam multa, et raro vident,

quum in sua rura venerunt. Quos tamen pungit aliquid,
quum , illa unde habeant, recordantur. Dies deficiat, si
velim paupertatis causam defendere. Aperta enim res est,
et quotidie nos ipsa natura admonet, quam paucis , quam
parvis rebus egeat, quam vilibus.

XXXVI. Num igitur ignobilitas, aut humilitas, aut
etiam popularis offensio, sapientem beatum esse prohibe-
bit? Vide, ne plus commendatio in vulgus, et hæc, quæ
expetitur, gloria molestiæ habeat, quam voluptatis. Le-
viculus sane noster Demosthenes', qui illo susurro delectari se dicebat aquam ferentis mulierculæ, ut mos in
Græcia est, insusurrantisque alteri, Hic est ille Demosthenes. Quid hoc levius? At quantus orator! Sed apud alios
loqui videlicet didicerat, non multum ipse secum. Intelligendum est igitur, nec gloriam popularem ipsam per
sese expetendam, nec ignobilitatem extimescendam. Veni
Athenas, inquit Democritus; neque me quisquam ibi
agnovit. Constantem hominem et gravem! qui glorietur,
a gloria se abfuisse. An tibicines, iique, qui fidibus utuntur, suo, non multitudinis arbitrio, cantus numerosque
moderantur : vir sapiens, multo arte majore præditus,
non , quid verissimum sit, sed quid velit vulgus, exqui-
ret? An quidquam stultius, quam, quos singulos, sicut
operarios barbarosque contemnas, eos esse aliquid putare
universos? Ille vero nostras ambitiones levitatesque con-
temnet, honoresque populi, etiam ultro delatos, repudia-
bit : nos autem eos nescimus, antequam pœnitere cœpit,
contemnere. Est apud Heraclitum physicum², de principe Ephesiorum Hermodoro : « Universos, ait, Ephe-
sios esse morte multandos, quod, quum civitate expelle-
rent Hermodorum, ita locuti sint : Nemo de nobis unus
excellat; sin quis exstiterit, alio in loco, et apud alios sit. »
An hoc non ita fit omni in populo? nonne omnem ex-
superantiam virtutis oderunt? Quid? Aristides³ (malo
enim Græcorum, quam nostra proferre) nonne ob eam
causam expulsus est patria, quod præter modum justus
esset? Quantis igitur molestiis vacant, qui nihil omnino
cum populo contrahunt? Quid est enim dulcius otio litte-
rato? Iis dico litteris, quibus infinitatem rerum atque
naturæ, et in hoc ipso mundo cœlum, terras, maria cognoscimus

XXXVII. Contempto igitur honore, contempta etiam pecunia, quid relinquitur quod extimescendum sit? Exsilium, credo, quod in maximis malis ducitur. Id si propter alienam et offensam populi voluntatem malum est; quam sit ea contemnenda, paullo ante dictum est. Sin abesse patria miserum est, plenæ miserorum provinciæ sunt; ex quibus admodum pauci in patriam revertuntur. At multantur bonis exsules..Quid tum? parumne multa de toleranda paupertate dicuntur? Jam vero exsilium, si rerum naturam, non ignominiam nominis quærimus, quantum demum a perpetua peregrinatione differt? in qua ætates suas philosophi nobilissimi consumpserunt, Xenocrates, Crantor, Arcesilas, Lacydes, Aristoteles, Theophrastus, Zeno, Cleanthes, Chrysippus, Antipater, Carneades, Panætius, Clitomachus, Philo, Antiochus, Posidonius; innumerabiles alii : qui semel egressi, numquam domum revertere. At enim sine ignominia afficere sapientem. De sapiente enim hæc omnis oratio est, cui jure id accidere non possit. Nam jure exsulantem consolari non oportet. Postremo ad omnes casus facillima ratio est eorum, qui ad voluptatem ea referunt, quæ sequuntur in vita; ut, quocumque hæc loco suppeditent, ibi beate queant vivere. Itaque ad omnem rationem Teucri vox accommodari potest,

Patria est, ubicumque est bene.

Socrates quidem quum rogaretur, cujatem se esse diceret, Mundanum, inquit. Totius enim mundi se incolam et civem arbitrabatur. Quid T. Albucius²? nonne animo æquissimo Athenis exsul philosophabatur? cui tamen illud ipsum non accidisset, si in republica quiescens Epicuri legibus paruisset. Qui enim beatior Epicurus, quod in patria vivebat, quam quod Athenis Metrodorus? aut Plato Xenocratem vincebat, aut Polemo Arcesilam, quo esset beatior? Quanti vero ista civitas æstimanda est, ex qua boni sapientesque pelluntur? Demaratus quidem, Tarquinii, regi nostri, pater, tyrannum Cypselum quod ferre non poterat, fugit Tarquinios Corintho, et ibi suas fortunas constituit, ac liberos procreavit. Num stulte anteposuit exsilii libertatem domesticæ servituti?

XXXVIII. Jam vero motus animi, sollicitudines, ægritudinesque oblivione leniuntur, traductis animis ad voluptatem. Non sine causa igitur Epicurus ausus est dicere, semper in pluribus bonis esse sapientem, quia semper sit in voluptatibus. Ex quo effici putat ille, quod quærimus, ut sapiens semper beatus sit. Etiamne, si sensibus carebit oculorum, si aurium? Etiam : nam ista ipsa contemnit. Primum enim, horribilis ista cæcitas quibus tandem caret voluptatibus? quum quidam etiam disputent, ceteras voluptates in ipsis habitare sensibus; quæ autem adspectu percipiantur, ea non versari in oculorum ulla jucunditate : ut ea, quæ gustemus, olfaciamus, tractemus, audiamus, in ea ipsa, ubi sentimus, parte versentur; in oculis tale nihil fit : animus accipit, quæ videmus. Animo autem multis modis variisque delectari licet, etiam si non adhibeatur adspectus. Loquor enim de docto homine et erudito, cui vivere est, cogitare. Sapientis autem cogitatio non ferme ad investigandum adhibet oculos advocatos. Etenim si nox non adimit vitam beatam, cur dies nocti similis adimat? Nam illud Antipatri Cyrenaici ' est quidem paullo obscœnius, sed non absurda sententia est, cujus cæcitatem quum muliercula lamentarentur : « Quid agitis? inquit; an vobis nulla videtur voluptas esse nocturna? » Appium quidem veterem illum, qui cæcus annos multos fuit, et ex magistratibus, et ex rebus gestis intelligimus, in illo suo casu nec privato, nec publico muneri defuisse. C. Drusi domum compleri a consultoribus solitam accepimus : quum, quorum res esset, sua ipsi non videbant, cæcum adhibebant ducem. Pueris nobis, Cn. Aufidius prætorius et in senatu sententiam dicebat, nec amicis deliberantibus deerat, et græcam scribebat historiam, et videbat in litteris '.

XXXIX. Diodotus stoicus ', cæcus, multos annos domi nostræ vixit. Is vero, quod credibile vix esset, quum in philosophia multo etiam magis assidue, quam antea versaretur, et quum fidibus Pythagoreorum more uteretur, quumque ei libri noctes et dies legerentur, quibus in studiis oculis non egebat : tum, quod sine oculis fieri posse vix videtur, geometriæ munus tuebatur, verbis præcipiens discentibus, unde, quo, quamque lineam scriberent. Asclepiadem ferunt, non ignobilem Eretricum philosophum ', quum quidam quæreret, quid ei cæcitas attulisset, respondisse', puero ut uno esset comitatior. Ut enim vel summa paupertas tolerabilis sit, si liceat, quod quibusdam Græcis quotidie : sic cæcitas ferri facile possit, si non desint subsidia valitudinum. Democritus, luminibus amissis, alba, scilicet, et atra discernere non poterat : at vero bona, mala; æqua, iniqua; honesta, turpia; utilia, inutilia; magna, parva poterat : et sine varietate colorum licebat vivere beate ; sine notione rerum non licebat. Atque hic vir impediri etiam animi aciem adspectu oculorum arbitrabatur', et, quum alii sæpe, quod ante pedes esset, non viderent, ipse infinitatem omnem peregrinabatur, ut nulla in extremitate consisteret. Traditum est etiam, Homerum cæcum fuisse. At ejus picturam, non poesim, videmus. Quæ regio, quæ ora, qui locus Græciæ, quæ species formæ, quæ pugna, quæ acies, quod remigium, qui motus hominum, qui ferarum, non ita expictus est, ut, quæ ipse non viderit, nos ut videremus, effecerit? Quid ergo aut Homero ad delectationem animi ac voluptatem, aut cuiquam docto defuisse umquam arbitramur? An, ni ita se res haberet, Anaxagoras, aut hic ipse Democritus, agros, et patrimonia sua reliquissent : huic discendi quærendique divinæ delectationi toto se animo dedissent? Itaque augurem Tiresiam, quem sapientem fingunt poetæ, numquam inducunt deplorantem cæcitatem suam : at vero Polyphemum Homerus quum immanem ferumque finxisset, cum arieto etiam colloquentem facit, ejusque laudare fortunas, quod, qua vellet, ingredi posset, et, quæ vellet, attingere². Recte id quidem : nihilo enim erat ipse cyclops, quam aries ille, prudentior.

XL. In surditate vero quidnam est mali? Erat surdaster M. Crassus; sed aliud molestius, quod male audiebat, etiam si, ut mihi videbatur, injuria³. Epicurei nostri græce fere nesciunt, nec Græci latine. Ergo hi in illorum, et illi in horum sermone surdi; omnesque id nos in iis linguis, quas non intelligimus, quæ sunt innumerabiles, surdi profecto sumus. At vocem citharœdi non audiunt : ne stridorem quidem serræ tum, quum acuitur; aut grunnitum, quum jugulatur, suis; nec, quum quiescere volunt, fremitum murmurantis maris. Et, si cantus eos forte delectant, primum cogitare debent, antequam hi sint inventi, multos beate vixisse sapientes; deinde multo majorem percipi posse le-

gendis his, quam audiendis voluptatem. Tum, ut paullo
ante cæcos ad aurium traducebamus voluptatem, sic licet
surdos ad oculorum. Etenim qui secum loqui poterit, sermonem alterius non requiret.

Congerantur in unum omnia, ut idem oculis et auribus
captus sit; prematur etiam doloribus acerrimis corporis;
qui primum per se ipsi plerumque conficiunt hominem;
sin forte longinquitate producti vehementius tamen torquent, quam ut causa sit, cur ferantur : quid est tandem,
dii boni! quod laboremus? Portus enim præsto est, quoniam mors ibidem est, æternum nihil sentienti receptaculum. Theodorus Lysimacho mortem minitanti : «Magnum vero, inquit, effecisti, si cantharidis vim consecutus
es ». Paullus Persæ deprecanti, ne in triumpho duceretur :
« In tua id quidem potestate est. » Multa primo die, quum
de ipsa morte quæreremus; non pauca etiam postero,
quum ageretur de dolore, sunt dicta de morte : quæ qui
recordetur, haud sane periculum est, ne non mortem aut
optandam, aut certe non timendam putet.

XLI. Mihi quidem in vita, servanda videtur illa lex,
quæ in Græcorum conviviis obtinetur : « Aut bibat, inquit, aut abeat. » Et recte. Aut enim fruatur aliquis pariter cum aliis voluptate potandi; aut, ne sobrius in violen-
tiam vinolentorum incidat, ante discedat. Sic injurias
fortunæ, quas ferre nequeas, defugiendo relinquas. Hæc
eadem, quæ Epicurus, totidem verbis dicit et Hieronymus.

Quod si ii philosophi, quorum ea sententia est, ut virtus
per se ipsa nihil valeat, omneque, quod honestum nos, et
laudabile esse dicimus, id illi cassum quiddam, et inani
vocis sono decoratum esse dicant; et tamen semper beatum censent esse sapientem : quid tandem a Socrate et
Platone profectis philosophis faciendum putes? Quorum
alii tantam præstantiam in bonis animi esse dicunt, ut ab
his corporis et externa obscurentur; alii autem hæc ne
bona quidem ducunt, in animo reponunt omnia. Quorum
controversiam solebat, tamquam honorarius arbiter, judicare Carneades. Nam quum, quæcumque bona peripateticis, eadem stoicis commoda viderentur; neque tamen
peripatetici plus tribuerint divitiis, bonæ valitudini, ceteris rebus generis ejusdem, quam stoici : quum ea, re, non
verbis ponderarentur; causam esse dissidendi negabat.

Quare hunc locum ceterarum diciplinarum philosophi quemadmodum obtinere possint, ipsi viderint : mihi tamen gratum est, quod de sapientium perpetua bene vivendi facultate dignum quiddam philosophorum voce profitentur.

Sed quoniam mane est eundum, has quinque dierum disputationes memoria comprehendamus. Equidem me etiam conscripturum arbitror. Ubi enim melius uti possumus hoc, cuicuimodi est, otio? Ad Brutumque nostrum hos libros alteros quinque mittemus ; a quo non modo impulsi sumus ad philosophicas scriptiones, verum etiam lacessiti. In quo quantum ceteris profuturi simus, non facile dixerimus : nostris quidem acerbissimis doloribus, variisque et undique circumfusis molestiis alia nulla potuit inveniri levatio.

NOTES

SUR LES TUSCULANES.

—

LIVRE PREMIER.

Page 2. — 1. L'époque de l'existence d'Homère est, comme on sait, très-contestée. Quelques-uns veulent qu'il ait été contemporain de la guerre de Troie ; d'autres le font naître trois à quatre siècles plus tard. La même incertitude règne sur le temps où Hésiode a vécu.

Ibid. — 2. Archiloque, né à Paros, vers 700 avant J. C., un des premiers créateurs du genre iambique qui correspond à peu près à notre satire.

Ibid. — 3. Livius Andronicus était un affranchi d'origine grecque. Cicéron, dans le *Brutus*, ch. 18, fixe à l'an de Rome 514, la date de sa première pièce, et cette chronologie, appuyée sur le témoignage de Varron, paraît plus exacte que celle des Tusculanes. Il ne nous reste de Livius qu'un petit nombre de vers qui ne nous permettent pas d'apprécier son mérite.

Ibid. — 4. Ennius, né à Rudies, près de Tarente, écrivit plusieurs pièces de théâtre, des poëmes relatifs à l'histoire de Rome, et quelques satires, mélanges de prose et de vers. On lui éleva après sa mort une statue sur le tombeau de Scipion l'Africain, qui fut son ami, et dont il a chanté les exploits. Ses ouvrages sont perdus, à l'exception de quelques fragments.

Ibid. — 5. Marcus Accius Plautus, le véritable père de la comédie latine. — Nœvius de Campanie, autre poëte comique qui a précédé Plaute. Ce passage donne lieu à d'assez graves difficultés : en effet, Ennius, de l'aveu de tous les historiens et de Cicéron lui-même (*Brutus*, ch. 18), n'a paru qu'après Nœvius. Quelques éditeurs proposent : « quam Plautus, ut et Nœvius, « ainsi que Nœvius, il a précédé Plaute; » d'autres suppriment les mots « et Nœvius; » d'autres enfin font rapporter le membre de phrase tout entier à Livius Andronicus. Orelli, dans la savante édition qu'il a publiée en 1828, et à laquelle nous aurons souvent recours, suit la leçon adoptée par M. Le Clerc.

Ibid. — 6. Les *Origines* sont un ouvrage de M. Porcius Caton, qui, au témoignage de Cornélius Népos, *Vie de Caton*, ch. 3, le composa dans sa vieillesse.

Page 2.—7. M. Fulvius Nobilior, consul en 189 av. J. C., ayant été envoyé pour soumettre l'Étolie, se fit accompagner par Ennius, et à son retour, consacra aux Muses les dépouilles de la guerre. Voyez le discours *Pro Archia*, ch. 10.

Ibid.—8. Fabius est encore un nom qui appartient aux premiers temps de l'histoire littéraire de Rome. Il florissait vers 216 av. J. C. Il était peintre, comme l'indique son surnom de *Pictor*, et historien. Quelques fragments de ses *Annales* sont parvenus jusqu'à nous.

Ibid. — 9. Polyclète et Parrhasius ont vécu dans le ve siècle av. J. C. Le premier était sculpteur, le second peintre.

Page 3.—1. « Au contraire, nous avons de bonne heure aspiré à être orateurs. Ce fut d'abord sans y chercher d'art : on se contentait d'un talent heureux; l'art vint ensuite. » Trad. de M. J. V. Le Clerc.

Ibid.—2. Sur ce passage, il faut consulter le tableau de l'éloquence romaine que Cicéron a tracé dans l'ouvrage intitulé *Brutus sive de Oratoribus.*

Ibid. —3. Voyez plus bas, *Tuscul.* iv, ch. 1 et suiv.

Ibid.—4. Parmi les premiers ouvrages philosophiques qui ont été écrits en latin, et auxquels s'appliquerait l'épithète de *scripti inconsiderate*, se trouvent ceux d'un certain Amafinius, dont il est de nouveau question dans les Tusculanes, liv. iv, ch. 3, et dans les Académiques, liv. i, ch. 2. Mais on peut s'étonner que Cicéron ait passé sous silence le poème de Lucrèce. M. V. Le Clerc conjecture qu'il ne voulait rien dire qui pût tourner à la gloire d'Épicure.

Ibid. — 5. Ce n'est pas la gloire d'Isocrate, suivant Diogène Laërce, v, 3, qui aurait poussé Aristote à s'entourer de disciples, mais les succès de Xénocrate à l'Académie. Voyez cependant Cicéron *De Orat.* iii, 35, et Quintilien, *Inst. Orat.* iii, 1.

Ibid.—6. *Scholas* ne signifie pas ici *Écoles*, on sait que Cicéron n'en ouvrit jamais; mais plutôt *Conférences* ou *Discussions*. Cicéron emploie ce mot dans le même sens au liv. iii, ch. 34. « Separatim certæ *scholæ* sunt de exsilio, de interitu patriæ... » — « Hæc Græci in singulas *scholas* et in singulos libros dispertiunt. »

Ibid.—7. Brutus venait alors de partir pour la Gaule Cisalpine, dont César le nomma gouverneur en 47 avant J. C.

Page 4.—1. Les ouvrages de Platon sont tous écrits sous forme de dialogues, où Socrate joue le rôle d'interlocuteur.

Ibid.— 2. Quelques éditeurs veulent que les lettres A et M qui distinguent les interlocuteurs dans la plupart des manuscrits, signifient Atticus, et Marcus, prénom de Cicéron. M. V. Le Clerc fait observer avec beaucoup de raison, qu'ils font jouer à Atticus le rôle d'écolier; ce qui est tellement vrai, que Cicéron lui-même dans la seconde Tusculane, ch. 12, traite de jeune homme celui qui s'entretient avec lui : « At tu, adolescens... »

Page 4. — 3. Célèbres orateurs qui ont précédé Cicéron de quelques années.

Ibid. — 4. Ces mots et ceux qui suivent, sont une preuve entre mille autres, du décri profond où le polythéisme était tombé un demi-siècle avant J. C. Ces dogmes sacrés de la religion païenne avaient naguère trouvé dans Platon un juge moins rigoureux. Sans les accepter sous leur forme populaire, il les avait accueillis comme de précieux débris d'une antique sagesse : ils servent de conclusion à trois de ses plus beaux dialogues, le Phédon, le Gorgias et la République.

Page 5. — 1. Marcus Licinius Crassus, celui qui forma le premier triumvirat avec Pompée et César, le plus riche des Romains. Nommé gouverneur de Syrie, et chargé de continuer la guerre contre les Parthes, il obtint d'abord quelques avantages, puis il éprouva des revers à la suite desquels il périt par les ordres du général ennemi. Il était le neveu de l'orateur du même nom.

Ibid. — 2. La porte Capena, aujourd'hui porte de Saint-Sébastien, donnait sur la voie Appienne, près de laquelle étaient les tombeaux des illustres Romains.

Page 6. — 1. Epicharme, natif de Sicile, florissait vers l'an 450 av. J. C. Il avait écrit des comédies qui furent longtemps considérées comme des modèles.

Page 7. — 1. Scipion Nasica, appelé Corculum, à cause de la bonté de son cœur et de ses talents, fut nommé une première fois consul en 163 av. J. C., une seconde fois en 155, et grand pontife en 152. Le vers qui suit est d'Ennius.

Ibid. — 2. Empédocle d'Agrigente florissait vers 444, suivant les uns, vers 460, suivant d'autres. Il distinguait quatre éléments, l'eau, la terre, l'air et le feu, dont les combinaisons formées par l'action de deux principes, l'amitié, φιλία, la discorde, νεῖκος, avaient produit tout ce qui existe. A l'exemple de plusieurs philosophes grecs, il avait exposé son système dans un livre sur la nature, περὶ φύσεως, dont il ne reste plus aujourd'hui que des fragments. Voyez Aristote, *Métaph.* i, 3.

Ibid. — 3. Zénon, chef du stoïcisme, né à Cittium, dans l'île de Chypre, vers 340, mort vers 264.

Page 8 — 1. Orelli rattache ces derniers mots à la phrase suivante : « Reliqua fere singuli. Ut multi ante veteres, proxime autem Aristoxenus... » Le sens est alors : « Comme beaucoup de philosophes anciens, Aristoxène, à une époque plus rapprochée de nous... »

Ibid. 2. — 1. Aristoxène de Tarente, disciple d'Aristote. Le sentiment d'Aristoxène, comme Cicéron a raison de le rappeler, n'avait rien de nouveau ; ce n'était que la reproduction d'une théorie déjà combattue par Platon dans le Phédon, et par Aristote dans son traité *De l'Ame* i, 4. Pour nous borner à une seule des nombreuses objections qu'il soulève, le principe de toute harmonie réside dans l'accord le plus intime de ses éléments ; or, la force et le devoir de l'âme est au contraire, dans beaucoup de cas, de se séparer violemment du corps, de lui résister et de le vaincre.

Page 8.—3. Xénocrate de Chalcédoine, philosophe platonicien, mort en 314 av. J. C., succéda à Speusippe dans la direction de l'Académie. Il eut pour disciple Polémon et Crantor, dont Cicéron parle plus bas. Consultez Diog. Laërce, IV, 6.

Ibid. — 4. Voyez Platon, *République*, liv. IV.

Ibid. —5. Dicéarque de Messène, disciple d'Aristote.

Ibid. — 6. Étant donné un objet, on peut se demander 1° quelle en est la substance; 2° la nature propre ou essence; 3° la cause productrice; 4° le but? De là les quatre principes qui ont été admis par Aristote sous les noms de matière, ὕλη, de forme, εἶδος, τὸ τὶ ἦν εἶναι, de principe moteur, ἀρχὴ κινήσεως, de fin, τέλος, τὸ οὗ ἕνεκα, et que depuis on a appelés causes matérielle, formelle, efficiente, finale. (*Métaph.* I, 3.) Comme toute nature est quelque chose de réel, de déterminé et d'actif, par opposition à ce qui n'est que possible, indéterminé et inerte, comme de plus elle contient en soi une fin qu'elle manifeste, Aristote, dans son langage concis et abstrait, dit qu'en général la forme est une *énergie*, ἐνέργεια, de ἐν et de ἔργον, ou même une *entéléchie*, ἐντελέχεια, de ἐν, τέλος et ἔχειν. (*Métaph.* IX, 6.) L'entéléchie n'est donc pas, comme Cicéron veut le dire, un nouveau principe ajouté aux quatre déjà reconnus par Aristote; mais une dénomination spécialement appliquée au principe formel, à cause de son caractère propre et de son rôle. Et quant à cette maxime péripatéticienne, réputée si obscure, l'âme est l'*entéléchie première d'un corps naturel ayant le pouvoir de vivre*, ἐντελέχεια ἡ πρώτη σώματος φυσικοῦ δυνάμει ζωὴν ἔχοντος (*De l'Ame*, liv. II, c. 1), elle veut dire que l'âme avec l'ensemble de ses facultés, n'est pas le résultat fortuit du jeu des organes, mais le principe même de l'organisation, la force cachée et toute-puissante qui y produit et y maintient l'accord, le mouvement et la vie. C'est précisément le contraire de l'opinion d'Aristoxène.

Page 9. — 1. Démocrite d'Abdère naquit, suivant les conjectures les plus probables vers 490 av. J. C. Comme Leucippe, son compatriote, son ami et son maître, il admettait trois principes des choses, le vide, les atomes et le mouvement. On le regarde comme l'auteur d'une théorie célèbre, développée par Épicure, et poétiquement exposée par Lucrèce, d'après laquelle la connaissance du monde extérieur est produite en nous par certaines émanations des objets qui viennent s'imprimer sur les organes des sens.

Ibid. — 2. « Quod si in hoc erro, quod animos hominum immortales esse credam, lubenter erro; nec mihi hunc errorem, quo delector, dum vivo, extorqueri volo. » *De Senectute*, 23.

Ibid. — 3. Le Phédon. Fénelon ne porte pas de cet ouvrage un jugement aussi favorable. Malgré son admiration pour Platon, il trouve

« qu'il fait raisonner faiblement Socrate sur l'immortalité de l'âme. » *Lettre sur les occupations de l'Académie.*

Page 10. — 1. « Il y a une autre preuve morale de l'immortalité de l'âme, sur laquelle il faut insister; c'est la vénération des hommes pour les tombeaux. Là, par un charme invincible, la vie est attachée à la mort ; là, la nature humaine se montre supérieure au reste de la création, et déclare ses hautes destinées. La bête connaît-elle le cercueil de ses pères, et s'inquiète-t-elle de ses cendres? Que lui font les ossements de son père, ou plutôt sait-elle quel est son père après que les besoins de l'enfance sont passés? D'où nous vient donc la puissante idée que nous avons du trépas? Quelques grains de poussière mériteraient-ils nos hommages? Non, sans doute : nous respectons les cendres de nos ancêtres, parce qu'une voix nous dit que tout n'est pas éteint en eux. Et c'est cette voix qui consacre le culte funèbre chez tous les peuples de la terre : tous sont également persuadés que le sommeil n'est pas durable, même au tombeau, et que la mort n'est qu'une transfiguration glorieuse. » Chateaubriand, *Génie du Christianisme*, liv. vi, ch. 3.

Ibid. — 2. Castor et Pollux, frères d'Hélène et fils de Tyndare.

Ibid. — 3. Ino, fille de Cadmus et d'Hermione.

Ibid. — 4. « Tout était Dieu, excepté Dieu même; et le monde que Dieu avait formé pour manifester sa puissance, semblait être devenu un temple d'idoles. » Bossuet, *Disc. sur l'Hist. univ.*, 2ᵉ partie.

Ibid. — 5. Cette opinion sur l'origine des dieux du polythéisme, remonte au philosophe Evhémère, contemporain de Cassandre, roi de Macédoine; il l'exposa sous forme de fiction, dans un poëme dont nous possédons des fragments, débris d'une traduction écrite par Ennius. D'autres ont rejeté ce mode d'explication historique pour ne voir dans la mythologie païenne qu'une personnification des forces de la nature et du système planétaire. Voyez Cicéron *Tusculanes*, v, 3. Nous ne pouvons que renvoyer ceux qui voudraient approfondir cette curieuse question à la *Symbolique* de Creuzer, si savamment traduite par M. Guigniaut.

Page 11 — 1. « D'où vient que des hommes si différents d'humeur, de culte, de pays, de sentiments, d'intérêts, de figure même, et qui à peine paraissent entre eux de même espèce, conviennent tous pourtant en ce point, et veulent tous être immortels? Ce n'est pas ici une collusion; car comment ferez-vous convenir ensemble les hommes de tous les pays et de tous les siècles? Ce n'est pas un préjugé de l'éducation; car les mœurs, les usages, le culte, qui d'ordinaire sont la suite des préjugés, ne sont pas les mêmes parmi tous les peuples; le sentiment de l'immortalité leur est commun à tous. Ce n'est pas une secte; car outre que c'est la religion universelle du monde, ce dogme n'a point eu de chef et de protecteur : les hommes se le sont persuadé eux-mêmes, ou plutôt la nature le leur a appris sans le secours des maîtres; et seul, depuis le commencement des choses, il a passé des pères aux enfants, et s'est toujours maintenu sur la terre. O vous qui croyez être un amas de boue! sortez donc du monde où vous vous trouvez seul de votre avis, allez donc chercher dans une autre terre des hommes d'une autre espèce, et semblables à la bête; ou plutôt ayez horreur de vous-même, de vous trouver comme seul dans l'univers, de vous révolter contre toute la nature, de désavouer votre propre cœur, et reconnaissez dans un sentiment commun à tous les hommes, l'impression commune de l'auteur qui les a formés! » Massillon, *De la Vérité d'un avenir*, Carême, I.

Page 11.—2. *Synéphèbes*, les Jeunes Camarades, comédie de Ménandre, traduite ou imitée en latin, par Statius Cécilius, ce vieux poëte qui encouragea les débuts de Térence.

Page 12. — 1. Cicéron exprime les mêmes idées à peu près de la même manière dans son discours pour le poëte Archias, ch. 9 et 10.

Ibid. — 2. Épitaphe placée sur la statue d'Ennius, et que lui-même avait composée.

Ibid. — 3. Phidias, le plus célèbre des sculpteurs de l'antiquité, né en 498, mort en 430.

Page 13. — 1. Imité du début de l'Hécube d'Euripide :

Ἥκω νεκρῶν κευθμῶνα καὶ σκότου πύλας
Λιπών...

Ibid. — 2. « De là toutes ces histoires de morts dans Homère; de là cette nécromancie de mon ami Appius; de là, dans mon voisinage, ce lac d'Averne... » —Orelli conjecture que cet Appius, dont Cicéron parle encore dans son *Traité de la Divination*, I, 58, est le même qu'Appius Claudius Pulcher, qui fut augure et consul en l'an de Rome 700. —Le lac Averne était situé dans le pays des Volsques, auquel appartenait la petite ville d'Arpinum, la patrie de Cicéron; de là ces mots : *In vicinia nostra Averni lacus.*

Ibid. — 3. Phérécyde florissait vers 600 avant J. C. Il est avec Anaximandre le premier philosophe qui ait écrit. Voy. Diogène Laërce I, 116 et sqq.

Ibid. — 4. « Sous celui de nos rois qui portait le nom de ma famille, » c'est-à-dire sous Servius Tullius. Sur le véritable sens du mot *Gentilis* dans la langue juridique des Romains, on peut consulter M. Ortolan, *Explication historique des Institutes de Justinien*, liv. III, tit. 2.

Page 14. — 1. Les anciens admettaient quatre éléments, la terre, l'eau, l'air et le feu. La terre et l'eau, à raison de leur pesanteur relative, étaient supposées se précipiter vers les points les plus bas; l'air et le feu plus légers, gagner les régions supérieures.

Ibid. — 2. «.... Si c'est un cinquième élément que l'on comprend encore mieux qu'on ne peut l'exprimer. » Trad. de M. Le Clerc. Ne serait-il pas plus exact de dire « qu'on a autant de peine à nommer qu'à comprendre? » Les variantes de ce passage sont nombreuses.

— *Illa non nominata magis quam intellecta.* — *Illa nominata magis quam intellecta.* — *Illa nove nominata magis quam intel-lecta.* Cette dernière leçon qu'Orelli propose sans l'adopter, nous semble la plus ingénieuse.

Page 15. — 1. Panætius, philosophe stoïcien, né à Rhodes en 190, fut l'ami de Scipion l'Africain, qu'il accompagna dans plusieurs missions. Entre autres ouvrages, il avait composé un *Traité des devoirs*, qui a formé le fond de celui de Cicéron. Il mourut à Athènes presque no-nagénaire.

Page 16. — Vers empruntés avec quelques changements à la Médée d'Ennius.

Page 17. — 1. Tout le monde connaît ces vers célèbres de Lucrèce:

Humana ante oculos fœde cum vita jaceret
In terris, oppressa gravi sub relligione,
Quæ caput e cœli regionibus ostentabat,
Horribili super aspectu mortalibus instans,
Primus Graius homo mortales tollere contra
Est oculos ausus, primusque obsistere contra.

Liv. I, v. 63 et suiv.

Et ailleurs,

...Deus ille fuit, Deus, inclute Memmi,
Qui princeps vitæ rationem invenit eam quæ
Nunc appellatur sapientia.....

Liv. V, v. 8 et suiv

Ibid. — 2. « Où est l'homme, quand tout ce qu'il avait de sensible est détruit? Cette question n'est plus une difficulté pour moi, sitôt que j'ai reconnu deux substances. Il est très-simple que, durant ma vie corporelle, n'apercevant rien que par mes sens, ce qui ne leur est point soumis m'échappe. Quand l'union du corps et de l'âme est rompue, je conçois que l'un peut se dissoudre, et l'autre se conserver. Pourquoi la destruction de l'un entraînerait-elle la destruction de l'au-tre ? Au contraire, étant de nature si différente, ils étaient par leur union dans un état violent; et quand cette union cesse, ils rentrent tous deux dans leur état naturel : la substance active et vivante re-gagne toute la force qu'elle employait à mouvoir la substance passive et morte. Hélas ! je ne le sens que trop par mes vices; l'homme ne vit qu'à moitié durant sa vie, et la vie de l'âme ne commence qu'à la mort du corps. » Rousseau, *Émile*, liv. IV.

Page 18. — 1. Cette partie du sixième livre de la République est une de celles que nous possédons; c'est le Songe de Scipion.

Ibid. — 2. Le grec porte : οὐκ ἂν ἐξ ἀρχῆς γίγνοιτο, ce qui ne donne pas le même sens que la version des Tusculanes. On a proposé, il est vrai, οὐκ ἂν ἀρχὴ γίγνοιτο, et pour éviter la contradiction que présen-tent les mots ἀρχὴ et γίγνοιτο, rapprochés l'un de l'autre, οὐκ ἂν ἐτ' ἀρχὴ γίγνοιτο; mais aucun manuscrit n'autorise cette correction. Il est plus naturel de croire que dans l'intérêt même de la clarté, Cicéro s'est permis une infidélité légère envers l'original. Voici, du reste, l'ex-plication que M. V. Cousin donne du **texte** fort obscur de Platon, d'après Hermias et M. Schleiermacher : « Un principe ne peut venir que de lui-même ; car, s'il venait de quelque chose en restant lui-même, c'est-à-dire en restant principe, comme il n'y a pas de principe autre que le principe lui-même, et que deux principes sont impossibles, il s'en suit que ce dont il viendrait ne serait pas un principe, ce qui est impossible encore ; car le moins ne contient pas le plus ; donc un principe ne vient que de soi-même. »

Page 19.— 1. « Nul être matériel n'est actif par lui-même, et moi je le suis. On a beau me disputer cela, je le sens, et ce sentiment qui me parle est plus fort que la raison qui le combat. J'ai un corps sur lequel les autres agissent et qui agit sur eux : cette action réciproque n'est pas douteuse ; mais ma volonté est indépendante de mes sens. Rousseau, *Émile*, liv. IV. »

Page 20. — 1. C'est une question de savoir s'il faut prendre cette formule à la lettre ; ou si plutôt elle ne cacherait pas, sous le voile du symbole, des vérités plus profondes. Nous renvoyons à l'argument philosophique de la traduction de Phédon, par M. V. Cousin.

Ibid. — 2. Dans le Phédon.

Ibid. — 3. Platon partage tous les êtres en deux classes ; les uns multiples, variables, soumis à la génération et à la mort, qui deviennent toujours, qui ne sont jamais, τὰ πολλά, τὰ γιγνόμενα, τὰ μὴ ὄντα ; les autres, doués de caractères opposés, uniques chacun dans leur espèce, ἓν ἕκαστον, étrangers au changement, à la naissance, à la dissolution, vraies existences, ὄντως ὄν. Les premiers sont les êtres sensibles ; les seconds, les idées, ἰδέαι, εἴδη. Platon en admet une pour toutes les choses auxquelles s'applique un nom commun. Par delà les tables et les lits, il y aura donc l'idée de la table et l'idée du lit ; par delà les objets beaux et les objets grands, l'idée de la grandeur et celle de la beauté.

Ibid. — 4. Simonide de Céos, poëte grec, né en 558, mort en 468 av. J. C. — Théodecte, disciple d'Aristote, personnage peu connu ; voyez Quintilien, *De Instit. Orat.* XI, 2. — Charmadas ou Charmidès ; voyez Cicéron, *De Oratore*, XI, 88 ; Pline, VII, 24. — Métrodore de Scepsis en Phrygie ; voyez Pline et Quintilien aux passages cités. — Hortensius, orateur romain, contemporain et rival de Cicéron.

Page 21. — 1. Saint Augustin, *Confessions*, liv. X, ch. 9 et suiv., a écrit sur la mémoire quelques belles pages qu'on peut rapprocher des Tusculanes.

Ibid. — 2. Archimède naquit à Syracuse vers l'an 287 ; il était parent du roi Hiéron ; mais il renonça aux affaires publiques pour se livrer tout entier à l'étude des sciences. C'est lui qui a le premier découvert, qu'un corps plongé dans un fluide perd une partie de son poids, égale à celui du volume de fluide déplacé. On lui attribue aussi plusieurs inventions utiles, celles des moufles, de la vis sans fin, de la vis creuse. Les Romains ayant mis le siége devant Syracuse, Archimède déploya en vain toutes les ressources de son génie pour la défendre. Pendant qu'il était absorbé dans ses méditations, la ville fut emportée d'assaut, et il périt, dit-on, de la main d'un soldat, avant même de connaître la prise de sa patrie. Le consul Marcellus, qui avait désiré le sauver, lui éleva, comme dernier hommage, un tombeau, surmonté d'une colonne, où il fit graver une de ses plus belles découvertes, le rapport de la capacité du cylindre à celle de la sphère inscrite. Ce tombeau, dont les Syracusains perdirent de bonne heure la mémoire, fut retrouvé par Cicéron, voyez *Tusculanes*, liv. v, 23.

Page 22. — 1. Timée, p. 533. Ed. H. Estienne.

Ibid. — 2. Le président Bouhier cite sur ce passage le vers suivant d'Euripide :

Ὁ νοῦς γὰρ ἡμῖν ἐστιν ἐν ἑκάστῳ θεός.

Ibid. — 3. C'est un ouvrage que Cicéron avait écrit pour se consoler de la mort de sa fille. Il n'en reste que des fragments.

Page 23. — 1. « Quand nous nous mettons à raisonner, nous devons d'abord poser comme indubitable, que nous pouvons connaître très-certainement beaucoup de choses, dont toutefois nous n'entendons pas toutes les dépendances, ni toutes les suites. C'est pourquoi la première règle de notre logique, c'est qu'il ne faut jamais abandonner les vérités une fois connues, quelque difficulté qui survienne quand on veut les concilier ; mais qu'il faut au contraire, pour ainsi parler, tenir toujours fortement comme les deux bouts de la chaîne, quoiqu'on ne voie pas toujours le milieu, par où l'enchaînement se continue. » Bossuet, *Traité du libre Arbitre*, ch. 4.

Page 24. — 1. Platon, *Timée*; Aristote, *Traité du ciel*, i, 12.

Ibid. — 2. Voyez le Phédon, le Criton, l'Apologie de Socrate.

Page 25. — 1. La morale stoïcienne, dont Cicéron se fait ici l'organe, autorisait le suicide, comme un dernier et sublime effet du courage aux prises avec l'infortune. Une morale plus haute le flétrit, comme attentat criminel contre la personne humaine, la société et Dieu. Le seul asile qui convienne à la vertu malheureuse est la résignation soutenue par l'espérance.

Un vers admirable termine une tragédie de Lemierre. Barnevelt, le grand pensionnaire de Hollande, a succombé sous les intrigues de Guillaume de Nassau ; ses ennemis ont décidé sa perte, et il n'a aucun moyen d'échapper à leur vengeance. Son fils alors le conjurant de les prévenir et d'aller au devant de la mort, s'écrie :

Caton se la donna,
— Socrate l'attendit

répond Barnevelt.

Ibid. — 2. Platon, *Phédon*.

Page 26. — 1. Orelli supprime *contemnit*; la phrase se trouve ainsi réduite : « Nec solum Epicureorum, quos equidem non despicio, sed nescio quomodo doctissimus quisque. » Selon le savant éditeur, il y aurait ici une ironie cachée, et le sens serait : « Nec solum Epicurei, quos tametsi non doctissimos non tamen despicio (sunt videlicet viri boni, simplices), sed quod pejus est, etiam doctissimi peripatetici contradicunt. » Cette explication, péniblement cherchée, ne nous paraît pas heureuse; 1° rien n'annonce que Cicéron ait en vue les péripatéticiens; 2° on ne voit pas comment l'épithète *doctissimus quisque* pourrait s'appliquer dans sa pensée aux adversaires de l'immortalité de l'âme qu'il a appelés plus haut, ch. 23, des penseurs vulgaires, *plebeii philosophi.*

Page 26. — 2. Voyez Diogène Laërce, VII, 156.

Page 27. — 1. Aristote, *Problèmes*, sect. 30.

Ibid. — 2. P. Licinius Crassus, consul en l'an de Rome 656, mort à l'époque des proscriptions de Marius. Il eut pour fils le triumvir, pour petit-fils Licinius Crassus, qui périt avec son père dans l'expédition des Parthes; voyez *Brutus*, 81.

Page 28. — 1. Pline, *Hist. nat.*, VII, ch. 55.

Ibid. — 2. Hégésias de Cyrène enseigna à Alexandrie sous le règne de Ptolémée. Il était partisan de l'indifférence en morale, et plaçait la fin absolue de l'homme dans la volupté. Comme, suivant lui, cette fin est inaccessible, il concluait que la vie n'a aucun prix, et que la mort est préférable. Aussi avait-il été surnommé Πεισιθάνατος. Diog. Laërce, II, 86, 93.

Ibid. — 3. Callimaque de Cyrène, né dans le IVe siècle avant J. C., mort en 270, fleurit à la cour de Ptolémée Philadelphe. Il nous reste de lui quelques fragments, des hymnes et des épigrammes.

Ibid. — 4. « Les dieux prennent soin de nous, dit Platon dans le Phédon, et les hommes appartiennent aux dieux. Hé bien! si l'un de tes esclaves qui t'appartiennent aussi, se tuait sans ton ordre, ne te mettrais-tu pas en colère contre lui, et ne le punirais-tu pas rigoureusement, si tu le pouvais? Il n'est donc pas déraisonnable de dire que l'homme ne doit pas sortir de la vie avant que Dieu lui en envoie l'ordre formel. » Cléombrote d'Ambracie, qui se tuait après avoir lu le Phédon, avait bien mal profité de sa lecture.

Ibid. — 5. Q. Cœcilius Métellus, préteur en 148, puis consul et censeur, parvint à une extrême vieillesse, après avoir vu ses fils élevés aux premières dignités.

Page 32. — 1. Troïle, fils de Priam, qui fut tué par Achille en voulant venger Hector.

Ibid. — 2. « Quoi donc! s'écrie Bossuet dans l'oraison funèbre de Michel le Tellier, quatre-vingt-trois ans passés au milieu des prospérités, quand il n'en faudrait retrancher ni l'enfance où l'homme ne se connaît pas; ni les maladies où l'on ne vit point, ni tout le temps dont on a toujours tant de sujet de se repentir, paraîtront-ils quelque chose à la vue de l'éternité où nous avançons à si grands pas? Après cent trente ans de vie, Jacob amené au roi d'Egypte, lui raconte la courte durée de son laborieux pèlerinage, qui n'égalait pas les jours de son père Isaac, ni de son aïeul Abraham. Mais ces ans d'Abraham et

de Jacob s'évanouissent auprès de la vie de Sem, que celle d'Adam et
de Noé efface. Que si le temps comparé au temps, la mesure à la mesure, et le terme au terme se réduit à rien, que sera-ce si l'on compare
le temps à l'éternité? »

Page 32. — 3. Les Chaldéens prétendaient puiser la connaissance de
l'avenir dans l'observation des astres.

Page 33. — 1. Xénophon, *Hist. grecq.*, II, 3; Valère-Maxime, III, 2.

Ibid. — 2. Platon, *Apologie de Socrate.*

Page 34. — 1. « Que cette fermeté de Socrate est bien, selon moi,
préférable à toute la fortune de ceux qui le condamnèrent! Et quoiqu'il dise que les dieux savent eux seuls lequel vaut le mieux de la vie
ou de la mort, ce n'est pas qu'il ne le sache très-bien lui-même; car il
s'en est expliqué auparavant : mais comme c'était sa coutume de ne
rien affirmer, il la garde jusqu'au bout. » Trad. de M. V. Le Clerc.

Page 35. — 1. Théodore de Cyrène, surnommé l'Athée, mort dans
le IIIe siècle avant J. C., appartient à cette école de philosophes qui,
dans l'antiquité, sapèrent toutes les vérités religieuses et morales, et pré-
parèrent les voies à un scepticisme désastreux.

Ibid. — 2. Diogène de Sinope, né en 414, mort en 324 av. J. C., est
le plus célèbre des disciples d'Antisthène, chef de l'École cynique, qui
plaçait le souverain bien dans la vertu, en poussant l'exagération de ce
principe jusqu'au mépris de toutes les bienséances sociales. L'héritage
de l'École cynique a été en partie recueilli par le stoïcisme.

Ibid. — 3. Anaxagore de Clazomène, contemporain et ami de Pé-
riclès, est le premier des Grecs qui ait éclairci la notion d'une intelligence ordonnatrice de l'univers. Le souvenir de cette grande découverte, opposée aux anciennes erreurs de la philosophie, inspire de
belles paroles à Aristote. « Lorsque vint un homme qui déclara que
dans la nature, comme dans les animaux, il y a une intelligence, cause
de tout ordre et de toute harmonie, cet homme, dit-il, parut seul
avoir conservé la raison au milieu des folies de ses devanciers. »
Métaph. I, 3. Cependant, au jugement de Platon, Anaxagore ne faisait pas encore une assez large part à l'intelligence divine. Voyez le
Phédon.

Page 36. — 1. Vers d'une ancienne tragédie d'Ennius ou de Pacuvius.

Ibid. — 2. « Polydore, dans l'*Ilione* de Pacuvius, adressait les paroles suivantes à Ilione, qui était sa sœur, mais qu'il croyait sa mère. »
Note de M. V. Le Clerc. Voyez aussi le prologue de l'Hécube d'Euripide.

Page 37. — 1. Chrysippe, philosophe stoïcien, surnommé la colonne
du Portique, naquit en Cilicie, à Tarse ou à Soli, en 280, et mourut
en 212 ou 208 avant J. C. Les questions logiques et surtout celle du
fondement de la certitude furent le principal objet de ses recherches,
où il porta, de l'aveu de tous, une excessive subtilité. Voyez Cicéron,
Académiques, IV, 24; Diog. Laërce, VIII, 183.

Page 39. — L'histoire d'Élysius et de Terina se trouve aussi dans

Plutarque, *Consolation à Apollonius.* — *Psychomantium*, lieu où l'on évoque les morts.

Page 40. — 1. Alcidamas, philosophe et rhéteur grec, disciple de Gorgias, vivait vers 414 avant J. C. Il reste de lui deux harangues, l'une d'Ulysse contre Palamède, l'autre contre les rhéteurs du temps.

Ibid. — 2. Le devin Tirésias avait prédit la victoire des Thébains, si Ménécée, fils de Créon, leur roi, se sacrifiait à Mars. Voyez Apollodore *Bibl.* III, 6 et 7.

Ibid. — 3. Euripide et Lucrèce paraissent plus vrais que Cicéron en ne prêtant pas à Iphigénie une force d'âme au-dessus de son âge mais un sentiment de crainte profonde.

On a mille fois cité ces vers touchants d'Iphigénie à son père :

Μή μ' ἀπολέσῃς ἄωρον· ἡδὺ γὰρ τὸ φῶς;
Βλέπειν· τὰ δ' ὑπὸ γῆν μή μ' ἰδεῖν ἀναγκάσῃς.
Πρώτη σ' ἐκάλεσα πατέρα, καὶ σὺ παῖδ' ἐμέ.
. . . .
Βλέψον πρὸς ἡμᾶς, ὄμμα δὸς φίλημά τε.

Iphigénie en Aulide, v, 1208 et suiv.

Lucrèce nous fait assister au sacrifice :

Cui simul infula, virgineos circumdata comtus,
Ex utraque pari malarum parte profusa est,
Et mœstum simul ante aras adstare parentem
Sensit, et hunc propter ferrum celerare ministros,
Aspectuque suo lacrumas effundere cives;
Muta metu, terram, genibus submissa, petebat.

Liv. I, v. 88 et suiv.

Page 41. — 1. Combien d'efforts pour amener cette conclusion! Que d'éloquence, mais aussi que de subtilité! Le plus grand nombre des hommes ne sera-t-il pas toujours de l'avis de la Bruyère, qui disait : «C'est plus tôt fait de céder à la nature et de craindre la mort, que de faire de continuels efforts, s'armer de raisons et de réflexions, et être continuellement aux prises avec soi-même pour ne pas la craindre. » Caractères, *De l'homme.*

LIVRE II.

Page 42.—1. Néoptolème, fils d'Achille, plus connu sous le nom de Pyrrhus.

Page 43. — 1. « Les meilleurs livres sont ceux que chaque lecteur croit qu'il aurait pu faire : » Pascal, *Pensées*, 1ʳᵉ partie, art. 3.

Ibid.—2. « Antiqua quidem illa divisio inter Asianos atque Atticos fuit, quum hi pressi et integri, contra illi inflati et inanes haberentur, et in his nihil superflueret, illis judicium maxime atque modus deesset. » Quintilien, *Inst. Orat.*, xii, 10.

Page 43.— 3. Il ne faudrait pas exagérer cette pensée. Le consentement général des hommes a une portée immense que Cicéron s'est plu ailleurs à reconnaître. Sans doute la philosophie ne s'adresse pas au vulgaire ; mais ces croyances primitives, ces notions communes, κοιναὶ ἔννοιαι, qui appartiennent à tous les esprits, aux plus humbles comme aux plus élevés, forment, pour ainsi dire, le fond sur lequel elle travaille. Tout son rôle consiste à les éclaircir.

Ibid.—4. Ouvrage de Cicéron, aujourd'hui perdu, qui avait pour objet d'exciter les hommes à la philosophie.— S. Augustin, dans ses *Confessions*, liv. iii, ch. 4, raconte qu'ayant lu l'Hortensius à l'âge de dix-neuf ans, cette lecture le toucha profondément, et lui inspira un violent amour de la sagesse.

Ibid. — 5. Nous possédons encore le premier livre des Académiques et le commencement du quatrième. Les autres sont perdus.

Page 44. — 1. Les épicuriens. Voyez plus haut, liv. i, 3.

Page 45. — 1. Philon de Larisse, philosophe académicien, enseigna à Rome où il s'était réfugié pendant la guerre de Mithridate, 100 ans avant J. C. Il professa des doctrines voisines du scepticisme.

Ibid. — 2. Cicéron avait dans sa maison de Tusculum deux endroits destinés à des entretiens littéraires ; l'un, le *Lycée*, était sa bibliothèque, l'autre l'*Académie*, une espèce de gymnase situé au bas de ses jardins. Voyez *Ep. ad Att.* i, 4 ; *de Divin.* i, 5.

Page 46.— 1. Vers d'Attius ou Accius, poëte tragique latin qui florissait 615 ans après la fondation de Rome, 139 av. J. C.

Page 47. — 1. Aristippe de Cyrène, né dans le ve siècle av. J. C., fréquenta Socrate, qui ne parvint pas à détruire son penchant pour les plaisirs. Suivant lui, la fin de l'homme consiste dans la volupté, dont il faut d'ailleurs user avec mesure et sans être esclave des circonstances ; ce qui a fait dire à Horace :

> Omnis Aristippum decuit status et color et res.

Horace lui prête ailleurs cette maxime :

> Et mihi res, non me rebus submittere conor.

Ibid. 2. — Hiéronyme de Rhodes, philosophe péripatéticien, florissait vers 270 av. J. C.

Ibid. 3. — Ariston de Chios, philosophe stoïcien, disciple de Zénon —Pyrrhon, le plus célèbre des philosophes sceptiques de l'antiquité.

Ibid. —4. Métrodore, disciple et ami d'Épicure.

Ibid. — 5. Phalaris, tyran d'Agrigente, faisait enfermer ses victimes dans un taureau de cuivre, où on les brûlait.

Ibid. — 6. Le mot *voluptatem* nous paraît devoir être supprimé comme Bentley le propose. Il y aurait de la folie à demander qu'on

parlât de la douleur, comme Épicure du plaisir, qu'il considérait comme le premier et le seul bien; le stoïcien le plus rigide n'y songerait
pas. Cicéron a seulement voulu dire : « Je ne vais pas si loin qu'Épicure; qu'il prétende tenir dans le taureau de Phalaris le même langage que dans le lit le plus doux, je ne crois pas que la sagesse soit
capable d'un aussi grand effort. »

Page 48. — 1. On sait les malheurs de Philoctète, cruellement
blessé par une flèche détachée du carquois d'Hercule, pour avoir
indiqué aux Grecs la sépulture du héros. Si on en croit le grammai-
rien Nonius, les vers rapportés par Cicéron sont empruntés à Accius.

Ibid. — 2. On est incertain si ces vers, imités de Sophocle, *Tra-
chiniennes*, v. 1063 et suiv., sont d'Accius ou de Cicéron. Quant à
l'histoire d'Hercule, de Déjanire, du centaure Nessus, elle est trop
connue pour qu'il soit nécessaire d'y insister.

Page 49. — 1. « Quels sentiments met-il dans la bouche de Prométhée, souffrant pour son larcin de Lemnos? » Trad. de M. V. Le Clerc.
— Lemnos, île de la mer Égée, était le séjour de Vulcain, dieu du
feu dérobé par Prométhée : de là les mots de *furtum Lemnium*,
employés par Cicéron.

Ibid. — 2. Ces quatre vers paraissent imités du *Prométhée en-
chaîné*, v. 7 et suiv.; mais nous ne possédons plus la tragédie dont
fait partie la tirade qui suit.

Page 50. — 1. Denys le stoïcien, natif d'Héraclée, fréquenta diverses écoles avant de s'attacher à celle de Zénon, qu'il abandonna depuis pour suivre les cyrénaïques. Cicéron nous dit plus bas, ch. 25,
à quelle occasion il cessa de juger que la douleur n'est pas un mal.

Ibid. 2. — Platon n'a pas banni de sa République tous les poëtes,
mais seulement les poëtes tragiques et épiques. Voyez *République*,
liv. II, III, VIII; moins rigoureux dans les lois, il se contente de les
soumettre à une censure préalable. *Lois*, VII.

Page 52. — 1. « Ne savez-vous pas que si vous perdez quelqu'un
de vos vases de Corinthe, les autres vous restent? » Trad. de M. V.
Le Clerc.

Ibid. — 2. Les stoïciens admettaient : 1° que la vertu est une, et
qu'on ne peut être vertueux en un point sans l'être généralement en
tout; 2° que la vertu est inamissible. Diog. Laërce, VII, 125.

Page 53. — 1. Πόνος signifie en effet *travail* et *douleur*, mais le
mot *labor* a également ce double sens : Valetudo decrescit, accre-
scit labor, dit Plaute, Curc. II, 1, 4. Il faut ajouter que les Grecs possèdent des termes spéciaux pour exprimer la souffrance, ὀδύνη, ἄλγος.
Cicéron n'est donc pas fondé à reprocher aux Grecs la pauvreté de
leur langue.

Ibid. — 2. Orelli, et avant lui quelques autres, ont cru retrouver
dans cette dernière phrase des vers qu'ils ont ainsi restitués :

Apud Lacænas virgines
Quels magi' palæstra, Eurota, sol, pulvis, labor,
Militia studio est, quam fertilitas barbara.

Au lieu de *fertilitas barbara*, on a tour à tour proposé *facilitas*, *futilitas*, *temeritas*, *sedulitas*, *festivitas*. La leçon que nous avons adoptée, d'après M. Le Clerc, est généralement suivie.

Page 54. — 1. Orelli considère ces mots comme formant la suite des vers précédents.

P. Certe Eurypylus hic quidem est. Hominem exercitum !

Ibid. — 2. Æsopus, célèbre acteur romain, le rival de Roscius.

Ibid. — 3. Tout ce qui précède depuis la fin du chapitre 16 donne lieu à des difficultés de toute sorte, que personne ne nous paraît avoir mieux éclaircies qu'Orelli dans la note suivante : « Rem obscuriorem equidem sic animo mihi informavi : Duorum fortissimorum heroum, Eurypyli et Patrocli, exemplum repetitur e tragœdia (Epinausimache Attii, ut vidit Delrio) ; ille vulneratus medium modo requirit, nullo ploratu edito ; miseretur saucii amici primum Patrocles, longumque luctum continuat ; consolatur eum Eurypylus ipse, verbis *qui —— parem ;* quibus confirmatus Patrocles vulneris obligandi jam veluti obliviscitur, petitque ut narret sibi Argivorum prœlium. Tum Eurypylus : « Non potis laboris : et desine paullisper me interrogare, vulnusque ante omnia meum alliga ; mox omnem rem tibi enarrabo. Quod dum fit, longam ῥῆσιν *ubi —— inclinatam*, medio in dolore recitat, quam, inquit Cicero, poterat poeta sine reprehensione tribuere veterano fortissimo ; non item Æsopus, homo bello non exercitatus, posset proferre, ipse si esset sauciatus. »

Page 55. — 1. Lucilius, Sat., liv. iv. Lucilius, né à Suessa, dans le Latium, en 149, mort en 103 avant J. C., avait écrit des satires dont il ne nous reste que quelques fragments.

Page 56. — 1. Ces mots font partie d'un vers d'Ennius qui est plusieurs fois cité par Cicéron, *Acad.*, ii, 27 ; et *ad Attic.*, xiv, Epist. 14 .

Age adsta: mane; audi; iteradum eademmet ista mihi?

Dum est ici explétif, comme dans *agedum*, *tacedum*, *accededum*, *memoradum*.

Ibid. — 2. Sur le courage avec lequel Épicure supporta de cruelles maladies et la mort, voyez Cicéron, *De Finibus*, ii, 30.

Page 58. — 1. *Niptres*, c'est-à-dire les Bains, titre d'une tragédie de Pacuvius, imitée de Sophocle, dont le sujet paraît avoir été le retour et la mort d'Ulysse.

Page 59. — 1. Zénon d'Élée florissait dans le courant du vi° siècle avant J. C. Élée étant tombée, on ignore comment, sous le joug d'un tyran appelé Néarque ou Diomédon, il entreprit de la délivrer, succomba et périt dans un horrible supplice. En philosophie, il fut le disciple de Parménide, dont il développa le système avec beaucoup de rigueur. Comme son maître, il niait l'espace, la pluralité des êtres et le mouvement.

Page 59. — 2. Anaxarque d'Abdère, philosophe grec, disciple de Métrodore. Ayant insulté Nicocréon, tyran de Chypre, celui-ci le fit broyer dans un mortier.

Ibid. — 3. Calanus, philosophe indien, de la secte des gymnosophistes, suivit Alexandre dans sa conquête de l'Inde. Étant tombé malade dans la ville de Pasagarde, à l'âge de quatre-vingt-trois ans, il résolut de se donner la mort et monta sur un bûcher enflammé en présence de toute l'armée macédonienne.

Page 60. — 1. Voici le texte de la loi des Douze Tables que Cicéron nous a conservé, *De Legibus*, II, 23 : « Mulieres genas ne radunto, nec lessum funeris ergo habento. »

Page 61. — 1. Cléanthe, disciple et successeur de Zénon, un des principaux philosophes de l'école stoïcienne. On lui doit un hymne célèbre à l'Être suprême, commençant par ces mots :

Κύδιστ' ἀθανάτων, πολυώνυμε, παγκρατὲς ἀεὶ
Ζεῦ, φύσεως ἀρχηγέ....

Ibid. — 2. Titre d'une tragédie d'Eschyle, aujourd'hui perdue.

Ibid. — 3. Posidonius, philosophe stoïcien, né vers 135 à Apamée en Syrie, fut le disciple de Panætius. Vers l'an 103, il ouvrit à Rhodes une école qui fut fréquentée par l'élite de ses contemporains. Cicéron a fait beaucoup d'emprunts à ses traités de la Nature des dieux, de la Divination et du Destin.

Page 63. — 1. « Qu'y a-t-il de plus ridicule et de plus vain, dit Pascal, que ce que proposaient les stoïciens, et de plus faux que tous leurs raisonnements? Ils concluent qu'on peut toujours ce qu'on peut quelquefois, et que, puisque le désir de la gloire fait bien faire quelque chose à ceux qui le possèdent, les autres le pourront bien aussi. Ce sont des mouvements fiévreux que la santé ne peut imiter. » *Pensées*, 1re partie, art. 2. — « Le stoïcisme, dit la Bruyère, est un jeu d'esprit et une idée semblable à la république de Platon. Les stoïques ont feint qu'on pouvait rire dans la pauvreté, être insensible aux injures, à l'ingratitude, aux pertes de biens, comme à celles des parents et des amis; regarder froidement la mort, et comme une chose indifférente, qui ne devait ni réjouir, ni rendre triste; n'être vaincu ni par le plaisir, ni par la douleur, et sentir le fer et le feu dans quelque partie de son corps sans pousser le moindre soupir, ni jeter une seule larme; et ce fantôme de vertu et de constance, il leur a plu de l'appeler un sage......, pendant que l'homme, qui est en effet, sort de son sens, crie, se désespère, étincelle des yeux, et perd la respiration pour un chien perdu ou pour une porcelaine qui est en pièces. » *Caractères, de l'Homme.*

Ibid. — 2. Le musicien Arion de Méthymne voyageait sur un vaisseau, lorsque les matelots résolurent de le mettre à mort pour se partager ses dépouilles. Arion leur demanda la permission de jouer une dernière fois de la flûte, puis il s'élança dans la mer. On raconte qu'alors un dauphin, que sa mélodie avait attiré, le reçut et le porta au cap de Ténare. Voyez Hérodote, 1, 23 et 24; Plutarque, *Banquet des sept Sages;* Pline, *Hist. Nat.* IX, 8.

Page 63. — 3. Voyez plus haut, liv. I, note 68.

Ibid. — 4. Cette fin pouvant offrir quelques difficultés, en voici la traduction que nous empruntons à M. Le Clerc. « CICÉRON. A demain donc. Rhétorique d'abord, puisque nous en sommes convenus, et philosophie ensuite, car vous ne m'en quittez pas. — L'AUD. Non, sans doute; l'un avant midi et l'autre à la même heure qu'aujourd'hui. — CIC. Volontiers. Je me prêterai à de si louables désirs.

LIVRE III.

Page 65. — 1. Quelques philosophes sont allés plus loin, et ont soutenu que les maladies du corps avaient leur source dans celles de l'esprit, c'est-à-dire dans les passions déréglées, les vices et les crimes. Voyez le comte de Maistre, *Soirées de Saint-Pétersbourg,* 1er entretien.

Page 66. — 1. Voy. au liv. IV, ch. 6 et suiv., l'exposition de la théorie des passions d'après les stoïciens.

Ibid. — 2. Voyez *Tusculanes,* liv. V, 4; *Académiques,* I, 4.

Page 67. — 1. C'est dans le second Alcibiade que Socrate, ou pour mieux dire Platon, développe cette bizarre maxime. Mais elle ne fut jamais pour lui qu'un paradoxe, bon tout au plus à être soutenu en passant, et le mérite ou le tort de l'avoir prise au sérieux doit être laissé aux stoïciens. Ils y furent longtemps fidèles, si l'on en juge par les vers d'Horace, qui paraissent bien se rapporter à une doctrine contemporaine :

> Quem mala stultitia, et quæcumque inscitia veri
> Cæcum agit, insanum Chrysippi porticus et grex
> Autumat. Hæc populos, hæc magnos formula reges,
> Excepto sapiente, tenet.
>
> Liv. II, sat. 3.

Ibid. — 2. La Loi des Douze Tables, par des motifs que tout le monde comprend et que tous les législateurs ont admis, frappait les furieux d'interdiction; le gouvernement de leur personne, l'administration de leurs biens leur étaient enlevés : ils cessaient de s'appartenir à eux-mêmes, et passaient sous la puissance d'un tuteur. Quelquefois on a cru trouver dans ce fait l'origine de l'expression employée par Cicéron : *Exisse ex potestate,* à laquelle correspondent en français les mots *hors de soi, aliéné, aliénation,* etc. Nous sommes loin de contester absolument l'exactitude historique de cette étymologie; mais nous ferons cependant observer que Cicéron en donne une autre qui n est pas dénuée de vraisemblance. S'il est vrai, comme les penseurs les plus profonds l'ont pensé et le pensent encore, que le trait caractéristique de l'aliénation mentale consiste dans l'affaiblissement du pouvoir personnel, de cette force volontaire et libre à laquelle appartient, dans l'état de santé et de raison, la direction supérieure de toutes nos facultés, pourquoi les termes par lesquels on désigne la folie ne seraient-ils pas l'antique expression de cette vérité philosophique, plutôt qu'un emprunt fait aux législateurs?

Page 68. — 1. Voici le texte de la loi des Douze Tables que Cicéron invoque dans deux passages de ses ouvrages, *De l'Invention*, II, 50, et *Rhétorique à Hérennius*, I, 13 : « Si furiosus escit, agnatorum gentiliumque in eo pecuniaque ejus potestas esto. »

Ibid. — 2. Orelli adopte la leçon suivante : Ne ægrotus sim : sin; is, is qui fuerat sensus adsit, sive secetur aliquid, sive avellatur à corpore. »

Page 70. — 1. L. Calpurnius Pison, tribun en 149 av. J. C., consul en 133, censeur en 121. Ses vertus et son intégrité lui avaient fait donner le surnom de Frugi. Entre autres passages où Cicéron en parle, voyez le *Discours pour Fonteius*, ch. 13.

Ibid. — 2. Iliade, I, 642.

Page 71. — 1. Ménalippe, tragédie d'Attius.

Ibid. — 2. Montesquieu a élégamment raconté dans *Lysimaque* l'histoire de Callisthène. Théophraste, dont il était l'ami, avait écrit sur sa mort un livre intitulé Καλλισθένης ἢ περὶ πένθους, qui est celui dont Cicéron parle. — Théophraste d'Éressos, dans l'île de Lesbos, fut le disciple d'Aristote, qui le désigna pour être son successeur et son héritier. Ses ouvrages sont aujourd'hui perdus, à l'exception de ceux sur l'histoire naturelle, de quelques fragments et d'un livre *des Caractères*, Ἠθικοὶ χαρακτῆρες, traduit par la Bruyère, qui devait le surpasser. Voyez Diogène Laërce, V, 36 et suiv.

Ibid. — 3. Voyez plus bas, IV, 26. Il résulte de ces passages que les stoïciens, et Cicéron avec eux, condamnaient même la pitié. Ils trouvaient, comme un écrivain moderne, d'une école bien opposée, que « c'est une passion qui n'est bonne à rien au dedans d'une âme bien faite, qui ne sert qu'à affaiblir le cœur, et qu'on doit laisser au peuple... » (*Portrait de la Rochefoucauld, fait par lui-même.*) J'aime mieux pour ma part ces beaux vers de Juvénal :

> Mollissima corda
> Humano generi dare se natura fatetur,
> Quæ lacrymas dedit. Hæc nostri pars optima sensus,
> . . . . Separat hoc nos
> A grege mutorum.
>
> *Sat.* XV.

Il est juste d'ajouter qu'Épictète s'est montré beaucoup moins sévère à l'égard de la pitié que d'autres moralistes de son école (Voyez *Manuel*, XXI.)

Page 72. — 1. « Ce ne sont point les choses qui troublent les hommes, c'est l'opinion qu'ils en ont. La mort, par exemple, n'est point un mal : si c'en était un, elle aurait paru telle à Socrate. C'est l'opinion qu'on a de la mort qui la rend si affreuse. Lors donc que nous sommes traversés ou troublés, n'en accusons que nous-mêmes, c'est-à-dire nos préjugés. » Manuel d'Epictète, ix.

Ibid. — 2. Voyez plus bas, iv, 17.

Ibid. — 3. Orelli propose une leçon un peu différente et qui peut-être vaut mieux. « altera cupiditas recte vel libido dici potest, quæ est... »

Page 73. — 1. Thyeste, fils de Pélops et d'Hippodamie, descendant de Jupiter par son aïeul Tantale. M. Le Clerc croit que ces vers sont tirés ainsi que les suivants de la tragédie de Thyeste, d'Ennius.

Ibid. — 2. Pour le crime d'autrui, c'est-à-dire, pour le crime de son frère Atrée, qui, après avoir tué les enfants de Thyeste, les lui avait donnés à manger.

Ibid. — 3. Æeta, fils du Soleil et roi de Colchide, père de Médée par qui il fut rétabli dans son royaume qu'il avait perdu. Les vers suivants sont empruntés à une tragédie de Pacuvius.

Ibid. — 4. Denys le Jeune, fils de Denys l'Ancien, succéda à son père en 368 avant J. C. Après un règne de douze ans, il fut renversé par Dion, rentra à Syracuse, en fut chassé de nouveau par Timoléon, et vint finir ses jours à Corinthe. Le fait rapporté par Cicéron et confirmé par le témoignage de Valère-Maxime, Lucien et Justin, a été quelquefois contesté.

Page 74. — 1. L'école de Cyrène dont le chef est Aristippe. Voyez plus haut, ii, 6.

Ibid. — 2. Ibid. Vers empruntés à une tragédie d'Ennius, intitulée *Télamon*. Télamon parle de son fils Ajax mort au siége de Troie.

Ibid. — 3. La tragédie d'Euripide à laquelle appartiennent ces vers est aujourd'hui perdue.

Page 75. — 1. Térence, *Phormion*, Acte II, Sc. 2.

Ibid. — 2. M. Licinius Crassus, surnommé Ἀγέλαστος, préteur en 127 avant J. C.

Page 77. — 1. Zénon de Sidon, sectateur d'Epicure et contemporain de Cicéron.

Page 78. — 1. Ce livre était intitulé περὶ τέλους. (*Diogène Laërce*, x, 6.) Épicure plaçait la fin de l'homme dans le plaisir, cela est incontestable; mais s'il se fût arrêté au plaisir du corps, sa théorie n'eût été qu'une pâle et insignifiante contrefaçon de celle d'Aristippe et des Cyrénaïques. Or on doit reconnaître qu'il les a de beaucoup surpassés en mettant à côté, et bien au-dessus des jouissances purement sensuelles, les plaisirs de l'esprit et du cœur. Nous renvoyons à Diogèn Laerce, x, 136, et même à Cicéron, *De Finibus*, liv. i et ii. Après tout, malgré ces raffinements, la doctrine d'Épicure n'est toujours que l'égoïsme, c'est-à-dire un système également flétri par la nature et par la raison, où l'on échange des voluptés pour des voluptés, des tristes-

ses pour des tristesses, des craintes pour des craintes, où la morale
devient un calcul, la vertu une transaction, où il n'y a plus d'héroïsme
parce qu'il n'y a plus de désintéressement.

Page 79. — 1. Ennius, dans la tragédie d'Andromaque. C'est Andromaque elle-même qui invoque l'ombre d'Hector.

Ibid. — 2. Euphorion de Chalcis, né vers 272 av. J. C., auteur
de poésies voluptueuses.

Page 80. — 1. C. Sempronius Gracchus, tribun en 124 av. J. C., fit
porter une loi appelée depuis *Sempronia*, d'après laquelle le blé, renfermé dans les greniers publics, devait être distribué au peuple. Caius
Gracchus périt plus tard dans une sédition « frappé de la main des
patriciens. »

Page 81. — 1. M. Porcius Caton terminait, comme on sait, tous ses
discours en demandant la ruine de Carthage. L. Cornélius Lentulus
soutenait au contraire que, Carthage détruite, les Romains s'amolli-
raient dans le repos et la sécurité.

Page 82. — 1. Persée, le dernier roi de Macédoine, vaincu par Paul-
Émile, à la bataille de Pydna, en 168 av. J. C.

Ibid. — 2. « A leurs visages, à leurs discours, à leurs manières, on
les aurait pris pour des Argiens ou des Sicyoniens, » c'est-à-dire, pour
des Grecs appartenant à des villes qui n'avaient pas subi le même sort
que Corinthe. Corinthe fut détruite en 146 av. J. C. par le consul
Mummius.

Ibid. — 3. Clitomaque, philosophe carthaginois, disciple de Carnéade, dirigea l'Académie, à Athènes, de 141 à 128 av. J. C. Diogène
Laërce, IV, 67, dit qu'il avait composé plus de quatre cents livres, ὑπὲρ
τετρακόσια βιδλία.

Ibid. — 4. Carnéade, né à Cyrène vers 215 avant J. C., mort en 130.
Il fréquenta d'abord les écoles des stoïciens; puis il devint disciple et
successeur d'Hégésinus à l'Académie, et tourna contre ses premiers
maîtres, principalement contre Chrysippe, toutes les ressources d'un
esprit subtil et exercé. Avec plus d'habileté que de rigueur, il se fit
l'interprète d'un scepticisme mitigé, suivant lequel l'homme peut for-
mer des jugements vraisemblables, sinon parvenir à la certitude. En
l'année 155 av. J. C., il fut envoyé à Rome par les Athéniens avec le
stoïcien Diogène et le péripatéticien Critolaüs. Au livre IV des Tusculanes, Cicéron parle de cette ambassade dont le but était tout poli-
tique, et qui par l'effet des circonstances influa beaucoup sur le sort
de la philosophie romaine.

Ibid. — 5. « Il y a des maux effroyables et d'horribles malheurs où
l'on n'ose penser et dont la seule vue fait frémir; s'il arrive que l'on
y tombe, l'on se trouve des ressources que l'on ne se connaissait point,
l'on se roidit contre son infortune et l'on fait mieux qu'on ne l'espé-
rait. » La Bruyère, *De l'Homme.*

Page 83. — 1. C. Fabricius Luscinus, consul en 282 av. J. C., mourut si pauvre, que l'État fut obligé de doter sa fille et de faire les frais de ses funérailles.

Page 83.—2. «Ce n'est pas seulement afin de leur apprendre les destinées de l'homme; nous voulons leur persuader qu'ils peuvent bien souffrir ce que d'autres ont souffert et souffrent encore. » Trad. de M. V. Le Clerc.

Ibid.—3. Allusion à des vers d'Euripide, ainsi imités par Racine, *Iphigénie*, acte Ier, scène 1re.

Heureux qui, satisfait de son humble fortune,
Libre du joug superbe où je suis attaché,
Vit dans l'état obscur où les dieux l'ont caché.

Page 84.—1. Antiochus d'Ascalon, mort en 69 av. J. C., avait ouvert à Athènes une école où il eut pour auditeur Cicéron. Sa doctrine consistait dans une alliance des principes de l'Académie et de ceux du Portique, qu'il tempérait les uns par les autres. Voyez *Académiques*, IV, 2, 4, 9, 34.

Ibid. — 2. Dans la tragédie d'Hypsipile, qui est perdue.

Ibid. — 3. Platon, adoptant cette étymologie, dit également dans le Cratyle, λύπην ἀπὸ τῆς διαλύσεως τοῦ σώματος ἐπονομασθῆναι.

Page 85. — 1. Iliade, X, *initio.*

Ibid. — 2. Bion de Borysthénis. Il eut tour à tour pour maîtres Cratès de la secte des cyniques, Théodore l'Athée et Théophraste. Voy. Diogène Laërce, IV, 46 et suiv.

Ibid. — 3. Voyez le discours d'Eschine contre Ctésiphon, p. 410, Édit. de Francfort, et Plutarque, *Vie de Démosthène*, ch. 35.

Ibid. — 4. Iliade, IV, v. 201.

Ibid. — 5. Niobé, fille de Tantale et mère de quatorze enfants, en vit mourir douze sous les traits d'Apollon et de Diane, pour avoir outragé la déesse Latone. Jupiter, prenant en pitié sa douleur, la métamorphosa en pierre.

Ibid. — 6. Dans sa tragédie de Médée, imitée d'Euripide.

Page 86. — 1. Térence, *Heautontimoroumenos*, acte Ier, sc. 1re.

Ibid. — 2. Iliad., XIX, v. 228.

Ibid. — 3. Nous ne possédons plus la tragédie d'Euripide, à laquelle appartenaient ces vers.

Page 87.—1. « Il est impossible que personne atteigne complétement la vérité, et que tout le monde la manque complétement. Chaque philosophe explique quelque secret de la nature. Ce que chacun en particulier ajoute à la connaissance de la vérité n'est rien sans doute, ou n'est que peu de chose; mais la réunion de toutes les idées présente d'importants résultats. » Aristote, *Métaph.*, liv. II, ch. 1. Ce passage, qui fait suite à la critique souvent un peu sévère des devanciers d'Aristote, serait-il celui que Cicéron avait en vue?

Ibid. — 2. Fabius Maximus Cunctator, consul en 209 av. J. C. — Paul Émile, vainqueur de Persée. — M. Porcius Caton le Censeur.

12

Page 88. — 1. Oïlée, roi de Locres, avait un fils nommé Ajax, comme celui de Télamon, et qui périt en revenant de Troie. Sophocle avait composé une tragédie intitulée Ajax le Locrien, de laquelle les vers suivants paraissent tirés.

Page 89. — 1. Allusion au sentiment des péripatéticiens. Voyez plus bas, IV, 19.

Ibid. — 2. Artémise, femme de Mausole, roi de Carie, lui fit élever un tombeau si magnifique, qu'il passait pour une des sept merveilles du monde.

Page 90. — 1. Lycon ou Glycon, natif de la Troade, philosophe péripatéticien, florissait vers 270 ou 268 av J. C.

LIVRE IV.

Page 94. — 1. Texte de la loi des Douze Tables : Si quis cantassit mala carmina, sive condidissit, quod infamiam faxit flagitiumque alteri, capital esto. » *De Republica*, IV, 10. La peine infligée n'était pas celle de la mort, ainsi que plusieurs critiques l'ont pensé, mais celle du bâton.

Ibid. — 2. Appius Claudius, surnommé Cæcus, à cause de sa cécité, fut une première fois consul en l'an de Rome 446, et une seconde en 457. Voyez plus bas, liv. V, 38.

Ibid. — 3. Q. Ælius Tubéron, ami de Cicéron, le suivit comme lieutenant en Asie, et combattit à Pharsale dans les rangs de Pompée. Panætius lui avait adressé un livre sous forme de lettres, sur la manière de supporter la douleur. *De Finibus*, IV, 9.

Page 95. — 1. Cicéron soupçonne que les Athéniens députèrent à Rome des philosophes, à cause du goût de quelques sénateurs pour la philosophie. Peut-être y a-t-il plus de patriotisme que de vérité dans cette pensée; mais en tout cas, il est certain que les ambassadeurs de la Grèce, obtinrent en Italie un succès prodigieux. La jeunesse entière se pressa pour entendre Carnéade; il fut écouté et applaudi, comme autrefois Gorgias à Athènes; un sénateur, dont Plutarque nous a conservé le nom, Caius Acilius, consentit même à se faire le traducteur de ses discours. (*Vie de Caton.*) Le vieux Caton, alarmé de ces nouveautés, résista en vain à l'entraînement général; il obtint quelques décrets contre les philosophes et les rhéteurs (Aulu-Gelle, *Nuits attiques* XV, 2. Suétone, *De claris Oratoribus*, 1); il ne put bannir la philosophie. Elle avait pris racine à Rome, et elle ne cessa de s'y développer, bien qu'avec beaucoup moins de fécondité et de grandeur que dans la Grèce.

Page 96. — 1. Voyez plus haut, liv. II, 3.

Ibid. — 2. Cicéron reproche souvent aux stoïciens, et non sans raison, leur méthode de distinctions subtiles, leur langage hérissé de termes techniques, la trop grande part qu'ils accordent à la logique aux dépens de la sensibilité et de l'éloquence. *De Finibus*, III, 1; IV, 3 Sous tous ces rapports, les stoïciens furent les scolastiques de l'antiquité.

Page 97. — 1. Virgile (Énéide, VI, 731), a renfermé en quatre mots, comme M. Le Clerc en fait la remarque, la division des stoïciens:

Hinc metuunt cupiuntque, dolent gaudentque..

Page 99. — 1. « La jalousie et l'émulation s'exercent sur le même objet, qui est le bien ou le mérite des autres; avec cette différence que celle-ci est un sentiment volontaire, courageux, sincère, qui rend l'âme féconde, qui la fait profiter des grands exemples, et la porte souvent au-dessus de ce qu'elle admire; et que celle-là, au contraire, est un mouvement violent et comme un aveu contraint du mérite qui est hors d'elle,... une passion stérile qui laisse l'homme dans l'état où elle le trouve, qui le remplit de lui-même, de l'idée de sa réputation, qui le rend froid et sec sur les actions ou sur les ouvrages d'autrui, qui fait qu'il s'étonne de voir dans le monde d'autres talents que les siens, ou d'autres hommes avec les mêmes talents dont il se pique.. » La Bruyère, *De l'Homme*.

Page 101. — 1. Mysogyne, qui hait les femmes, titre d'une pièce d'Attilius que nous n'avons plus. Attilius florissait 140 ans environ avant J. C.

Ibid. — 2. Timon d'Athènes, surnommé le misanthrope, disciple de Pyrrhon.

Page 102. — 1. Ce passage a fort embarrassé les commentateurs; quelques-uns déclarent n'y rien entendre, d'autres, comme le président Bouhier, arrivent, à force de transpositions, à une explication qui est loin d'être satisfaisante. Voici en quels termes Orelli s'exprime à ce sujet : « Sana hæc censeo, etsi fatendum est, non nimis clare h. l. a Tullio conversa esse verba alicujus philosophi græci. Sensus videtur : Non in omni vitio inest aperta dissensio et repugnantia, sive, ut Macrobiano vocabulo utar, contrarietas singularum veluti ejus partium : sæpe defectus potius quidam in eo cernitur; quo quidem fit, ut discrepet cum se ipsa affectio, id est, ut talis non sit qualis esse deberet : non tamen prorsus est sibi inimica vel distorta ac prava. »

Ibid. — 2. En grec, προηγμένα, expression par laquelle les stoïciens désignaient certaines choses, qui, sans être des biens, étaient cependant préférables à d'autres. Ainsi, la santé, la richesse, ne sont aussi ni bonnes ni mauvaises d'après Zénon; cependant, elles méritent qu'on les préfère à la maladie et à la pauvreté. Voyez *De Finibus*, III, ch. 15-17; Sextus Empiricus, *Pyrrhon, Hypotyp.*, III, 24.

Page 103. — 1. Plusieurs éditeurs préfèrent « quod animi valentes morbo tentari possunt, corpora possunt, » ou bien « ut corpora possunt, » Orelli tient pour la leçon adoptée par M. Le Clerc, à laquelle il joint l'explication suivante : « Sensus est : Animus (sapientis) valens vereque sanus nullo unquam morbo sive perturbatione tentari potest ; corpus, contra vel valentissimum repentinum in morbum potest incidere : sed hoc præterea dissimile est quod corporum offensiones sine culpa accidere possunt, animi vitiosi et insipientis morbus semper cum culpa conjunctus est. »

Page 104. — 1. Une autre tradition recueillie également par Cicéron, *Tuscul.*, I, 5, dépeint Tantale comme mourant de faim et de soif, au milieu des eaux et des fruits qui lui échappent toujours à l'instant qu'il veut en goûter.

Page 105. — 1. Tout le système moral d'Aristote consiste à représenter la vertu comme un milieu entre les extrêmes (*Ethic. Nicom.*, II, 5). C'est ainsi qu'il plaçait le courage entre la lâcheté et la témérité ; la libéralité entre la prodigalité et l'avarice ; l'amitié entre l'aversion et la flatterie ; la prudence entre l'astuce et la stupidité. (*Ibid.*, *ibid.*).

Ibid. — 2. P. Rupilius, consul en l'an 735 de la fondation de Rome. Il mourut, dit-on, en apprenant l'échec de son frère. Pline, *Hist. nat.*, VII, 36. — C. Fannius, disciple de Panætius, un des premiers historiens de Rome.

Page 107. — 1. Les anciens pensaient que Pythagore, Démocrite et Platon avaient visité l'Égypte, la Perse, la Chaldée et jusqu'à l'Inde. Quelques-uns de ces voyages sont parfaitement prouvés ; d'autres ne le seront jamais ; toutefois le fait même de la tradition qui les admettait, a son importance ; il prouve que dans la conviction profonde et universelle de l'antiquité, l'Orient était la source des lumières, la patrie des sciences, qui de là s'étaient répandues plus tard en Occident.

Ibid. — 2. Afranius, poëte comique latin, florissait quelques années avant Cicéron. Il a traduit plusieurs comédies de Ménandre.

Page 108. Pacidéianus fut un célèbre gladiateur, contemporain du poëte Lucilius, qui a dit de lui dans un autre passage de ses Satires :

> Cum Pacideianus hic componitur optimu' longe
> Post homines unus gladiator, qui fuit unus.

Ibid. — 2. Iliade, VII, 211.

Page 109. — 1. Titus Manlius Torquatus. Voyez Tite-Live, liv. VII, 10. — M. Claudius Marcellus. En 222, à Clastidium, sur l'Éridan, l'armée romaine et celle des Gaulois étant en présence, il tua de sa main le roi des Gaulois. — Scipion, fils de Paul-Émile. L'histoire ne nous a conservé aucun détail sur le fait rapporté par Cicéron. — L. Junius Brutus, premier consul de Rome. Il périt dans un combat singulier avec Aruns, fils de Tarquin le Superbe.

Ibid. — 2. Scipion Nasica. Voyez plus haut, liv. I, ch. 9. Ce fut Scipion Nasica qui déjoua les projets de Tibérius Gracchus.

Ibid. — 3. Voyez dans l'Odyssée, XI, 542-563, le récit de la fureur

d'Ajax. On n'ignore pas qu'elle a fourni à Sophocle le sujet d'une tragédie.

Page 110. — 1. Sphærus, philosophe stoïcien, disciple de Zénon.
Voyez Diogène Laërce, vii, 177.

Page 114. — 1. La traduction de ces vers est de Pacuvius. Le poëte
latin a un peu changé le sens de l'original, où l'équivalent de *patiendo*
ne se trouve pas.

Page 117. — 1. Comédie du poëte Turpilius, contemporain et
émule de Térence. Il l'avait traduite du grec d'Alexis.

Page 118. — 1. Térence, *Eunuque*, acte 1er, sc. 1, v. 24.

Page 119. — 1. Archytas de Tarente, philosophe pythagoricien, né
au plus tôt en 440, d'où il suit qu'il n'a pas entendu Pythagore, mort au
plus tard en 470, ainsi que plusieurs historiens l'ont soutenu. On lui
attribue des ouvrages sur toutes les parties des sciences, dont les
fragments, s'ils étaient authentiques, prouveraient qu'en beaucoup de
points, il a devancé Aristote et Platon.

Page 120. — 1. Ce fait et beaucoup d'autres du même genre démon-
trent, contre la prétention de quelques philosophes modernes, l'empire
de la liberté sur les inclinations, qu'elle peut vaincre et transformer,
loin d'y être asservie.

LIVRE V.

Page 121. — 1. Traité de la vertu, adressé par Brutus à Cicéron.
Voyez *De Finibus*, I, 3. Sénèque, *Consolation à Helvie*, ix, en cite
un fragment, le seul qui nous reste.

Page 122. — 1. Caton d'Utique, frère utérin de Servilie, mère de
Brutus. C'est de lui que Lucain a dit : Victrix causa diis placuit, sed
victa Catoni.

Ibid. — 2. Voilà de bien grands éloges donnés à la philosophie. Ce
n'est pas nous qui contesterons qu'elle les mérite ; mais nous devons
dire qu'elle ne les a pas toujours obtenus. Pascal n'a-t-il pas dit, que
« se moquer de la philosophie, c'est vraiment philosopher. » *Pensées*,
art. X, 38. Un trop célèbre écrivain de nos jours s'est montré plus sévère encore : « Quelles sont les vérités, s'écrie-t-il, que la philosophie
nous révèle ? quels sont les biens qu'elle nous offre, les devoirs qu'elle
nous prescrit ? Que nous apprend-elle sur la place que nous occupons
dans l'ordre des êtres, sur notre origine, notre nature, notre destina-
tion ? Hélas ! plus impuissante encore que présomptueuse, elle trompe
ou dégrade toutes nos facultés. Notre esprit lui demande la vérité infinie, seule proportionnée à ses désirs, et elle ne lui présente que des
doutes, des incertitudes, de vaines conjectures, de palpables absurdi-

tés. Toutes les croyances fuient devant elle, et, passant comme une trombe à travers l'esprit humain, elle renverse tous les principes, déracine toutes les idées, brise toutes les espérances. Autant de philosophes, autant de systèmes, aussi vagues, aussi fugitifs que les rêves de la nuit; tandis que la religion pour fondement de sa doctrine, n'a qu'un mot, mais un mot sublime et d'une fécondité infinie, que tout rappelle à l'homme, qu'il retrouve partout, en lui-même, sur la terre, au firmament, où dans le calme et la sérénité des espaces célestes une main toute-puissante le trace en caractères de feu, la philosophie, incapable de s'élever au-dessus de la région des tempêtes, semble écrire ses symboles sur les nuages, mobiles, obscurs, inconstants, que tantôt le plus léger souffle dissipe, et qui tantôt amoncelés, comme d'énormes masses de ténèbres, se choquent, s'embrasent, se déchirent, et de leurs flancs entr'ouverts, laissant, de distance en distance, échapper des lueurs sinistres, des bruits effrayants, frappent tous les êtres animés d'une lugubre épouvante et d'un pressentiment de destruction. » *Essai sur l'indifférence*, ch. IX. Nous sera-t-il permis d'opposer comme réponse ces mots de madame Staël. : « Malgré les injures et les louanges accidentelles des individus et des nations, la philosophie, la liberté, la religion ne changent jamais de valeur. L'homme a maudit le soleil, l'amour et la vie, il a souffert, il s'est senti consumé par ces flambeaux de la nature; mais voudrait-il pour cela les éteindre? » *De l'Allemagne*, partie III, ch. I.

Page 123. — 1. Les sages de la Grèce furent Thalès de Milet, Pittacus de Mitylène, Bias de Priène, Cléobule de Lindos, Périandre de Corinthe, Chilon de Lacédémone, à qui on adjoint quelquefois Anacharsis le Scythe.

Ibid. — 2. Céphée fut, dit-on, un roi d'Éthiopie, père de la célèbre Andromède, laquelle, après avoir été délivrée d'un monstre marin par Persée qu'elle épousa ensuite, fut enfin placée au rang des astres avec son père, son mari et sa mère Cassiopée. Note de M. Le Clerc.

Ibid. — 3. Héraclide de Pont fréquenta d'abord Platon, ou suivant d'autres, un disciple de Platon, Speusippe, et s'attacha ensuite aux péripatéticiens. Il avait beaucoup écrit, mais tous ses ouvrages sont perdus, à l'exception de quelques fragments du Traité des constitutions de divers états. — Phliunte ou Phliasie, ville du Péloponèse sur les bords de l'Æsopus, entre la Sicyonie, l'Argolide et le mont Stymphale.

Page 124. — 1. Allusion au dogme de la métempsycose.

Ibid. — 2. L'antiquité est unanime sur le caractère de la révolution opérée par Socrate. Il a donné à la philosophie un nouveau but, le perfectionnement moral, comme un nouveau point de départ, la connaissance de soi-même. (Voyez Xénophon, *Mémoires*, I, 1; Diogène Laërce, II, 21, et tous les auteurs cités par Ménage sur ce passage); ce qui ne veut pas dire toutefois qu'avant Socrate, la morale n'avait pas été cultivée en Grèce.

Page 125. — 1. *Equuleus*, instrument de torture.

Ibid. — 2. M. Attilius Régulus, général d'une armée romaine contre les Carthaginois, ayant été fait prisonnier par eux et relâché sur sa parole, pour aller à Rome traiter de l'échange des prisonniers, eut le courage d'en dissuader le sénat. Puis, étant retourné à Carthage pour dégager sa parole, on l'y fit mourir dans les plus rudes tourments. — Q. Servilius Cæpion, après avoir passé par tous les honneurs de la république, jusque-là qu'on l'avait décoré du titre de *défenseur du sénat*, eut le malheur de perdre une grande bataille contre les Cimbres. Ses ennemis ayant saisi cette occasion pour le perdre, l'accusèrent de s'être attiré cette disgrâce, pour avoir pillé à Toulouse le temple d'Apollon, où il y avait des trésors immenses. Sur cela, le peuple superstitieux le condamna. Les uns disent qu'il mourut dans les prisons, les autres qu'il se retira à Smyrne, où il supporta très-constamment l'exil et la pauvreté. Pour Manius Aquillius, il n'était que lieutenant de Q. Oppius, général de l'armée contre Mithridate, lorsqu'il tomba entre les mains de ce prince, qui le fit ignominieusement promener sur un âne, fouetter et ensuite mourir, en lui faisant verser du plomb fondu dans la bouche. Note de M. V. Le Clerc.

Page 127. — 1. Valère-Maxime rapporte le même fait. Liv. IX, ch. 1. Voyez aussi Athénée, liv. IV, p. 144, et liv. XII, p. 539.

Ibid. — 2. Je voudrais bien plutôt proposer un prix à celui qui nous fournirait quelque nouvelle raison de croire encore plus au bonheur de la vertu. Trad. de M. V. Le Clerc.

Page 128 — 1 Nous avons parlé plus haut d'Antiochus, III, 25; Ariste, son frère, était comme lui d'Ascalon. Il vint s'établir à Athènes, on ne sait pas en quelle année, et y professa pendant quelque temps la philosophie. Il compta parmi ses disciples Brutus et parmi ses amis Cicéron, qui le choisit pour son hôte en passant par Athènes.

Ibid. — 2. Cicéron reçut ce titre à l'occasion de quelques avantages remportés sur les Parthes en l'an 702, pendant qu'il était proconsul en Cilicie. Il en partit l'année suivante pour revenir à Rome, et arriva à Athènes le 14 octobre. Ce fut dans ce voyage qu'il logea chez Ariste.

Ibid. — 3 « Que ses principes soient justes, c'est une autre question; mais il les suit » Trad. de M. Le Clerc.

Page 130. — 1. « Ni à l'avis de nos communs maîtres » c'est-à-dire, Antiochus, Ariste, etc.

Page 131. — 1. « Tu me combats avec le témoignage de mes écrits, » ou mieux, « avec mes propres armes. » *Tabulæ obsignatæ*, tablettes avec signature, et telles qu'en justice on les oppose aux parties qu'on veut convaincre par leurs propres aveux.

Ibid. — 2. Voici le sens de cette phrase qui présente quelque obscurité : « Il ne s'agit pas de chercher si Zénon, et Ariste son disciple, on eu raison de soutenir qu'il n'y a de bon que ce qui est honnête, mais de savoir, si une fois ce point admis, ils ne doivent pas placer le bonheur uniquement dans la vertu. »

Ibid. — 3. Archélaüs, roi de Macédoine, de 413 à 400 av. J. C., était fils de Perdiccas et d'une esclave. A la mort de son père, il s'empara de la royauté au mépris des droits d'un enfant légitime de Perdiccas, et par la suite, commit encore d'autres crimes pour se maintenir sur le trône.

Page 132. — 1. C'est un second titre du dialogue plus connu sous le nom de *Ménexène*.

Ibid. — 2. Cette opinion que l'âme est une émanation de la divinité, a été partagée par plusieurs philosophes de l'antiquité. Prise à la lettre, elle ne conduit pas à moins qu'à prêter à l'âme les attributs de la substance divine : elle est donc inadmissible, et il ne faut pas s'étonner que plusieurs conciles l'aient condamnée.

Page 133. — 1. Philippe, roi de Macédoine, père d'Alexandre le Grand. Ce fait est rapporté de diverses manières par les historiens. Voyez Stobée, Serm. vii, p. 90; Plutarque, Lacon. Apophthegm., p. 235; Valère-Maxime, vii, ch. 4, 5.

Page 135. — Vers tiré de la tragédie des Niptres.

Ibid. — 2. Voyez plus haut, iv, 14.

Ibid. — 3. On retrouve la même pensée dans plusieurs auteurs et notamment dans un passage de la République de Platon, iii, p. 438, qui, selon toute apparence, est celui auquel Cicéron fait allusion. Elle était même passée en proverbe, si on en croit Quintilien : « Profert mores plerumque oratio, dit-il, *Inst. Orat.*, xi, ch. 1, et animi secreta detegit ; nec sine causa Græci prodiderunt, ut vivat quemque, etiam dicere. » Cf. Sénèque, Ep. 114. Buffon a dit dans un sens un peu différent : « Le style est l'homme même. »

Page 136. — 1. C'est le début de l'inscription placée au bas de la statue d'Épaminondas à Thèbes, et conservée par Pausanias, ix, p. 535 :

$$\text{Ἡμετέραις βουλαῖς Σπάρτη μὲν ἐκείρατο δόξαν,}$$
$$\text{Μεσσήνη δ' ἱερὰ τέκνα χρόνῳ δέχεται,}$$
$$\text{Θῆβαι δ' ὅπλοισιν μεγάλη πόλις ἐστεφάνωται,}$$
$$\text{Αὐτόνομος δ' Ἑλλὰς πᾶσ' ἐν ἐλευθερίῃ.}$$

Ibid. — 2. Fragment de l'épitaphe du grand Scipion par Ennius.

Page 137. — 1. Tiré de la tragédie d'Atrée, du poëte Accius.

Ibid. — 2. C. Lélius, l'ami de Scipion l'Africain, dont il a été plusieurs fois question dans les Tusculanes. En l'an de Rome 612, il sollicita une première fois le consulat, et vit son compétiteur Cn. Pompeius l'emporter : mais il fut nommé l'année suivante avec Q. Servilius Cæpion.

Ibid. — 3. Cinna, quatre fois consul de 666 à 669. Il était du parti de Marius, et contribua beaucoup aux proscriptions.

Ibid. — 4. P. Licinius Crassus, le frère de l'orateur et le père du triumvir, consul en l'an de Rome 656. — Marc Antoine, l'aïeul du triumvir   Cicéron l'a déjà nommé, *Tusculanes*, i, 5. — L. et C.

Julius César, deux frères, dont le premier consul en 663, eut pour fils César le dictateur.

Page 138. — 1. Ce fut en 405 av. J. C. que Denys l'Ancien parvint, après quelques succès militaires, à se rendre maître de Syracuse qui, auparavant, était une république. Il régna jusqu'en 368.

Page 139. — 1. Il faut rapprocher de cette sombre peinture de la vie de Denys le portrait du tyran tracé par Platon, *Républ.*, IX, et le récit des angoisses de Tibère que nous a conservé Tacite : « Insigne visum est earum Cæsaris litterarum initium ; nam his verbis exorsus est : « Quid scribam vobis, patres conscripti, aut quo modo scribam, « aut quid omnino non scribam hoc tempore, dii me deæque pejus per- « dant, quam perire me quotidie sentio, si scio. » Adeo facinora atque flagitia sua ipsi quoque in supplicium verterant...... » *Annal.*, VI, 6.

Ibid — 2. Horace, livre III, ode 1.

> Districtus ensis cui super impia
> Cervice pendet, non siculæ dapes
> Dulcem elaborabunt saporem;
> Non avium citharæque cantus
> Somnum reducent.

Page 140 — 1. Damon et Phintias. Voyez *De Officiis*, III, 10.

Ibid. — 2. D'autres lisent *Aquino*. On ne sait si ce n'est pas le même que cet Aquinius, dont parle Catulle, Epigr. 14.

> .....Si luxerit, ad librariorum
> Curram scrinia : Cæsios, Aquinios,
> Suffenum, omnia colligam venena,
> Ac te his suppliciis remunerabor.

Ibid. — 3. Il est difficile de justifier ce terme d'*homunculus*, appliqué au plus grand géomètre de l'antiquité, dont Cicéron lui-même loue ailleurs le divin génie (*Tuscul.* I, 25). Voyez à ce sujet une dissertation de l'abbé Fraguier, *Mémoires de l'Acad. des Inscriptions*, tome II, page 321.

Ibid. — 4. Cette porte donnait sur la route d'Agrigente.

Ibid. — 5. On se rappelle que la patrie de Cicéron était Arpinum.

Page 141. — 1. Nous ne pouvons résister au désir de citer ici une admirable page de M. Laromiguière, où des idées semblables sont exprimées avec une élévation rare :

« Plaisirs des sens, plaisirs de l'esprit, plaisirs du cœur; voilà, si nous savions en user, les biens que la nature a répandus avec profusion sur le chemin de la vie.

« Et qu'on se garde de mettre en balance ceux qui viennent du corps, et ceux qui naissent du fond de l'âme.

« Rapides et fugitifs, les plaisirs des sens ne laissent après eux que du vide; et tous les hommes s'en dégoûtent avec l'âge.

« Les plaisirs de l'esprit ont un attrait toujours nouveau; l'âme est toujours jeune pour les goûter, et le temps, loin de les affaiblir, leur donne chaque jour plus de vivacité. Pythagore offre aux dieux une hécatombe pour les remercier d'un *théorème* qui porte encore son nom. Kepler ne changerait pas ses *règles* contre la couronne des plus grands monarques. Est-il de jouissances au-dessus de telles jouissances ?

« Oui, Messieurs, il en est de plus grandes. Quels que soient les ravissements que fait éprouver la découverte de la vérité, il se peut que Newton, rassasié d'années et de gloire, Newton qui avait décomposé la lumière et trouvé la loi de la pesanteur, se soit dit, en jetant un regard en arrière, *vanitas;* tandis que le souvenir d'une bonne action suffit pour embellir les derniers jours de la plus extrême vieillesse, et nous accompagne jusque dans la tombe.

« Combien s'abusent ceux qui placent la suprême félicité dans les sensations ! ils peuvent connaître le plaisir : ils n'ont pas l'idée du bonheur. » *Leç. de Philosophie*, IIe partie, 4e leçon.

Ibid. — 2. Cicéron désigne ici la logique, la physique et la morale, qui formaient, suivant la plupart des écoles grecques, les trois parties de la philosophie.

Ibid. — 3. Les anciens croyaient que les étoiles sont attachées au firmament, comme à une voûte, et cette opinion a généralement persisté jusqu'au XVIe siècle et à Copernic.

Page 142 — 1. Orelli préfère *sustineat*, qu'il explique ainsi : « Quomodo fiat ut tam profundis cavernis terra maria ita sustineat, ut numquam redundent seseque effundant, » au lieu du sens que donne notre leçon, « quæ sint illæ cavernæ quamque profundæ, in quibus maria contineantur. »

Ibid. — 2. Les épicuriens n'adoptaient pas cette idée. Suivant eux, le monde est infini, et par conséquent n'a pas de centre. Lucrèce, liv. I.

Ibid. — 3. C'est ici le lieu de rappeler ces beaux vers de Lucrèce :

> Suave mari magno turbantibus æquora ventis,
> E terra magnum alterius spectare laborem ;
> Non quia vexari quemquam est jucunda voluptas ;
> Sed quibus ipse malis careas quia cernere suave est :
> Per campos instructa, tua sine parte pericli,
> Suave etiam belli certamina magna tueri :
> Sed nil dulcius est bene quam munita tenere
> Edita doctrina sapientum templa serena,
> Despicere unde queas alios longeque videre
> Errare, atque vias palantes quærere vitæ,
> Certare ingenio, contendere nobilitate,
> Noctes atque dies niti præstante labore
> Ad summas emergere opes rerumque potiri.

De Nat. rerum, II, v. 1 et suiv.

Page 144. — 1. Voyez plus haut, II, 6.

Ibid. — 2. Cette coutume barbare dont parlent plusieurs historiens n'avait pas encore disparu à la fin du dernier siècle. On peut lire les détails que donne à ce sujet le capitaine William Hodges, *Voyage pit-*

toresque de l'Inde, traduit de l'anglais par L. Langlès, tom. I, p. 180 et suiv.

Page 144.— 3. Les Égyptiens considéraient tous ces animaux comme des divinités. Ces superstitions ont inspiré à Juvénal sa quinzième satire :

Quis nescit, Volusi Bithynice, qualia demens
Ægyptus portenta colat? Crocodilon adorat
Pars hæc; illa pavet saturam serpentibus ibin.
....
Illic æluros, hic piscem fluminis; illic
Oppida tota canem venerantur......

Page 145. — 1. Ce raisonnement, comme le fait remarquer M. Le Clerc, est un pur sophisme et une pétition de principe ; car il suppose que la félicité est inséparable de la vertu, et c'est précisément ce qui est en question.

Ibid. — 2. Vivre conformément à la nature, ὁμολογουμένως ζῆν, ὁμολογουμένως τῇ φύσει ζῆν. Ces deux maximes sont de Zénon, suivi par Cléanthe, Posidonius, etc. Chrysippe disait, en changeant un peu les termes, qu'il faut se conduire d'après l'expérience de ce qui convient à la nature, κατ' ἐμπειρίαν τῶν συμβαινόντων φύσει ζῆν. Diog. Laërce, VII, 87.

Page 146. — 1. La plupart de ces noms se sont déjà présentés plus d'une fois. Les autres sont obscurs. On sait qu'Hérillus était un philosophe stoïcien, natif de Carthage, qui florissait vers 260, que Diodore le péripatéticien eut pour maître Critolaüs; mais on ne connaît de Dinomaque et de Calliphon que leur nom et les opinions qui leur sont prêtées par Cicéron.

Page 147. — 1. Voyez Diogène Laërce, x, 22; *De Finibus*, II, 30.

Page 148. — 1. Le talent d'Athènes pesait 54 livres, onze onces d'argent, poids de Paris, selon l'évaluation des mémoires de l'Académie des inscriptions, VIII, p. 399. — Le talent se composait de 30 mines.

Page 149. — 1. Plutarque, *Vie d'Artaxerce*, ch. 13, et Maxime de Tyr, *Diss.* XXXV, attribuent le même fait à Artaxerce.

Ibid. — 2. Le pain appelé *cibarius* était un pain d'une qualité inférieure destiné aux esclaves.

Ibid. — 3. Repas des Lacédémoniens, institués par Lycurgue. Plusieurs éditeurs écrivirent *Philitiis*, au lieu de *Phiditiis*, faisant venir ce mot de φιλία, amitié. En effet, ces repas publics étaient un moyen puissant de concorde et de bienveillance réciproque. La table, comme dit Montaigne, est entremetteuse d'amitié.

Page 150. — 1. *Cyropédie*, liv. I.

Ibid. — 2. Timothée, fils de Conon, commanda comme son père les armées d'Athènes. Il aimait tant les lettres, et ceux qui les cultivaient, qu'il fit élever à Isocrate une statue d'airain, dont l'inscription nous a été conservée par Plutarque dans la vie de cet auteur.

Page 150.—3. Dion de Syracuse, disciple et ami de Platon, était le gendre de Denys l'Ancien. Il fut exilé par Denys le Jeune, de Syracuse, sa patrie; y rentra en 357 à la tête d'un parti qui lui confia l'autorité souveraine, et mourut assassiné quatre ans plus tard. On trouve une lettre de lui dans la collection des œuvres de Platon.

Ibid. — 4. Sardanapale, roi d'Assyrie, renversé du trône en 759 av. J. C., par une conspiration dont le chef fut Arbacès, satrape de Médie. On conjecture que les vers allégués par Cicéron sont imités d'un poëte grec, Chœrilus; Voyez Athénée, XII, p. 529.

Page 151. — 1. Cicéron; qui blâme chez Démosthène l'amour de la popularité, n'y fut pas lui-même insensible; mais sa vanité eut à souffrir quelques mécomptes. Après sa questure de Sicile, il revenait à Rome plein de confiance en lui-même. En traversant la Campanie, il rencontra un Romain de distinction, qu'il croyait son ami; et persuadé que Rome était remplie du bruit de sa renommée, il lui demanda ce qu'on y pensait de lui et de tout ce qu'il avait fait. « Eh! où donc avez-vous été pendant tout ce temps, Cicéron? lui répondit cet homme. Plutarque, *Vie de Cicéron*, ch. 7.

Cicéron a dit dans les Tusculanes mêmes, I, 15, que les philosophes mettent leur nom au bas des ouvrages qu'ils écrivent sur le mépris de la gloire.

Ibid. — 2. Héraclite d'Éphèse, philosophe grec, florissait 500 ans environ av. J. C. Il était si difficile de le comprendre, qu'on le surnomma l'obscur, σκοτεινός. Il considérait le feu comme le principe élémentaire des choses. —Tout ce qu'on sait de précis sur Hermodore, se réduit à ce qui en est dit dans ce passage.

Ibid. 3 — Aristide, surnommé le Juste, né à Athènes, assista à la bataille de Marathon, fut banni l'an 487 par les intrigues de Thémistocle, rentra dans sa patrie trois années après, et mourut dans un âge avancé.

Page 152.—1. Teucer, fils de Télamon, roi de Salamine, accompagna son frère Ajax au siége de Troie. A son retour, son père n'ayant pas voulu le recevoir parce qu'il n'avait pas vengé la mort d'Ajax, il se retira dans l'île de Chypre, où il fonda la ville de Salamine. Le vers rapporté par Cicéron paraît tiré d'une tragédie de Pacuvius. Aristophane, *Plutus*, v, 115, Ovide; *Fastes*, I, 493; Euripide, cité par Stobée, *Serm.* XXXVIII, p. 230, 234, ont exprimé la même pensée.

Ibid. — 2. T. Albucius avait été élevé à Athènes dans la philosophie d'Épicure. Depuis, étant monté par degrés dans Rome jusqu'à la préture, et ayant eu ensuite le gouvernement de la Sardaigne, il s'y décerna lui-même les honneurs du triomphe pour avoir soumis quelques brigands. On trouva cela fort mauvais à Rome; en sorte qu'à son retour, ayant été accusé de quelques malversations par les peuples de cette province, il fut condamné, et se retira à Athènes, où il s'amusa à philosopher, comme dit Cicéron. Note de M. Le Clerc.

Page 153. — 1. Antipater de Cyrène, un des disciples d'Aristippe, Diog. Laërce, II, 86.

Ibid. — 2. Appius Cæcus, dont Cicéron a déjà parlé, IV, 3. Ayant appris qu'on était sur le point de conclure un traité peu honorable avec le roi Pyrrhus, il se fit porter à l'assemblée du sénat pour combattre les conditions proposées. *De Senectute*, c. 6. — Cn. Aufidius, questeur en l'an de Rome 635, tribun en 640, préteur en 646.

Ibid. 3. — Diodote, philosophe stoïcien, un des maîtres de Cicéron, à qui il donna des leçons de dialectique, et chez lequel il mourut. Voyez *Brutus*, 90.

Ibid. — 4. Asclépiade, disciple de Platon, et plus tard sectateur de Ménédème, le chef de l'école d'Érétrie.

Page 154. — 1. On raconte de Malebranche, qu'afin de méditer plus profondément, et d'écarter toute espèce de distraction, il se retirait souvent à la campagne, et avait la précaution de fermer les volets.

Ibid. — 2. La mémoire a trompé Cicéron ; car Homère, qui rapporte le discours de Polyphème, au neuvième chant de l'Odyssée, ne lui fait pas tenir ce langage. Note de M. V. Le Clerc.

Ibid. — 3. « Mais il avait un malheur plus grand, c'est qu'il entendait souvent parler mal de lui, injustement, selon moi. » Trad. de M. Le Clerc. On avait accusé Crassus d'avoir pris part à la conjuration de Catilina ; depuis, ses liaisons avec César et Pompée firent de nouveau soupçonner son ambition. On lui reprochait aussi une extrême avarice.

FIN.

41010. — PARIS, IMPRIMERIE LAHURE

9, rue de Fleurus, 9

CLASSIQUES LATINS
PUBLIÉS AVEC DES NOTES EN FRANÇAIS
(Les noms des annotateurs sont indiqués entre parenthèses.)

Anthologie des poètes latins (Waltz). 1 vol. 2 fr.

César : *Commentaires* (Benoist et Dosson). 2 fr. 50

Cicéron. *Analyse et extraits des principaux discours* (Ragon). 2 fr. 50
— *Morceaux choisis tirés des traités de rhétorique* (Thomas). 2 fr.
— *Extraits des œuvres morales et philosophiques* (Thomas). 2 fr.
— *Choix de lettres* (V. Cucheval). 2 fr.
— *Brutus* (Quicherat). 90 c.
— *De amicitia* (E. Charles). 75 c.
— *De finibus*, I et II (Charles). 1 fr. 50
— *De legibus*, liber I (L. Levy). 75 c.
— *De natura Deorum*, liber II (Thiaucourt). 1 fr. 50
— *De officiis* (Marchand). 1 fr.
— *De oratore* (Bétolaud). 1 fr. 50
— *De re publica* (E. Charles). 1 fr. 50
— *De senectute* (E. Charles). 75 c.
— *De signis* (E. Thomas). 1 fr. 50
— *De suppliciis* (E. Thomas). 1 fr. 50
— *Les Catilinaires* (A. Noël). 75 c.
— *2e Philippique* (Gantrelle). 1 fr.
— *Orator* (G. Aubert). 1 fr.
— *Pro Archia* (Thomas). 60 c.
— *Pro lege Manilia* (A. Noël). 60 c.
— *Pro Ligario* (A. Noël). 30 c.
— *Pro Marcello* (A. Noël). 30 c.
— *Pro Milone* (Monet). 90 c.
— *Pro Murena* (A. Noël). 75 c.
— *Somnium Scipionis* (Cucheval). 30 c.
— *Les Tusculanes* (C. Jourdain). 1 fr. 50

Contiones. Texte annoté (Guiraud). 2 fr. 50

Cornélius Nepos (Monginot). 90 c.

Élégiaques romains (Waltz). 1 fr. 80

Epitome historiæ græcæ (J. Girard). Prix. 1 fr. 50

Heuzet. *Selectæ e profanis scriptoribus historiæ* (Leconte). 1 fr. 80

Horace (Sommer). 2 fr.
— *De arte poetica* (M. Albert). 60 c.

Jouvency. *Appendix de diis et heroibus poeticis* (Edeline). 70 c.

Justin. *Historiæ philippicæ* (E. Pessonneaux). 1 fr. 50

Lhomond. *De viris illustribus urbis Romæ* (Duval). 1 fr. 50
— *Epitome sacræ* (Pressard). 75 c.

Lucrèce. *De rerum natura.* Livre Ier (Benoist et Lantoine). 90 c.
— *De rerum natura.* Livre V (Benoist et Lantoine). 90 c.
— *Morceaux choisis* (G. Poyard) 1 fr. 50

Narrationes (Riemann et Uri). 2 fr. 50

Ovide. *Choix de métamorphoses* (Armengaud). 1 fr. 80

Pères de l'Église latine. *Morceaux choisis* (Nourrisson). 2 fr. 25

Phèdre. *Fabularum libri quinque* (Havet). 1 fr. 80

Plaute. *L'aululaire* (E. Benoist). 80 c.
— *Morceaux choisis* (E. Benoist). 2 fr.

Pline le Jeune. *Lettres choisies* (Waltz). Prix. 1 fr. 80

Quinte Curce (Dosson et Pichon). 2 fr. 25

Quintilien. *De Institutione oratoria*, liber X (Dosson). 1 fr. 50

Salluste (Lallier). 1 fr. 80

Sénèque. *De vita beata* (Delaunay). 75 c.
— *Lettres morales à Lucilius*, 1 à XVI (Aube). 75 c.
— *Choix de lettres morales à Lucilius* (Sommer). 1 fr. 25
— *Extraits* (P. Thomas). 1 fr. 80

Tacite. *Annales* (E. Jacob). 2 fr. 50
— *Annales*, livres I, II et III (Jacob) 1 fr. 50
— *Dialogue des orateurs* (Gœlzer). 1 fr.
— *Germanie (La)* (Gœlzer). 1 fr.
— *Histoires*, livres I et II (Gœlzer). 1 fr. 80
— *Vie d'Agricola* (E. Jacob). 75 c.

Térence : *Les Adelphes* (Psichari et Benoist). 80 c.

Théâtre latin. *Extraits* (Ramain). 2 fr. 50

Tite-Live : *Histoire romaine* (Riemann, Benoist et Homolle).
    Livres XXI et XXII. 2 fr.
    Livres XXIII à XXV. 2 fr. 50
    Livres XXVI à XXX. 3 fr.

Virgile (E. Benoist et Duval). 2 fr. 25

A LA MÊME LIBRAIRIE
Nouvelles éditions classiques des *auteurs français* et des *auteurs grecs* publiées avec des notes en français.

41 019. — Imprimerie LAHURE, rue de Fleurus, 9, à Paris. — 12-99